금융권 취업 합격 대비 필독서

금융 논술 면접

대한민국대표브랜드
에듀크라운
www educrown co kr

· 머 · 리 · 말 ·

금융논술면접이 발간된 지 벌써 6년째를 맞이합니다. 취달청에서 최초로 수강한 6명의 학생이 기업은행 5명, 시중은행 1명으로 모두 합격하면서, 금융논술 과정이 개발되고 교재가 지속적으로 발간되어 왔습니다. 논술과 면접을 지도할 때 항상 마음에 새기는 그때 그 마음으로 이 책을 개정하여 독자들에게 선보이게 되었습니다.

빛의 속도로 변하는 금융 이슈를 수험생의 마음으로 정리하였습니다.

학생들은 강의 현장에서 처음 금융 현상을 만나기도 합니다. 고객, 기술, 경제, 정책은 모두 금융 현상과 복잡하게 연결되어 있기 때문에 처음에는 어렵게 느끼기도 합니다. 이 책은 이론과 실무 경험을 바탕으로 최대한 쉽고 정확하게 금융산업의 본질을 체계적으로 이해할 수 있도록 구성하였습니다. 빛의 속도로 변하는 금융 현상을 명쾌하게 이해한 후 글쓰기와 면접에 응용할 수 있도록 주제를 선정하고 내용을 채워 두었습니다.

살아있는 주제, 실제 기출문제는 합격생의 소중한 자산입니다.

변화된 금융의 패러다임, 4차 산업혁명과 AI로 대변되는 기술과 금융의 융합현상, 불확실성이 높아지는 美中日과 한국경제, 가계부채와 양극화 이슈 등을 주제별로 정리하였습니다. 이 주제들은 논술과 심층면접 준비에 큰 도움을 얻을 수 있을 것입니다. 특히, 기출은 NH 농협, 수협, 신협, KAMCO, 기보, 신보, 주금공, 감독원, 산업은행, 거래소 등 합격 수강생 분들이 제공해 준 소중한 자산입니다. 100% 이상 활용하시면 됩니다.

글의 완성도가 높아 편하게 읽을 수 있습니다.

'구슬은 꿰어야 보배'라는 속담처럼, 이것저것 들은 것은 많은데 정해진 짧은 시험 시간 안에 완벽하게 제대로 된 논지로 답을 구성하는 것이 논술 합격의 지름길입니다. 따라서, 정해진 시간과 분량에 최적화된 내용으로 읽기 쉽도록 구성했습니다. 특히, 중요 개념과 이슈, 논지와 결론은 자연적으로 반복 학습할 수 있습니다.

쟁점 이슈를 최대한 구조화하였습니다.

이슈를 암기할 것이 아니라 이론적 접근 방법을 활용하여 문제 해결 능력을 높일 수 있습니다. 또, 주요 쟁점을 금융인의 관점에서 해석하여 풀 수 있도록 팁을 달아 두었습니다.

'쓰는 연습'은 선택이 아닌 필수입니다.

합격생들의 공통점은 '손으로 직접 연습'하는 것입니다. 이 책의 주제에 각각 기출문제를 붙여 둔 것은 학습의 방향을 정하는 의미도 있지만, 연습 주제로도 훌륭하기 때문입니다. 연습을 병행하시기 바랍니다. 첨삭 사례 또한 참고하시면 도움이 됩니다.

미리 준비하고 절대 포기하지 마세요.

미리 준비한 사람을 이기기는 어렵습니다. 그러나, 혹시 준비가 늦었더라도 포기하지 마세요. 특히, 논술은 '금융 시사 이슈'를 재해석하고 나의 생각을 논리적으로 전개하는 것이기 때문에, 교재에서 배운 내용을 적극적으로 활용한다면, 짧은 기간에도 준비가 가능합니다. 도전하시기 바랍니다.

금융논술을 통하여 만나는 많은 학생들이 금융인의 꿈을 이루는 것을 보면서 보람과 감사한 마음을 갖게 됩니다. 이 책을 통하여 준비하시는 분들 모두 꿈을 이루시기를 진심으로 기원합니다.

이 책이 나오기까지 원고를 정리하고 은행원의 실무 경험을 넣어주신 이효정 선생님, 교정을 도와주신 고려대학교 김민진 학생에게도 감사 드립니다.

감사합니다.

서울커리어아카데미
취달청

Part 1은 논술의 기초와 금융논술의 특징을 담고 있습니다.

- 논술의 특징과 논제에 대한 접근법을 이해할 수 있습니다. 시간 배분 전략과 논지 구성, 답안 작성 시 요령이 제시되어 있습니다.
- 논술 작성 경험이 부족한 독자는 반드시 정독해두는 것이 좋습니다. 신문읽기로 논술을 준비해 온 독자와 지식 알갱이를 어떻게 효과적으로 구성하느냐를 고민해 온 독자에게는 매우 유익합니다.

Part 2는 환경과 고객, 그리고 미래 변화를 담았습니다.

- 빛의 속도로 변하는 금융 환경을 다양하게 이해할 수 있는 중요 파트입니다. 고령화와 저출산, 핀테크와 금융 Digital, Internet 전문은행, 은행 Channel, 서민금융 활성화, 역선택 / Moral hazard 등을 읽을 수 있습니다. 가계부채 안정화, 금융 Risk, 금융업에 대한 규제 패러다임(Paradigm), 서민금융 issue, 금융 윤리 문제에 대비할 수 있습니다.
- 논술과 신경향 면접 준비는 금융 환경의 미래 변화를 깊이 있게 이해하는 것이 시작점이며, 이 파트가 그 시작점입니다.

Part 3은 한국 경제 · 경영 · 정책 · 협동조합 이슈를 다루고 있습니다.

- 미국의 출구전략, 중국의 저성장으로 대변되는 G2 리스크, 일본의 마이너스 금리 등 美國, 日本, 中國의 정책적 변화와 한국경제에 미치는 영향을 정리할 수 있습니다.
- 우리나라의 기준금리, J노믹스, 낙수효과와 분수효과, 큰 정부 · 작은 정부, Hidden Champion, NH 농협 등 협동조합의 존재이유 등을 주제를 보강하여 독자들이 더 많은 이슈를 이해할 수 있도록 하였습니다.

- Part 3은 회사별 학습범위가 다릅니다. 예를 들면, 금융감독원, NH 농협, 산업은행, 기보, 신보 등 정책 금융회사는 골고루(협동조합 제외), 주택금융공사, 서민금융원, 금융 공기업은 중소기업 정책은 제외하여도 됩니다.

Part 4는 사회문화, 기술과 금융 이슈를 다루고 있습니다.

- 다양한 주제 중에서 출제 빈도가 높거나, 사회변동 요인으로 주목받는 이슈를 학습할 수 있습니다. 양극화, 인공지능(AI)과 4차 산업혁명, Cashless Society, 인구절벽, 1인 가구, 日本化, 삶의 질(QoL), 국민행복 지수, 흙수저 금수저 등이 의미가 있습니다.
- 직무 논술, 금융 시사 논술을 준비하시는 분들은 양극화, AI, 인구절벽 등에 한정하여 학습하는 것도 좋지만, 배경지식을 높일 수 있기 때문에 주제 대부분을 일독하시기를 권합니다.

Part 5는 최신 금융상식을 학습할 수 있습니다.

- 테이퍼 탠트럼(Taper Tantrum), Hub & Spoke 전략, 크라우드 펀딩, 코코 본드, AI(인공지능), 인간과 경쟁하는 Robot, Gig 이코노미, J노믹스, 마이너스 기준금리 등 금융 관련 시사 상식을 요약해 두었습니다.
- Part 5의 논술면접 상식은 그 자체로도 의미가 있지만, 이를 논술과 신경향 면접에 활용한다면 풍부하고 다양한 소재(Contents)가 될 것입니다.

차례

PART 03

금융논술 :

경제 · 경영 · 정책

PART 01

취달청 논술

서론 · 본론 · 결론

01

금융논술에 대한 기본 이해

1 논술은 가장 전통적인 인재 선발 방법의 하나이다.

논술은 많은 학생들이 부담스러워하거나 좌절을 경험하는 과목 중 하나이다. 다소의 차이는 있지만, 논술을 통하여 평가하고자 하는 목적은 (1) 창의적인 사고를 통한 문제 해결 능력 평가, (2) 금융인의 기본 소양을 테스트하고자 함이다.

금융논술은 금융 · 경제 · 경영 · 사회문화적 이슈에 관한 자신의 생각이나 주장을 논리적인 체계를 갖춰 해결하는 논리의 전개 과정으로 볼 수 있다.

금융논술이란	
논 = 논리 + 증명 ▶	• 정치 · 경제 · 사회적 이슈에 대하여 • 옳고 · 그름, 찬 · 반, 장 · 단, 문제 · 대책에 대한 자신의 생각이나 주장을 • 체계를 갖춰 객관적으로 증명하면서
술 = 서술(기술) ▶	• 글쓰기 방법에 맞게 적어 나가는 글

통상 논술은 서류 심사 과정을 거친 응시자를 대상으로 통제된 공간에서 수많은 응시자를 대상으로 동시에 평가한다. 서류 심사나 면접과 달리, 논술 주제의 출제와 평가는 한정된 사람이 맡아서 한다.

또한 통제된 공간에서 동시에 치러지기 때문에 응시자는 자기소개서처럼 남의 도움을 받아서 제출할 수 없다. 자료를 보더라도 자기소개서는 수많은 샘플이 나와 있지만, 논술은 그러하지 못한 이유이다.

논술은 암기 위주의 지식을 측정하는 것이 아니므로, 비판적 · 창의적 · 논리적인 사고력을 발휘하여 글을 작성하는 연습을 충실히 해야 한다. 그러나 금융논술은 금융인으로서 기본 지식과 상식을 평가하는 수단으로 활용된다. 따라서 금융 기본 지식을 충실하게 습득해 두어야 글의 소재가 풍부해진다.

2 문제해결능력을 키우자.

사회가 복잡해지고 다원화되면서, 사회에서 요구하는 인재상도 변하고 있다. 복잡한 사회 현상을 이해하고, 이를 업무에 반영할 수 있는 능력을 키워야 한다.

논술은 신문기사를 그대로 옮겨 적거나, 전공 지식을 바탕으로 답안을 완벽하게 작성했다고 하더라도 높은 점수를 받지 못하는 경우가 많다. 그 이유는 논술이 지식의 양을 측정하거나 정확도를 측정하는 시험이 아니기 때문이다. 지식은 소위 네이버(Naver) 지식인이 어디서나 답해주는 세상이 되었다.

논술의 핵심은 (1) 지식을 활용하여, (2) 주어진 구체적 문제 상황을 정의하고 종합하고, (3) 이슈를 창의적으로 해결하여, (4) 평가자(출제자, 면접관)를 설득할 수 있는 능력이 요구되는 것이다.

물론 이러한 능력은 꾸준한 정규 고등교육 과정과 실전 경험 등을 통하여 얻어지는 것이 바람직하지만 현실적으로 이런 능력을 키우기가 쉽지 않다.

이 책은 그러한 지식과 경험이 부족한 독자를 위해 금융 관련 문제 해결 능력을 최대한 높이기 위해 기획되어 있다. 따라서 문제를 보는 시각을 학습한 후 경제 신문을 읽게 되면 보다 효율적으로 금융 이슈를 해결해낼 수 있을 것이다.

3 살아있는 금융상식을 활용하자.

금융업은 서비스 산업이면서, 대표적인 규제산업이다. 따라서 고객과 제도 변화에 따라 금융회사의 제도는 물론 서비스와 상품도 트렌드에 따라 지속적으로 변한다.

글로벌 금융위기 이후 금융의 패러다임이 변했다고 할 정도로 많은 변화가 진행되고 있다. 이러한 변화를 일일이 찾아 외우는 것은 의미 없는 일이지만, 좋은 답을 만들기 위해서는 변화의 기본 원리를 알아두어야만 문제를 창의적으로 해결할 수 있다.

4 묻는 것만큼 알고, 아는 것만큼 답할 수 있다.

논술은 정답이 없다. 그렇다. 단답형과 달리 논술은 주어지는 문제에 대하여 스스로 정의하고, 지식과 경험을 활용하여 최적의 답안을 제시하는 것이다.

그러기 위해서는 생각하는 힘을 키워야 하고, 그 바탕에 질문이 있다. 논술은 생각하는 힘을 키우는 것이고 힘은 질문에서 온다는 점을 기억하자.

대부분의 학생들은 남의 주의 · 주장을 의문 없이 쉽게 받아들이는 경향이 있다. 묻는 것은 나 자신이 모르는 것과 아는 것을 구분하는 중요한 경계이다. 뿐만 아니라, 묻는다는 것은 적극적인 지식 습득 과정이므로 단순하게 암기하는 것보다 몇 배의 학습효과가 있다.

특히, 논술 주제가 주어졌을 때 논술 주제를 제대로 이해하기 위하여는 항상 이슈에 Why, How, What에 해당하는 질문을 지속적으로 할 필요가 있다.

왜 출제되었나? 이 이슈는 금융권과 어떻게 관련되나? 다른 이슈와 관련성은 없는가? 등 끊임없이 질문하는 과정에서 사고력이 증진되고 살아있는 답안이 나오는 것이다.

5 출제자를 이해하자.

강의를 하다 보면, 논술 출제자에 대한 질문을 받게 된다. 인사부 직원이 출제하느냐고? 잘못 알려져 있는 대표적인 오해 중 하나이다. 금융기관 실제 논술 출제 경험을 가진 사람은 의외로 많지 않아서 어떤 분위기와 기준으로 채점되고, 출제위원의 스케줄과 어떤 사항을 중점으로 채점 평가를 하는지 이해하는 것이 중요하다.

출제위원은 경제연구소와 영업전략 · 경영전략을 담당하는 부서 또는 법무담당부서의 소속 중간관리자가 담당하는 것이 대부분이다. 근무 중에 출제위원으로 평가일 2~3일 전에 위촉되어 약 1주일간 통제된 공간에서 출제와 평가업무를 수행하게 된다. 출제자의 성향, 출제자가 선호하는 참고자료, 평가기준 등을 이해하는 것은 논지의 방향을 정하고 학습 범위를 정하는 데 도움이 된다.

> **Tips**
> 출제자는 누구인가? 출제자 참고 자료는? 평가기준과 방법?

6 실전연습을 해보자.

평소에 손으로 글을 직접 작성해 보는 것이 매우 중요하다. 별도의 논술 경험이 없는 일반학생의 경우는 신문을 읽고, 논제를 학습한 것만으로는 논술과 심화면접의 장벽을 넘기는 어렵다. 대부분 학생들이 자기소개서와 모의면접은 하지만, 모의논술 경험은 전무한 것을 본다. 모의문제의 출제도 어렵지만, 답안에 대하여 적정한 답안과 첨삭을 해주기는 더욱 어렵기 때문이다. 따라서 이 교재를 활용하여 장소와 시간을 정하여 문제를 직접 풀어본다면, 간접 논술 경험을 축적하는 것이라 생각한다. 유사 주제를 반복 연습하는 것도 효과가 있다.

7 악필의 고민 – 가독성(可讀性) 높은 글쓰기로 극복하자.

악필은 문제가 될 수 있다. 악필에 대한 페널티는 없지만, 평가자의 입장에서 생각하자. 글에도 첫인상이 있다. 수천 페이지의 답안지를 누구의 도움 없이(자소서와 달리 평가위원은 독립적으로 평가함) 정해진 시간 내에 평가해야 하는 입장에서 본다면, 답안지의 내용도 중요하지만, 답안지에서 받는 첫인상을 무시할 수 없을 것이다.

현실적으로 악필을 바꿀 수는 없지만, 문장을 두괄식으로 구성하고, 소제목을 붙여 중심 생각이 쉽게 읽혀지도록 하며, 짧은 단문과 공간 여백을 효과적으로 활용하면 악필이라도 가독성을 높일 수 있다.

02

논술 경향과 대책

매년 변동은 있지만 은행과 금융 공기업은 일정한 방식으로 문제를 출제한다. 한국은행 등 일부만 문제를 공개하며, 대부분 공개되지 않아 준비하는 학생들이 어려움을 겪고 있다. 여기서 정리된 내용은 수강생들이 최근 연도에 응시한 후 제공한 것이다. 각 기관별 특성에 따라 출제되는 주제와 작성해야 할 답안지의 양이 매우 다르다. 따라서, 아래 내용을 참고하여 목표로 하는 회사의 출제 방식에 맞춰 금융 논술을 미리 준비하면 도움이 된다.

1 시중(IBK, KB, 신한, 우리, KEB하나)은행

금융권 채용 비리 의혹 등에서 촉발된 금융권 채용 절차의 투명성을 요구하는 사회적 요구에 대응하기 위한 은행권 채용 절차 모범 규준에 따라 금융 논술도 큰 변화에 직면하고 있다. 금융권 선발 전형에서 필기 전형이 확대되고, 객관성을 확보하기 위한 방법의 하나로 금융 경제(객관식)와 금융 논술(서술형)이 선택적으로 도입되고 있다.

또한, 학력 · 나이 · 성별 등 차별 요소를 배제하고 균등한 취업 기회를 부여하기 위한 블라인드 채용이 강조되면서 필기 성적의 중요도는 더욱 높아지고 있다. 아래는 논술 출제 경향을 정리한 것이며, 시중은행과 지방은행은 서술형보다는 객관식 금융 경제 지식 측정이 중시되고 있다.

2 특수은행과 금융 공기업

블라인드 채용이 확산되면서 직무 관련성이 높은 금융 일반논술의 평가가 중시되고 있다. 금융 공기업의 평가는 유사한 경향을 보이고 있지만, 기업에 따라 직무 논술을 도입하거나 통합형 논술 시험을 도입하는 경우로 나뉘고 있으며, 응시하는 금융 공기업의 출제 경향을 고려한 학습이 필수이다.

서류 전형의 경우 기초 자격 적부 심사를 통하여 서류 합격자가 증가하고 있기 때문에 결과적으로 필기 전형 응시 인원이 크게 증가하고 있다. 또한 정기 채용의 경우 금융 공기업을 동일한 날짜에 응시하게 하여 목표로 하는 금융 공기업에 대한 논술 경향을 사전에 정리해 두는 것이 효율적이다.

① 금융감독원

- 설립 목적 : 금융기관에 대한 검사 · 감독 업무 등의 수행을 통하여 건전한 신용질서와 공정한 금융 거래 관행을 확립하고 예금자 및 투자자 등 금융 수요자를 보호함으로써 국민경제의 발전에 기여함.
- 학습 방향
  - 한국 사회가 당면한 과제(고령화 · 저출산, 직업윤리, 4차 산업혁명, 가계부채, 한계가계와 서민금융, 양극화와 저성장, 중소기업과 대기업 관계)가 한국경제와 금융에 미치는 영향과 대응 방안

– 금융 소비자 보호, 금융소외(digital divide) 현상과 극복, 금융 디지털화 현상의 영향과 대응, 사회갈등의 원인과 해소, 1인 미디어의 영향, Fake 뉴스와 대응, 서민금융의 필요성과 한계, 중소기업 금융, 양극화의 원인과 대책, 사회 계층 간 갈등의 원인과 해소 등

② **산업은행**

- 설립 목적 : 산업의 개발 · 육성, 금융시장 안정 및 그 밖에 지속 가능한 성장 촉진 등에 필요한 자금을 공급 · 관리하여 금융산업 및 국민경제의 건전한 발전에 이바지함.
- 학습 방향

– 한국 경제가 직면한 과제(대기업과 중소기업의 상생, 인구구조 · 기술 혁신이 가져올 사회 변동의 영향, 최저임금의 급격한 인상의 영향, 양극화와 저성장의 원인과 정책 금융의 역할)를 한국 경제 저성장의 극복이라는 관점에서 준비하는 전략 필요

– KDB산업은행은 정책 금융 기관으로 SOC 투자, 대기업 등의 성장 동력 확보를 위한 산업 금융 조달에 기여. 최근 정부 정책 방향에 따라 중소 · 중견기업 육성, 4차 산업혁명 지원, Work & Life Balance(QoL) 추구, 한계기업의 구조조정, 혁신 성장 선도하는 기관으로 역할이 강조되면서 이와 관련된 경제 사회 이슈를 정리해 두어야 함.

– J노믹스, 소득 주도 성장의 장단, 중소기업(금융)의 과제와 성장 전략, 혁신 성장의 내용과 한계, 생산적 금융, 포용적 금융 등 시사 이슈를 정리하여 논술 소재로 활용

참고

산업은행 (박사과정) 기출 복원 문제 중 한 예시이며, 아래 두 주제 중 선택하여 작성

1. 중요하고 핵심적인 것을 중심으로 사물을 판단하는 직관에 의한 방법과, Big Data 등 수많은 data를 모아서 데이터 기반으로 판단(의사결정)하는 두 가지 방법 중에서 금융 기관의 관점에서 유효한 것을 하나 선택하여 논하시오.
2. 정부 규제-상생을 위해 필요하다는 입장(정부 규제 옹호 입장)과 관계자회사에 일감 몰아주기의 부정적 측면을 제시하면서 정부 규제 강화로 기업의 효율성이 하락한다(정부 규제 반대 입장)고 반대하는 목소리가 높다. 정부 규제의 장단점과 문제점, 대응 방안을 논하시오.

③ 농협은행(생명보험, 손해보험, 중앙회)

- 설립 목적 : 농협중앙회는 농업인과 조합에 필요한 금융을 제공함으로써 농업인과 조합의 자율적인 경제 활동을 지원하고 그 경제적 지위의 향상을 촉진하기 위하여 신용사업을 분리하여 농협은행을 설립.
- 학습 방향
  - 한국 경제와 농업, 농협의 역할과 존재 이유, 한국사회의 소비 트렌드(1인 가구, Solo economy 현상, 공유경제, 소비 양극화, 비대면 채널)와 농협의 대응, 귀농 · 귀촌 현상과 농업 경제, 4차 산업혁명 기술과 농업(스마트농장, 정밀농업) 등을 논술의 소재로 활용할 수 있도록 key word 정리
  - 금융 경제 시사(금융의 디지털화, 인터넷 전문은행, 가계부채, 금리인상(하)이 한국 경제와 금융에 미칠 영향)를 활용하여 농업은행의 전략과 연결하여 논술에 반영
  - 농협의 주요 과제인 농가소득 5,000만 원, 농업의 공익적 가치 제고, 고향세 논쟁, 농산물가격의 특징, 농산물 수출 전략, 농업의 6차 산업화, 농업 금융의 특징과 농협의 역할 등을 논술의 소재로 응용할 수 있어야 함.

④ 기술보증기금

• 설립 목적 : 기술보증제도를 정착 · 발전시킴으로써 신기술 사업에 대한 자금의 공급을 원활하게 하고 나아가 국민 경제의 발전에 이바지함을 목적으로 함.

> 기술보증기금은
>
> ✓ 기술력은 우수하지만 담보력이 부족한 중소기업의 기술성과 사업성 평가를 통해 기술보증을 지원하며,
>
> ✓ 기술 평가, 벤처이노비즈기업 인증, 중소기업 창업 지원 등의 업무도 수행

• 학습 방향 : 직무 논술 성격을 띠고 있기 때문에 기술보증기금의 주요 업무 이해는 기본. 기술보증기금의 존재 이유와 관계되는 기술력 있는 벤처 · 중소기업과 한국 경제의 관련성, 중소기업 금융의 특징에 대한 이해 필수

– 정부 정책 방향에 따라 중소기업 육성, 4차 산업혁명 지원, 청년 창업, 벤처기업과 관련된 경제 사회 이슈 정리 필요

– 기술보증, 기술금융의 도입 배경과 필요성, 기술 평가와 기법, 기술 혁신과 사회 변동, 한국 경제 저성장 극복을 위한 중소기업 금융의 과제와 기보의 역할, 혁신 성장의 필요성과 내용, 생산적 금융, 포용적 금융, 금리 변동과 중소기업 등 정책 시사 이슈를 정리해서 논술 소재로 활용

⑤ 신용보증기금

• 설립 목적 : 담보능력이 미약한 기업의 채무를 보증하고 자금 융통을 원활하게 하여 균형 있는 국민 경제의 발전에 기여

> 신용보증기금은
>
> ✓ 담보가 부족한 기업을 평가해서 대출을 받을 수 있도록 금융 기관에 보증을 서 주는 곳

✓ ① 기업이 은행 등에서 자금을 빌릴 때 신용 평가를 거쳐 보증서를 발급해주는 업무에서부터 ② 어음이나 외상매출금이 회수 불가능할 때 보험금을 수령함으로써 연쇄 부실을 막기 위한 신용보험 제도를 운영하고 ③ 창업 상담부터 창업 후 컨설팅까지 맞춤형 원스톱 서비스 제공

• 학습 방향 : 직무 논술 성격을 띠고 있기 때문에 신용보증기금의 주요 업무 이해는 기본. 금리의 파급 경로, 금리 인상이 한국 경제(중소기업)에 미치는 영향, 중소기업에 대한 신용보증과 신용보험의 지원 필요성 등 이해 필수
  – 정부 정책 방향에 따라 중소기업 육성, 4차 산업혁명과 중소기업, 청년 창업, 벤처기업과 관련된 경제 사회 이슈와 관련되는 주요 시사 정리

⑥ 주택금융공사

• 설립 목적 : 주택저당채권 등의 유동화(流動化)와 주택금융 신용 보증 및 주택담보노후연금보증 업무를 수행하게 함으로써 주택금융 등의 장기적 · 안정적 공급을 촉진하여 국민의 복지 증진과 국민 경제의 발전에 이바지함을 목적으로 함.

• 학습 방법
  – 주택금융, 유동화 증권의 특징, MBS, MBB에 관한 기초지식 필요
  – 전공(경제, 경영, 법)과 금융상식으로 필기 평가하며, 각 전공 논술에는 주택금융공사의 역할을 묻는 경향이 매우 높음.
  – 주택금융의 특징, 인구구조 변화와 주택금융, 금리 변동과 주택금융, 적격대출, 보금자리론, 통화정책(금리)의 파급 경로, 고령화에 따른 주택금융 상품(역모기지 상품)의 역할, 금리와 주택금융의 Risk, MBB, MBS의 효익, 부동산 가격 안정화 대책, 가계부채 영향, 한계가구의 문제와 주택금융 등 key word를 정리하여 직무 논술 작성 시에 반영할 수 있어야 함.

– 객관식 평가는 신입사원 공고에 따라 변경되며, 기본적인 경제학 지식과 금융 지식을 중심으로 준비하는 것이 효율적

⑦ **한국은행**

- 설립 목적 : 효율적인 통화 신용 정책의 수립과 집행을 통하여 물가 안정을 도모함으로써 국민경제의 건전한 발전에 이바지함.
- 학습 방법
  - 주제는 경제 금융 현상에 한정되지 않음. 오히려 역사, 사회 문화 현상, 대중사회의 문제, 인간관, 사회 갈등 현상, 인구구조 · 기술 · 불확실성 등 사회 변동 요인 등 다양한 주제 학습이 중요
  - 제시된 자료를 바탕으로 논지 방향을 정하고, 논지를 전개하되 구조화하여 답안을 논리적으로 작성하는 스킬이 필요
  - 자료 제시형, 2 중 1 선택, 60분

⑧ **신용회복위원회**

- 설립 목적 : 개인 채무자에 대한 채무 조정과 서민의 경제적 회생에 필요한 사항을 지원하며, 개인의 신용 관리에 관한 상담과 교육 등을 통하여 올바른 신용 관리 문화를 육성하고 서민 생활의 안정과 경제 사회의 균형 있는 발전에 이바지
- 학습 방법
  - 서류 전형 기초 자격 적부 심사 합격자들이 객관식 NCS 평가를 받은 후, 성적 상위자에 한하여 논술 응시 기회가 부여되기 때문에 NCS와 동시에 논술 준비 필요
  - 통합 논술 주제가 제시되기 때문에 신용회복위원회와 관련된 경제 사회 이슈를 중심으로 학습해 두어야 함. 가계부채, 금융소외, 서민금융의 특징과 지원 제도, 양극화 해소 방안, 도덕적 해이와 방지 방안, 금리 인상이 경제 주체에 미치는 영향(통화 정책 경로), 큰 정부 · 작은 정부 논란 등을 중심으로 개인 신용 회복의 필요성과 연결하여 학습해 두어야 함.

⑨ **aT(한국농수산식품유통공사)(2문제 중 택1)** : 직무능력평가 도입

㉠ 상식 : 농업 및 행정법, 계약법을 포함한 대졸 수준 일반 상식

㉡ 논술 : 경제 및 농식품 관련 상식을 주제로 작성(2개 주제 중 택1)

- aT의 역할, 기능을 사전에 정리해두고 농업, 농식품 산업의 과제, 국제화, 판매 유통상 특징을 반영하여 논지를 전개하되 정책 기구로서 역할을 반영하도록 함.

⑩ **한국거래소** : 자료 제시형. 3문제 중 택1로 출제되며, 시간은 70분

- 금융시장, 사회 시사 이슈 등이 주어지며, 답안은 자본시장과 관련된 정책에 관한 내용을 반영하는 것이 좋음.

⑪ **서울보증보험(논술 2문제 중 택1, 약술 3문제, 객관식 단답형)**

- 주제는 다양하며, 주로 거시경제 이슈, 경제와 경영 관련 시사와 관련된 이슈가 출제됨. 약술은 다양한 전공의 학생들이 풀 수 있도록 출제되어 중요 개념에 대한 이해가 필요. 서울보증보험과 관련된 주제를 정리해 두어야 함.
- 시간 120분

⑫ **예탁원(논술 2문 중 택1)**

- 금융 경제 이슈, 자본시장, 한국 사회의 시사 이슈에 관한 주제를 묻는 경향이 있음.
- 금융시장과 자본시장에 관한 이슈는 거시적인 관점에서 논지를 구성할 필요가 있음.

03

논제 해결 능력 키우기

1 논술의 주제(논제)를 바로 이해하자.

금융논술에서 논제는 응시자가 주어진 시간 내에 수행해야 하는 과제물이다. 논제는 출제자의 의도가 담겨있고, 논제를 풀기 위해서는 적합한 이론적 구조(Framework)를 활용할 필요가 있다.

무엇보다 중요한 것은 주어진 논제를 최대한 전문가적 관점에서 신중하게 분석해야 한다는 점이다. 짧은 논제일지라도 일반 용어로 볼 것이 아니라 논제의 함축된 의미를 분명하게 이해하고, 쟁점이 무엇인지 파악해야 하며, 이와 관련된 다른 쟁점과의 관계 등을 신중하게 분석하여야 한다.

2 논제를 분석하는 능력이 승패를 좌우한다.

논제에는 출제자의 의도가 숨겨져 있고, 논제를 잘 분석함으로써 출제자가 숨겨둔 문제 해결의 작은 단서를 찾을 수 있다. 필자는 강의시간에 논술은 탐정이 사건을 추리하여 결론을 맺어가는 가는 과정이라고 비유한다. 응시자는 논제 분석을 통하여 최종 도달하고자 하는 목표인 결론과 그 목표(결론)에 도달하기 위해 이론적 구조를 활용하여 소재와 주제를 배열하는 것이 탐정의 추리과정과 유사하다.

이처럼 출제위원들이 고민하여 최종적으로 선택한 과제, 즉 논제를 분석하는 것은 논술의 시작이자 끝이다.

주어진 논제의 의도와 그것이 요구하는 과제의 성격을 정확히 파악할 수 있는 힘을 키우는 훈련을 이 책을 통해서 할 수 있다.

논제 해석 – 전문용어로 질문 이해하기

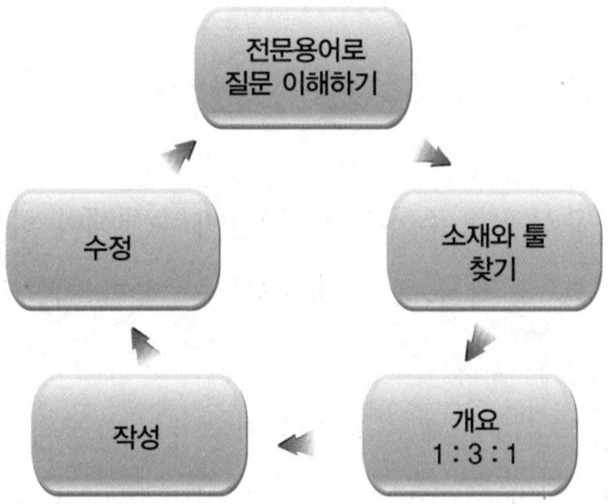

3 금융논술에서 필요한 배경지식을 알아두자.

많은 학생들이 배경지식을 습득하기 위해 고민한다. 논제와 관련된 신문기사, 연구소자료, 신년사, 소설 등 관련 배경지식을 얼마나 알아야 하나를 궁금해한다. 다행인 것은 금융논술의 경우 높은 수준의 배경지식을 원하지 않는다. 오히려 사물을 보는 눈(Point of View, Framework)을 필요로 하며, 이를 통하여 창의적으로 문제를 해결해 주기를 기대하는 것이다.

이 책에서는 배경지식으로 필요한 내용을 대부분 담고 있다. 특히, 금융기관의 경영환경의 주요변수인 인구구조의 변화, IT기술과 정보화, 세계화, 규제 변화 등을 중점적으로 정리하였다. 다음으로 한국경제, 금융기관의 경영, 그리고 사회문화 관련 주제를 다루고 있다.

'과유불급'이라는 말이 있듯이 모든 배경지식을 공부하는 것이 반드시 바람직한 일은 아니다. 독자들은 주어진 주제를 바탕으로 '왜(Why)'와 '어떻게(How)'라는 질문을 통하여 사고의 외연을 넓히는 수단으로 활용하면 좋다.

4 마지막 순간까지 논제 풀이에 최선을 다하자! "Never Give up"

필자가 다년간 출제위원으로 문제를 출제하고 평가한 경험에 의하면, 출제위원의 의도를 간파한 완벽한 답안은 100명에 3~4명 정도이다. 대부분은 응시생 나름대로의 논리와 근거로 주장하는 글이거나 난이도가 높은 문제인 경우 응시자들이 거의 백지를 제출하는 경우도 있다.[1]

놀랍게도 응시자의 대부분이 처음부터 끝까지 막힘 없이 완벽하게 논제를 완성해서 제출하는 경우는 매우 드물다는 것이다. 어떤 논제가 주어지더라도 포기하지 않고 최선을 다하는 마음이 승패를 좌우한다. 논술에도 "Never Give up" 정신이 필요하다. 최적의 답안이 아닐지라도 최선을 다한 답안을 제출한다는 생각으로 임하자.

1 일부 은행에서 약술형으로 출제되는 작은 문제의 경우 그러하다.

5 제시문 이해하기 – 제시문을 적극적으로 읽자.

논술의 두번째 유형은 제시문을 읽은 후 논제에 따라 답안을 작성하는 자료제시형이다. 자료제시형 문제의 경우 주의할 점은 앞에서 언급된 주의점과 제시문을 적극적으로 읽어야 한다는 것이다.

제시문의 출처와 내용은 다양하다. 통계와 추이, 소설과 신문의 일부, 회사 내 사보와 임원진 인터뷰 내용 등이 대체로 인용되는 자료 출처이다. 내용은 구체적인 계획에서부터 추상적인 개념까지 다양한 형태로 나타난다.

6 어떤 경우라도 핵심어와 주제문을 파악하는 데 집중해야 한다.

적극적으로 읽어야 한다는 말은 제시문에 많은 암시와 힌트가 들어 있기 때문에, 출제자가 숨겨둔 단서를 찾아서 읽는 연습이 필요하다는 뜻이다.

앞에서 살펴 보았듯이 금융논술의 논제는 금융기관의 경영과 전략, 금융기관의 상품과 서비스의 혁신, 한국경제의 현재와 미래 과제, 사회 트렌드와 변화동인(變化動因)과 관련된 범주를 크게 벗어나지 않고 있다. 이 점을 감안하여 적극적으로 읽게 되면 제시문이 구체적 금융 현실과 연결되며, 해결의 실마리를 보다 쉽게 찾을 수 있게 된다.

7 제시문을 통한 논제를 분석하는 예시[2]

이제 논술 기출문제를 살펴보자.[3]

---

2 KB국민은행의 Case를 분석한 것이다.

3 KB국민은행 논술과 기획안은 자료 제시형이다. KB국민은행 문제는 취달청 논술 수강생들에 의해 재생된 것이다.

논술주제 카이사르와 크라수스

카이사르에게 최대의 채권자는 크라수스였다.

크라수스는 막대한 돈을 빌려주었을 뿐만 아니라 카이사르가 다른 사람에게 진 부채의 지불 보증까지 서 주었다. 크라수스는 든든한 '재정적 후원자'라고 해야 할 것이다.

빚을 질 바에야 크게 지는 게 낫다. 빚이 소액일 때는 채권자가 강자이고 채무자는 약자이다. 많은 빚은 채무자보다는 오히려 채권자에게 골칫거리가 된다. 떼였다고 생각하고 체념하기에는 액수가 너무 많기 때문이다. 자칫 돈을 떼이면 알거지로 전락할 수도 있다. 그래서 채권자는 채무자가 파산하지 않도록 계속해서 지원할 수밖에 없다. 채무자 입장에서는 말 그대로 '대마불사(大馬不死)'인 셈이다.

카이사르는 이 점을 정확히 간파하고 교묘하게 이용했다.

(이하 생략)

(시오노 나나미 『로마인 이야기 4권 율리우스 카이사르 편』)

문제 카이사르와 크라수스의 사례가 「금융회사 경영에 시사하는 점」에 대해 논하시오.

8 인물과 역사적 사건에 대한 배경지식에 몰입하지 말자.

먼저 논제는 "위 사례가 금융회사의 경영에 시사하는 점"을 논하는 것이다. 사례는 카이사르(채무자)와 크라수스(채권자)에 관한 시오노 나나미의 『로마인 이야기』에 나오는 일부이다.

응시자는 인용된 로마인 이야기를 모른다거나 제시된 서적을 읽지 않았다고 위축될 필요가 전혀 없다. 또한 카이사르가 누구인지 크라수스가 누구인지를 몰라도 된다. 알면 도움이 될 수도 있으나 고정관념과 편견을 가질 수 있다는 관점에서 모르는 편이 더 좋을 수도 있다.

9 등장인물의 역할과 특징에서 논제 관련성을 최대한 찾아내자.

집중해야 할 것은 제시된 소설에서 등장하는 인물의 특성과 문장에서 찾아야 할 "금융회사 경영과 관련하여 시사점이 있는 단서"를 찾는 것이다.

위 제시문을 압축하여 정리하면 다음과 같다.

• 제시문의 요약

✓ 채권자와 채무자 관계인 두 사람이 있다.

✓ 채무자의 빚이 처음에는 작은 규모였으나, 빚이 점점 커지자 채무자는 이를 교묘히 이용하였다.

✓ 대마불사(Too big to fail)가 된 채무자로부터 오히려 채권자가 자신의 돈을 회수하기 위하여 채무자를 적극 도와야만 하는 사태가 발생하게 되었다.

주어진 논제를 다시 살펴 보면, "이 사례가 금융회사의 경영에 시사하는 점은 무엇인가?"이다.

요약문과 논제를 통하여 추론해 보면, 출제의도는 우리경제의 최대이슈인 가계대출 문제와 관련되어 있음을 알 수 있다. 채권자는 금융회사이며, 채무자는 가계 또는 기업으로 유추하여 볼 수 있다. 상업은행의 주요한 이슈인 가계대출 또는 기업대출 문제와 연관되어 있음을 알 수 있을 것이다.

따라서, 다음과 같은 추론을 통하여 답안 구성의 방향을 잡을 수 있다.

① 가계부채가 최근 급격히 증가하여 우리 경제의 뇌관이 되었다.
- 왜 가계부채 문제가 발생하게 되었는가?
- 현재 가계부채의 특징은 무엇인가? 더 커질 경우 어떤 일이 발생하나?
- 가계부채 규모가 커지는 과정에서 가계와 금융회사의 도덕적 해이는 없었는가?

② 그리고 이 가계부채는 더 커질 가능성은 있는가?
- 은행(채권자)은 가계(채무자)의 부채가 증가할 경우 어떻게 할 것인가?
- 가계부채가 한국경제와 금융회사에 어떤 영향을 미칠 것인가?

③ 금융회사 경영에 시사하는 점은 무엇인가?
- 금융회사 경영과 어떤 관계가 있나?

위의 논리적 추론을 배경으로 금융회사에 시사하는 점을 다음과 같이 찾는다.[4]

은행 경영에 미치는 영향은 가계대출(이하 기업대출의 경우 포함) 규모가 커지고 대출 상환이 계획대로 되지 않을 경우, 채권자인 금융회사의 재무 건전성에 치명적인 손상을 입을 가능성이 있다. 이는 금융시스템의 불안을 야기시켜 결국 한국경제에 미치는 영향 또한 매우 심각해 질 수 있다는 점을 논리적으로 전개한다. 따라서, 가계부채 문제를 해

4 금융회사에 시사하는 점은 금융회사의 내부 요인으로 재무구조, 인력과 조직, 상품과 서비스, 채널 전략, 기술 등으로 접근할 수 있으며, 외부 요인으로 고객 관점, 정부 규제, 경쟁자, IT기술 변화 등의 환경변수를 고려할 수 있다.

결하기 위한 정부와 금융회사, 가계의 노력이 필요하다는 점을 주장할 수 있다.

금융회사에 관한 또 다른 시사점이 있다. 다소 어려울 수는 있지만, 금융기관 리스크 관리의 중요성이다. 특히, 채무자가 대마불사(Too big to fail)가 되어 대출을 상환하지 못할 경우 금융회사의 재무 건전성에 치명적인 손실이 올 수 있다. 따라서 사전에 체계적인 리스크 관리가 필요하다는 점과 금융회사 전반에 이에 대한 인식이 제고되어야 한다는 점도 강조해야 할 것이다.

다음 단계로 위 이슈를 해결하기 위해서 정부와 금융회사(채권자), 그리고 개인(채무자)은 어떤 일을 해야 하는가를 중심으로 논제를 풀어나가면 된다.

경기활성화 대책, 금리 인상에 대비한 고정금리 · 분할 상환으로 대출 구조 전환, 주택금융규제 강화(DSR 도입), 가계부채 안정화 대책, 다중채무 문제의 해소를 위한 정책적인 노력 등을 예로 들 수 있다면 더욱 좋을 것이다. 가계부채를 축소하는 과정에서 J노믹스에서 강조하는 서민금융이 위축되지 않도록 해야 하며, 상환 능력이 없는 차주에 대한 지원 방안을 강조한다. 특히, 이러한 가계부채를 줄이는 과정에서 채무자의 희생과 노력이 필요하다는 점도 언급해 둘 필요가 있다.

04

효과적인 **서론 작성법**

1 서론이란

서론은 첫인상이 결정되는 부분으로서 기승전결의 기(起)에 해당하는 부분이다. 논제의 배경, 문제점, 쟁점을 통하여 주의를 환기하는 부분이다.

서론에서는 논제를 어떻게 이해하고, 그 논제를 어떻게 전개할 것인가에 대하여 출제위원과 소통하는 것이다. 즉, 앞으로 전개될 내용이 무엇에 관한 내용인지를 평가자가 알 수 있도록 주의를 환기시키고 흥미를 유발하게 하며, 본론의 전개 방향을 암시해야 하는 것이다.

서론의 길이는 일반적으로 1단락으로 끝내는 경우가 많다. 서론은 글의 첫인상을 결정하는 곳이기도 하다. 특히 용어 사용과 작성법에 유념해 둘 필요가 있다.

2 서론의 작성 방법

'시작이 반'이라는 말처럼 첫 문장을 성공적으로 작성하면 논술의 반은 완성되었다고 생각하자. 서론을 시작하는 방법은 논제에 따라 다양하지만 글쓰기 연습을 통하여 쉽게 개선될 수 있다.

금융논술의 논제는 신문 등 대중매체에서 이미 보도되었거나, 정부 정책과 관련된 내용 또는 경제연구소나 한국은행 등 주요 기관에서 발표한 내용을 바탕으로 출제되는 경우가 많다.

따라서 다음과 같이 인용 근거, 사건, 현상을 활용하는 방법으로 서론을 작성할 수 있다. 아래 예는 '인용 근거, 사건, 현상'을 이용하여 논제에 해당되는 부분을 다시 설명하는 구조로 서론을 시작하는 방법이다.

(1) 서론을 시작하는 예

- 최근 연구자료(조사)에 의하면, 인구절벽은 예상보다 급속하게…
- 우리 경제가 직면한 저성장 · 양극화를 극복하기 위해 중소 · 벤처기업의 창업 활성화가 정책 과제로 대두되고 있다.
- 가계부채가 지속 증가하면서, 한국은행에서 결정한 정책 금리의 추가 인상 결정이…
- 금 수저-흙 수저로 표현되는 사회양극화 현상은 산업화 과정에서…
- 금융위기 이후 금융회사의 사회적 책임이 강조되는 배경은…
- 정부가 금융 혁신으로 추진 중인 제3 Internet 전문은행 도입이 기존 금융회사의 변화를 초래할 관심이…

다음은 서론의 마무리 방법이다. 서론의 뒷부분은 본론에서 전개할 내용의 범위와 방법을 암시하는 내용으로 마무리한다. 마무리 예를 들면 다음과 같다. 서론을 마무리한 후 본론으로 논리가 연결되도록 하는 것이 중요하다. 그리고 서론에서 제시한 논리전개 흐름과 실제 글쓰기를 일치시키는 것이 좋다.

(2) 서론을 마무리하는 예

- IT와 금융의 융합이 금융회사에 미치는 기회 요인과 위기 요인과 시사점을 논하고자 한다.
- 미국의 출구전략이 한국경제에 미칠 긍정 · 부정적인 영향, 그리고 대응책을 경제 주체별로 논하고자 한다.
- 최근 심화되고 있는 사회 양극화 현상의 원인과 완화 대책에 대하여 장기적 과제와 단기적 과제를 중심으로 논하고자 한다.
- 가계부채 문제가 악화될 경우 금융시스템에 미칠 수 있는 영향을 중심으로 논하고자 한다.
- 4차 산업혁명이 우리 사회와 경제에 미칠 영향을 논하고자 한다.

3 서론의 분량과 전체 글에서 차지하는 비중

하나의 단락으로 간결하게 작성하는 것이 좋다. 서론이 길면 본론과 결론이 약해질 수 있다. 응시생들의 논술 답지를 첨삭해 보면, 서론이 긴 이유는 서론에서 너무 많은 주변 지식을 서술하거나, 본론에 해당될 내용을 포함하는 경우 등이 있다. 이러한 우를 범하지 않기 위해서 개요 작성 시 서론과 본론의 양의 배분을 미리 정해두는 것이 좋다.

서론과 결론은 각각 15~20%씩, 본론을 60~70% 내외 배분하는 것이 균형적이다.

Step up

첨삭에서 배운다 ▶ 서론 작성의 주의사항

서론에서 단언적인 문장을 사용하지 말자.

서론은 논제를 해석하고, 논제의 전개 방향을 암시하는 부분이다. 주제에 대하여 단언적인 표현을 사용하는 것은 바람직하지 않다. 단언적인 문장은 결론에서 사용하여야 한다.

날짜 등은 역사적 사건 정도가 아니면 추상적으로 사용하는 것이 좋다.

'한미 FTA의 체결이 우리나라에 미치는 경제적 효과에 대하여 논하라'는 주제에서 다음과 같은 서론의 출발은 좋지 않다.

구체적 숫자 사용(X)	일반 숫자를 사용(O)
한미 FTA는 4년 10개월간 합의점을 찾지 못하다가 2012년 3월 25일에 극적으로 체결되었다.	한미 FTA는 합의점을 4년 이상 찾지 못하다가 지난 3월에 한미 간에 극적으로 체결되었다.

왜냐하면 숫자가 사실(Fact)에 해당하는 것으로 매우 구체적으로 느껴지지만, 논제를 기준으로 중요성의 관점에서 보면, 체결 날짜는 매우 사소한 내용으로 한미 FTA의 경제적 효과와는 무관한 내용이기 때문이다.

서론과 결론에서는 정확한 용어와 숫자를 사용하자.

서론은 첫인상을 좌우한다고 했다. 따라서 서론에서 사용하는 용어는 가급적 정확하게, 그리고 논리적으로 사용하는 것이 좋다. 특히, 숫자는 잘못 인용하게 되면 글 전체의 신뢰도에 결정적으로 타격을 주는 경우가 있다.

여백을 활용하자.

글의 첫인상을 좌우하는 것이 서론이었다면, 글의 외모는 답안지의 가독성(可讀性)이 좌우한다. 같은 내용이라도 가독성이 높아야 한다. 가장 쉬운 개선 방법은 적정한 여백을 활용하는 연습을 하는 것이다.

아래 글은 동일한 학생이 적은 글이지만, 내용에 관계없이 오른쪽 글이 수준이 있어 보인다. KB국민은행과 NH농협의 경우 논술 작성량을 페이지 수로 제한을 두고 있으나, 이때도 여백을 활용하여 최대한 논리적이고 체계적으로 작성하여야 한다.

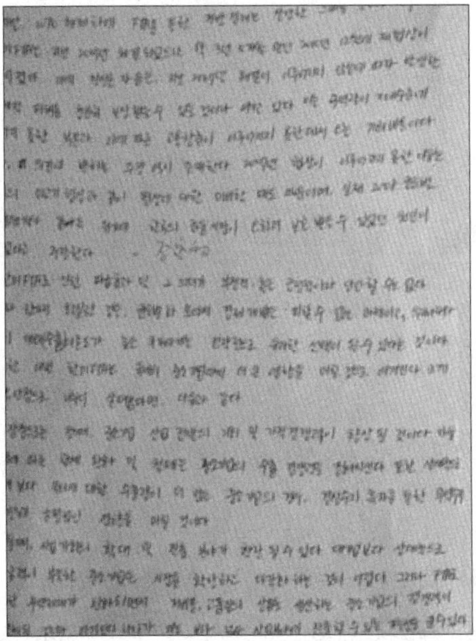

(가독성이 나쁜 예)

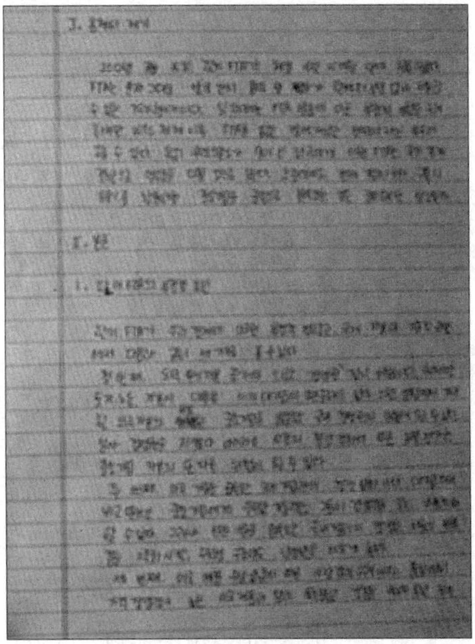

(가독성이 좋은 예)

05

효과적인 본론 작성법

본론은 논제에 대한 자신의 주장을 증명하는 논술의 핵심 부분이다. 본론은 논제로 주어진 이슈를 체계적이고 종합적으로 논증하여 나의 주장을 펼치는 역할을 한다.

1 본론은 글의 몸통이다.

기승전결의 승전(承轉)에 해당한다. 논술 구성에 다양한 변화를 줄 수 있고, 논리와 사고의 힘이 발휘되는 장소이다. 가볍게 공부를 한 사람과 깊이 있게 공부한 사람 사이에 차이가 나타나는 글의 몸통이라 할 수 있다. 본론을 논리적으로 전개하기 위해서는 개요를 치밀하게 작성하여야 한다. 나의 주장의 타당성을 입증하는 방법으로는 일반적으로 수용되는 이론이나 모델을 활용하거나, 사회 통념, 역사적 사례, 경험 등을 활용할 수 있다.

금융논술에서 본론을 효과적으로 작성하는 방법은 다음과 같다.

금융논술이란		
논 = 논리 + 증명	▶	• 정치/경제/사회적 이슈에 대하여 • 옳고 그름, 찬 · 반, 장 · 단, 문제 · 대책에 대한 자신의 생각이나 주장을 • 체계를 갖춰 객관적으로 증명하면서
술 = 서술(기술)	▶	• 글쓰기 방법에 맞게 적어 나가는 글

2 읽기 편한 글의 구도

본론은 전체 글의 약 70%를 차지하는 몸체에 해당한다. 따라서 평가자가 한눈에 쉽게 읽을 수 있도록 단락을 지어 작성하는 것이 좋다. 편한 본론의 형식은 주제에 따라 2~3개의 단락으로 구성되는 것이 일반적이다.

• 가독성(可讀性)이 높은 단락구조 선택 – 여백의 미

우선 완성된 답안지가 일목요연하게 보여야 한다. 똑같은 내용이라도 여백을 적정하게 둔 답안 구성이 더 매력적이다. 제한된 짧은 시간에 많은 분량의 답안을 읽고 평가해야 하는 평가자의 입장을 고려하여, 한 문장을 너무 길지 않게 작성하고, 답안지 여백을 활용하여 평가자가 글의 흐름을 쉽게 예상할 수 있도록 하여야 한다.

지나친 장문, 단락 구분이 되지 않아 본론인지 결론인지 한눈에 알기 어려운 문단 나누기 등은 무경험자가 저지르기 쉬운 일반적인 실수 중 하나이다.

3 본론의 단락 수 : 2~3개가 적정하다.

단락이란 하나의 작은 주제(중심 생각)로 묶을 수 있는 문장들의 집합이다. 즉, 단락은 논리를 전개하는 '사고의 전개 단위'이기 때문에 글의 길이가 아닌 작은 주제에 따라 나

누어야 한다. 따라서 2~3개의 단락 나누기가 읽기 쉽고, 자신이 주장하는 바를 간명하게 나타내는 데 도움이 된다.

논술 한 주제에 주어지는 시간이 40분 이상이라면 본론은 3단락 정도가 적합하다. 즉, 서론 1단락, 본론 3단락, 결론 1단락 총 5단락이 적당하다.

• 약술의 경우

약술문제가 이슈/사건을 논하는 것인지, 논제를 구체적으로 한정하여 서술하는 것인지에 따라 답안이 구성되어야 한다.

약술임에도 불구하고 이슈에 대한 논점이 있는 경우에는 3단락(서론-본론-결론)으로 구성하되, 시간과 논제를 감안하여 2단락(본론과 결론) 중심으로 작성한다. 만약 지식을 측정하는 약술 또는 주제가 특정된 경우에는 가급적 본론 중심으로 기술한다.

4 한자, 영어, 그리고 숫자 활용하기

가독성을 높이기 위해서는 문장 전환 시 적절하게 여백을 활용하는 것이 좋고, 한자어, 영어(IBK, KB, NH, KDB, BOK), 99%, 88% 등 숫자를 활용하는 것도 좋은 방법이다. 너무 자주 인용하는 것은 인용 시점과 출처 등을 정확하게 기재하기 어려운 경우 신뢰성 문제가 생길 수 있으므로 득보다는 실이 많을 수 있으니 주의해야 한다.

불필요하게 많은 숫자 인용의 예[5]	같은 내용을 다르게 쓰는 법
한미 FTA로는 향후 15년간 연평균 27.7억 달러의 흑자가 전망된다. "이 과실은 중소기업으로 갈까"라는 질문에는 자신있게 YES!라고 답할 수 있다. 실제 중소기업 CEO의 72.7%가 한미 FTA의 발효로 대미수출이 증가했다고 밝혔다. 즉, 준비된 기업에게는 FTA는 기회인 셈이다.	장기적으로 보면 한미 FTA는 무역수지 흑자에 기여하고, 그 과실은 중소기업까지 갈 것으로 예상된다. 실제 많은 중소기업들이 FTA로 대미수출이 증가했다고 밝혔다. 즉, 준비된 기업에게는 FTA는 기회인 셈이다.

5 모의시험에서 실제 제출된 답안을 옮긴 것이다. 예상 문제를 신문 등을 활용하여 암기하는 경우가 있다. 논술은 사실을 암기하는 것이라기보다 문제해결 과정을 평가한다.

5 구조화된 틀을 이용하면 논리 전개를 부드럽게 할 수 있다.

금융회사의 논제는 분야별로 개요 작성 시 이론적인 모델이나 일반적으로 응용되는 분석 모델을 활용하면 논리적 일관성을 유지할 수 있으며 평가자가 보다 쉽게 이해할 수 있다. 제한된 시간 내에 개요를 작성하기 위해서는 몇 가지 정형화된 이슈 분석의 틀을 연습해 두면 도움이 된다.

주제별로 활용 가능한 모델은 다음과 같다.

- 금융 이슈는 금융기관의 주요 경영 환경과 그 환경 변수가 금융기관의 경영시스템에 미치는 영향을 분석하기 위해 시스템 모델이나, BSC(Balanced Score Card) 접근법을 활용하여 설명하면 주요한 변수를 빠뜨리지 않고 언급할 수 있는 장점이 있다.
- 경제 · 경영 이슈는 거시경제의 일반모델을 활용하여 논제를 이해하고 설명하는 것이 좋다. 예를 들면, 가계부채 문제나 사회 양극화, 인구절벽문제 등은 사회 이슈이지만, 경제 이슈이기도 하다. 이런 이슈는 거시모델을 경제주체를 응용하여 풀이하는 것이 좋다.
- 일반적인 사회 이슈는 가치관의 문제나 사회 변화 동인과 관련된 경우가 많다. 사회 변화의 주요 동인(動因)으로는 IT기술과 정보화, 인구 구조의 변화, 세계화 등을 활용하여 이슈를 제기한 후, 한국 사회의 특징을 고려한 시사점과 대응 방안을 제시하는 방법을 활용할 수 있다.

6 시사점이란 무엇인가?

논제가 '금융회사에 대한 시사점을 논하라'일 경우 본론에 반영되어야 할 내용은 무엇인가?

시사점(示唆點)의 사전적 의미는 '미리 일러 주는 암시'이다. 일반적으로 논술에서의 시사점은 어떤 현상(과제)에 대해(긍정적이든 부정적이든) 언급할 만한 가치가 있는 것으로 해석하면 무난하다. 시사점을 논하는 문제일 경우에도 논술 작성 원리에 따라 본론을 체계적으로 접근하고 정돈하여 기술해야 한다.

금융기업도 일반 기업체와 마찬가지로 주어진 경영 환경하에서 고객을 대상으로 금융상품과 금융서비스를 제공하여 가치를 창출하는 조직체이다. 따라서 논제가 '금융회사에 시사하는 점'은 (1) 금융상품과 서비스 전략(마케팅적인 측면에서 의미 있는 점), (2) 내부조직과 프로세스의 변화, (3) 기술의 혁신과 변화, (4) 구성원의 변화와 혁신, (5) 재무적인 성과에 미치는 영향 등으로 논제에 따라 다양하게 작성해 낼 수 있다.

7 문제점과 대책은 호응하는 것이 좋다.

모든 논제를 원인과 문제점 그리고 대응방안으로 호응하여 작성할 수는 없다. 그러나 최대한 문제점과 해결방안(대책)은 연관성을 찾아 답안을 구성하는 것이 논리적이다. 개요 작성 시 논지를 배치하는 관점에서 유념해야 할 부분이다.

사회적 이슈의 경우 대부분 긍정 · 부정의 딜레마 상황에 있다. 이슈의 특성상 사회적 합의가 이뤄지지 않는 경우를 상정하기 때문에, 이슈를 정의할 때 그 문제점을 먼저 정의하고 문제점에 해당되는 대응방안을 작성하는 것이 좋다. 짧은 시간에 문제점을 찾아낸다는 것이 매우 힘들기 때문에 구조화된 틀을 바탕으로 문제점을 분석하는 방법을 활용하는 것이 좋다.

문제점을 도출하는 가장 일반적인 방법이 환경 변화 요인으로부터 찾는 것이다. 우리나라는 세계에서 가장 급속하게 변화를 경험하는 국가 중의 하나이다.

이러한 문제의 원인과 대응방안을 다음과 같은 구조로 논리를 전개할 수 있다.

(1) 서론(문제의 제기)

(2) 원인/특징/문제점/시사점

A. 문제점/특징

B. 문제점/특징

C. 문제점/특징

(3) 해결방안/대책/발전방안/기대효과

A. 대책/시사점

B. 대책/시사점

C. 대책/시사점

(4) 결론

참고로 대부분 사회 이슈는 인과관계가 단순하지 않고 복합적이다. 제한된 짧은 시간 내에 작성해야 하는 점을 고려하여 인과관계를 단순화하여 접근하는 것이 좋다. 복잡한 인과관계를 모두 다 설명한다면 오히려 논지가 불명확해지고, 글의 힘이 없어지는 폐단이 있을 수 있기 때문이다.

8 비교 문제는 비교 기준을 정하자.

논제 중 A와 B를 비교하는 문제가 나온다. 비교란 공통의 기준을 바탕으로 논하는 것이 바람직하다. 예를 들면, K은행에서 출제된 "에코세대(베이비부머의 자녀세대)와 베이비부머 세대를 비교하여 금융기업에 시사하는 점을 논하라"는 논제에서 비교기준을 찾는 것이 본론 구성에서 매우 중요한 출발점이 된다.

비교 기준으로 소비 행태, 연령대, 선호하는 거래 채널(대면 채널과 비대면 채널), 중요시하는 가치관, 커뮤니케이션 방법, 교육수준 등 여러 가지의 비교 기준 중에서 논제에 적합한 기준을 택하여 비교한 후 금융기관에 시사하는 점을 전개하는 것이 좋다.

9 다시 읽고 필요하면 고치기

마지막으로 자신이 쓴 글을 읽어보고 고치는 일이 필요하다. 출제자의 의도가 반영되었는지, 논제를 행간까지 읽고 그 행간의 의미도 반영되어 있는지 점검한다. 또 단락별로 주제가 명료한가? 표현이 중언부언된 곳은 없는가? 주제 이외에 다른 부분이 오히려 더 부각되어 논지를 흐려 놓지는 않았는가? 등을 기준으로 본론을 다시 읽고 필요하면 수정할 필요가 있다.

부연하여 강조할 경우 '특(特)히'를 활용하여 논조를 표현하는 요령도 필요하다.

예시 : 우리사회의 양극화를 해소하기 위한 경제 주체들의 노력이 그 어느 때보다 필요하다고 생각한다.
특히, 정부의 고용 창출 정책은 일자리를 늘리는 것뿐만 아니라 일자리의 질도 고려되어야 할 것이다.
특히, 기술보증기금은 국내 최고의 기술 평가 인프라를 활용하여 기술 중소 · 벤처기업이 한국 경제를 견인할 수 있도록 동반자 역할을 다해야 할 것이다.

Step up

첨삭에서 배운다 ▶ 논술 학습법

논술에 대한 오해 – 목표와 방향이 뚜렷한 글 작성이 필요하다.

취달청 논술교실에서 첨삭한 수백 건의 Case를 바탕으로 보면, 학생들이 막연히 글을 쓰는 경향이 있는 것으로 보인다. 논제는 출제자가 부여한 과제이며, 이 과제는 목적을 갖고 해결책이 작성되어야 높은 평가를 받을 수 있다. 논제의 정답은 없을 수 있지만, 그 논제를 풀어가는 과정과 최종 도달점이 있다는 것은 기억해야 한다.

또 체계적 논제 접근을 위한 노력이 필요하다. 단순히 사실 나열 작성, 기사를 주로 암기하여 작성한 경우 등은 논술 문제를 제대로 소화하지 못한 채 작성한 것으로 보여 오히려 역효과가 날 수 있다.

효과적인 준비 방법

첨삭을 보면서 논지가 맞지 않는 경우, 글의 가독성이 떨어지는 경우를 자주 접한다. 이는 인터넷을 통해 얻는 정보를 바탕으로 요약한 후 작성한 경우로 추정된다.

대부분의 논제는 1~2일 이상 출제위원[6]이 고민하고 작성한 문제이며, 출제되는 문제의 경우 근거를 갖고 있다는 점을 염두에 둘 필요가 있다.

---

6 논술과 면접 주제의 경우 주로 경제연구소, 기획, 마케팅, 법무담당 부서에서 선발된 위원들이 출제하는 복수의 문제 중에서 결정된다. 공정성을 확보하기 위해 신뢰할 수 있는 자료(교재, 회사 출간자료, 기출문제)를 활용하여 출제한다.

기출문제 분석하기	기출문제 유형을 참고하는 것이 좋다. 동일한 문제는 나오지 않지만, 유사한 주제가 나올 가능성이 높기 때문이다.
경제연구소 자료 참고하기	합격생들의 학습법을 보면 단순히 신문기사를 읽고 분석하는 것도 좋지만, 경제연구소 자료를 활용하여 훈련한 것이 더 도움이 되었다고 한다. 많은 노력이 필요하지만, 경제연구소 자료야말로 각 금융기관에서 중시하는 이슈를 분석해 둔 공신력 있는 자료의 보고이다.
기본개념 정리와 활용	금융, 경제경영, 사회문화 이슈와 관련된 기본개념 정리가 필요하다. 작은 노트를 준비하여 키워드 중심의 요약집을 만들어 실전 논술의 소재로 활용한다. 개념이 잘 정리되어 있으면 논리가 튼튼해지며 글을 압축하여 작성할 수 있다. 특히 시험일이 가까워질수록 느끼는 불안감을 줄이는 좋은 방법 중의 하나다.
직접 작성해보기	많은 학생들이 직접 손으로 작성(Hand Writing)하지 않는 시대에 살고 있다. 따라서 직접 손으로 작성해 보는 경험이 매우 중요하다. 논술작성 경험이 없는 경우 작성한 글을 첨삭 받은 후 같은 주제를 다시 작성하는 반복 연습이 도움이 된다.
우수사례 참고	논술도 상대적이다. 상대적으로 우수한 학생들의 사례를 참고하는 것도 매우 도움이 된다.

06

효과적인 결론 작성법

1 논술의 화룡점정 – 결론

글은 첫인상과 마무리 인상이 중요하다. 본론 부분이 다소 미흡한 점이 있더라도, 결론 부분이 잘 정리되어 있으면 평가자가 좋은 인상을 받는 경향이 있다. 따라서 결론의 내용은 글의 개요 작성 단계에서부터 신중하게 정리되어 있어야 한다.

2 핵심 논점 부각하기

본론에서 찬반 주장이 길어졌을 경우, 결론에서는 핵심적인 논지를 제시하여야 하고, 채점자가 나의 논점을 파악할 수 있도록 작성해야 한다. 이때 주의할 점은 본론에서 언급된 내용에 같은 용어를 사용하여 반복해서 기술하는 경우 평가위원에게 좋은 인상을 줄 수 없다는 점이다.

3 두괄식 표현

결론은 간단명료하게 표현되어야 한다. 결론의 첫 문장은 논제에 대한 입장을 마지막으로 정리하는 것이다. 따라서 인상에 남는 문구나 마무리가 간단명료하게 결론의 앞부분에 배치되도록 하는 것이 좋은 논술 작성법이다.

수험논술의 평가는 통상 짧은 시간 내에 이뤄지기 때문에 결론 부분에서 나의 주장하는 바가 먼저 제시되는 것이 좋다. 그리고 핵심 결론에 해당하는 문장은 가급적 간단하게 단문으로 정리하는 것이 평가자가 읽기 쉽고 나의 논지도 분명해진다.

참고

결론에서 활용 가능한 문구 예시

- 세계화는 피할 수 없는 대세다.
- 가계부채 문제는 한국 경제의 뇌관이다.
- 기업의 사회 공헌 활동은 선택의 문제가 아니라 의무이다.
- 이제 일자리의 질이 더 중요한 시대가 되었다.
- 급격한 기술변화에도 불구하고 금융업의 본질은 인지산업(人紙産業)이라고 생각한다.
- 4차 산업혁명 시대를 맞아 세계 시장진출을 위해서는 기업의 도전정신이 발휘되어야 한다.
- 양극화는 이제 더 이상 방치될 수 없는 우리사회의 최우선 과제이다.

4 결론에서 특정 대상을 언급하고 싶은 경우

만약 그 은행(금융기관)에 해당되는 내용을 부각하여 언급하고자 하는 경우 '특(特)히'라는 문구를 활용하여 해당 기업과 논술 주제의 연관성을 강조하는 방법도 있다.

5 인상에 남는 문구로 마무리

결론을 단순히 요약하여 제출하게 되면 높은 평가를 받지 못한다. 결론에는 논제에 대한 결론적인 느낌, 경제 · 사회 · 조직 · 회사에 미칠 영향, 지금까지 논의한 주제의 중요성 부각, 이슈에 대한 명확한 입장 표현, 향후 필요한 조치 등 인상에 남는 압축된 문구를 언급하는 것도 좋은 방법이다.

Step up

첨삭에서 배운다 ▶ 결론은 결론답게!

결론이 없는 답안

논술 작성에 시간 배분을 잘못하여 결론을 마무리하지 못하거나, 본론 중심의 글을 적은 후, 결론은 짧게 또는 생략하는 경우가 있다. 이 경우 평가위원이 나의 주장을 고려하여 줄까?

그렇지 않다. 논술시험도 평가에 있어 객관성을 요구하기 때문에, 결론이 없거나 명확하지 않은 경우에는 낮은 평가를 받게 된다. 따라서 실제 시험에서 결론 작성시간은 총 작성시간의 15% 정도 배정하여 글이 결론 없이 끝나거나 결론이 횡설수설하지 않도록 주의하여야 한다.

좋은 글은 자기 주장을 결론 부분에서 부드럽지만 명확하게 표현하고 마무리(퇴고)하는 것이다. 한 문장이라도 더 많은 양을 적어 내려는 노력보다 나의 주장이 더 명확하게 나타나도록 정리하는 것이 바람직하다.

결론 작성 중에 새로운 아이디어가 떠오르는 경우

이 경우 새로운 아이디어를 결론에서 추가로 언급하는 것은 좋은 일이 아니다. 결론에서는 본론에서 언급하지 않은 내용을 추가적으로 논의하지 말아야 한다. 결론 부분에서는 주장에 대한 구체적인 논거와 예시를 하지 않기 때문에, 추가적인 논의가 필요한 경우에는 본론 해당 부분을 찾아 삽입 기호를 넣어 기술하여야 한다.

PART

02

금융논술

환경 · 고객 · 미래

01

금융논술

금융산업의 특징과 환경

1 금융기관(은행)의 기능과 종류

금융기관은 자금의 공급자와 수요자 간에 보다 적은 비용으로 금융거래를 할 수 있도록 자금의 중개기능을 해 주는 경제 주체의 하나이다.

우리나라는 취급하는 금융서비스에 따라 은행, 비은행 예금 취급기관(저축은행, 신협 등), 증권회사, 보험회사, 기타 금융기관으로 분류하고 있다. 은행 중심으로 설립 근거, 경영환경, 그리고 주요 취급 업무는 다음과 같다.

(1) 은행의 설립 근거에 따른 구분

은행은 은행법에 의해 설립된 일반은행(시중은행, 지방은행, 외국은행 국내지점)과 개별 특수은행법에 의해 설립된 특수은행(한국산업은행, 한국수출입은행, 기업은행, 농협은행, 수협)으로 나뉜다. 일반은행과 특수은행의 구분 중 자금 중개, 결제 등 은행 업무의 본질에는 차이가 없다.

(2) 은행의 주요 업무

은행은 가계와 기업 등으로부터 예금을 받거나 채권을 발행함으로써 자금을 조달하여 자금 수요자에게 대출해 주는 업무를 주로 하는 금융기관이다. 그 외에도 펀드의 판매 업무, 방카슈랑스 등 광범위한 업무를 취급하고 있다.

||| 은행의 주요 업무 |||

고유업무	자금 중개라는 금융기관의 본질적인 기능에 따른 업무	수신, 여신, 환 업무 등이 있으며 여수신 업무의 수익원천인 예대금리차가 안정적으로 유지되면서 이자수익 비중이 높게 나타남.
부수업무	고유업무 영위함에 있어 필요하다고 인정되는 업무	채무의 보증 및 어음의 인수, 보호예수, 환전, 자치단체의 금고대행업무
겸영업무	관계당국 인가를 득하여 타 기관의 업무 영위	신탁법에 의한 신탁 업무와 여신전문금융업법에 의한 신용카드 업무 등. 그리고 자산운용회사의 투자신탁상품 및 보험사의 방카슈랑스 판매가 대표적임.

한국 경제가 그동안 만성적인 자금 초과수요형태의 산업 발전단계를 거치면서 예대마진에 따른 이자수익이 은행의 핵심적인 수익원천이었다. 급속한 산업화 과정에서 기업의 부실은 대형은행의 부실화로 이어졌으며, IMF 이후 구조조정 과정을 거치면서 은행에게는 고유 업무 외에 부수 업무와 겸영 업무 범위가 늘어나게 되었다.

그러나 최근 들어 국내 경제의 성장세 둔화로 은행대출자산의 증가세도 정체되고 있으며, 인터넷전문은행의 진입과 계좌이동제 등으로 은행 간 영업 경쟁이 더욱 심화되고 있다.

2 은행산업의 주요 특징

은행산업은 글로벌 금융위기 이후 정부의 규제와 더불어 정책적 보호를 가장 많이 받고 있는 핵심 기간산업이자 내수산업이다. 또 높은 진입장벽을 보유하고 있으며 은행의 핵심이익이 안정적으로 유지되고 있어 IMF 금융위기를 극복한 후 현재까지는 대내외적인 환경변화에 대해서 대응력을 보여 왔다. 그러나 은행산업은 환경변화에 따른 리스크에 노출되기 쉬운 산업이라는 점을 IMF 위기, 글로벌 금융위기, 유로존 사태 등에서 잘 알 수 있다.

은행의 특징을 다음과 같이 요약할 수 있다.

- **은행산업은 전통적인 내수산업이다.**
  은행 수익의 원천은 대부분이 국내에서 발생하고 있다. 이러한 국내 의존도는 국내 경기의 부진 또는 인구구조의 변화에 따라 경영환경이 매우 큰 영향을 받는다. 또한 은행 간의 경쟁이 매우 치열하게 전개되는 산업이다.
- **은행산업은 규제산업이다.**
  글로벌 금융위기 이전의 금융업과 달리 최근에는 금융기관에 대한 규제가 매우 강화되고 있다. 경제 위기 예방을 위한 금융산업에 대한 규제가 세계적으로 강화되고 있으며, 우리나라 또한 예외가 아니다.
- **은행은 국가경제의 중추적 역할을 하는 핵심 기간산업이다.**
  은행은 금융 중개기능을 통하여 불특정 다수로부터 자금을 조달 받아, 자금 수요자에게 안정적으로 공급하는 역할을 수행하고 있다. 한국과 같은 만성적인 자금 초과 수요 국가의 경우 은행의 역할이 더욱 강조되고 있다.
- **은행은 정보산업이다.**
  IT기술과 급속한 정보화는 우리 사회의 큰 특징 중의 하나이다. 이(異)업종의 금융업 진출로 대변되는 핀테크(Fintech) 현상은 은행산업에도 매우 큰 변화를 예고하고 있다. 특히, 은행은 금융거래 정보가 집중되는 곳이며, 고객정보 보호와 IT 보안이 강조되는 산업이다.

3 은행산업이 직면한 환경변화와 시사점

우리나라가 미래에 직면할 환경과 은행의 그것과 밀접한 관계가 있다. 따라서 은행 환경변화의 동인(動因)과 내용은 한국 사회환경 변화와 매우 유사하다. 대표적으로, 인구구조의 변화, IT와 정보기술의 급속한 변화, 그리고 세계화 현상이 은행의 경영과 영업성과, 상품과 고객서비스 차별화에도 영향을 미치게 된다.

(1) 고객의 고령화 심화

인구구조의 변화에 따라 은행의 고객 또한 고령화되고 있다. 고객의 고령화가 진행됨에 따라 고령고객에게 적합한 새로운 상품과 서비스를 개발하는 것, 잠재고객을 확보하기 위한 마케팅전략과 세일즈 계획이 필요하다.

자산관리시장(Wealth Management Service)이 대두되고 있다. 고객의 고령화와 거래의 스마트화가 진행되면 은행의 영업방식 변화는 불가피한 선택이다. PB영업과 자산관리영업을 앞다투어 도입하는 이유이기도 하다.

금공 논술 Tip

- 금융감독원 : 금융 소비자 보호와 관련한 불완전판매 가능성 증가와 방지. 노후 대비를 위한 자산 관리 시장의 대중화 현상 확산. 점포 폐쇄에 따른 고령 고객의 금융 소외 가능성
- KRX : 고령화 시대에 대비한 자산 관리 + 자본시장을 활용한 자금 조달 기능 확대
- 주택금융공사 : 역모기지 상품의 필요성(주택연금)

(2) 핀테크(Fintech) 혁신

Fintech현상이 심화되면서, 간편결제 등이 보편화되고 Kakao 뱅크 등의 출범으로 변화와 혁신이 이어지고 있다. 이러한 현상은 고객에게 다양한 금융서비스를 제공하며, 새로운 일자리를 만드는 긍정적인 효과가 있다. 반면, 전통적인 은행의 전략에 큰 변화를 요구하고 있다.

금공 논술 Tip

Fintech 기술을 활용한 업무 효율화, 고객의 편의성 제고 필요

(3) 은행의 공공성 및 사회적 책임 요구 증가

글로벌 금융위기 이후 금융 부문에 대한 신뢰가 급격히 악화되면서 정치적 이슈로 확산되기도 하였다. 특히, 리먼사태 등으로 글로벌 위기의 직접적 영향을 받은 미국은 은행에 대한 신뢰가 추락한 가운데, 우리나라 은행 신뢰도도 최근 급격히 하락하고 있으며, 금융인의 윤리가 강조되고 있다. 따라서 당분간 금융의 공공성 및 사회적 책임에 대한 요구는 지속될 전망이다.

금공 논술 Tip **산업은행, 기보, 신보, 농협, 감독원, 한국은행**

IMF 이후 금융회사의 ① 가계대출 중심의 금융 강화, ② 기업 금융 상대적으로 부진, ③ 저신용자의 금융 접근성 제약이 높아짐.

⇨ 최근의 한국 경제의 저성장 양극화 극복을 위한 기여 필요

⇨ 마중물로서 금융 공기업의 역할 필요

⇨ 생산적 금융, 혁신금융의 필요

⇨ 서민금융, 중소기업 금융 확대

(4) 대형화로 규모의 경제 확보 노력 지속

은행은 전국적 지점(Channel)망을 구축하고, 다양한 형태의 고객 접점을 확보하기 위한 대규모 자본 투입이 필요하다(CD, ATM, 인터넷 뱅킹, Smart Branch 구축, IT보안 등). 따라서 합병을 통한 규모의 경제 확보를 위한 은행 간 합병은 지속될 가능성이 있다.

(5) 국내 금융산업 저성장세 국면 진입

2002년 이후 저금리를 바탕으로 시중의 유동성이 확대되면서 금융권 전반적으로 이에 따른 수혜를 입었으며, 은행권 또한 대출자산이 증가하여 자산규모가 지속적으로 확대 추세를 보였다.

그러나, 2012년 이후 가계부채 문제가 심화되고 기업의 신용 위험이 확대됨에 따라 대출심사 기준을 강화하는 등 리스크 관리를 중시하게 되었으며 이로 인해 은행의 총자산 증가세는 낮아지고 있다.

시기	주요 내용
2000년~2012년까지	은행 산업 전체 자산 성장률은 연평균 8%를 넘는 높은 성장률을 기록하였으며, 특히, 2008년까지는 시중은행의 대출채권은 연평균 10% 이상의 높은 성장을 보였다.
2009년	미국발 금융 위기로 촉발된 국내 경기 둔화와 여신 리스크 관리 강화, 적극적인 부실채권 정리로 시중은행을 중심으로 은행 총자산이 감소세로 전환하고, 그 이후 고객의 안정성 및 유동성에 대한 선호도 상승으로 은행 자산이 증가하였다.
2012년 이후	대내외 경기 회복이 지연되고 예대마진율 규제가 강화되었다. 그 결과 은행의 성장성과 수익성이 둔화되는 문제에 직면하고 있다. 특히, 글로벌 경기 둔화는 기업과 가계의 이자 상환 능력을 하락시켜 은행 수지에 부정적인 영향을 미치게 되었다. 또한 개인 및 기업의 신용 등급의 변동과 연체율 등을 상시 모니터링 하여 리스크 관리를 강화할 필요가 있다.
최근 이슈	J노믹스로 은행의 공공성, 생산적 금융과 서민 금융 이슈가 부각되고 있다. 제도 변화도 급격하게 이뤄지고 있으며, 생산적 금융 확대, 금융소외 극복, 금융복합점포, Kakao 뱅크 출범과 제3 인터넷 전문은행의 도입, 금융 Digital 현상 심화 등이 그 예이다.

(6) 비이자 수익 감소로 은행 수익에 부정적 영향

예금담보대출 가산금리 인하, 담보대출 근저당권 설정비 은행부담, 연체이자율 하한선 폐지 등으로 인해서 이자수익 규모에 부정적인 영향을 미칠 것이며, 카드 가맹점 수수료율 인하, ATM 수수료 인하 등 비이자수익 감소 또한 은행의 순이익 규모를 이전보다 축소시킬 것으로 전망되고 있다.

이러한 수익성 저하에 대비하여 새 수익원으로 일임형 ISA 고객 확보, 은행 수수료 정상화와 함께 은행 지점의 통폐합 등 비용절감 노력을 추진하고 있다. 적극적으로는 저성장 국면에 진입한 국내시장을 벗어나 중국 등 아시아 국가와 중동 지역 등 해외시장 진출 노력을 강화하고 있다.

(7) IT 기술과 정보기술 변화로 인한 스마트 금융거래 증가

IT기술의 발전은 거래 비용을 줄여주기 때문에 금융서비스 수요자(고객)에게는 매우 유리한 변화이다. 핀테크현상과 금융의 디지털화로 고객이 언제 어디서나 낮은 비용으로 금융서비스를 이용할 수 있게 되었다. 그러나 이러한 변화는 은행의 수익성을 악화시킬 수 있으며, 과도한 기술투자, 직원 보안교육, 내부 프로세스의 지속적인 변화 등의 노력이 필요하다.

스마트 금융거래가 확산되는 가운데 금융 소비자의 권익보호가 강조되고 있다. 인터넷 뱅킹에 따른 피싱 · 파밍 · 스미싱 등의 피해 사례가 금융회사의 신뢰와 브랜드에 중요한 영향을 미치고 있다.

02

심화읽기

글로벌 금융위기[1]

양적 완화와 출구전략

1 글로벌 금융위기는 어떻게 발생하였나

(1) 선진국의 저금리정책은 글로벌 유동성을 확대하였다.

미국, 유로지역, 일본 등 주요 선진국은 경기 부진을 만회하기 위해 저금리정책을 오랜 기간 유지하였다. 이로 인해 풍부해진 달러 유동성이 가계 대출을 증가시키는 요인이 되었다.

다른 한편으로는 저금리로 인해 마땅한 투자처를 찾지 못하던 자금들이 MBS (Mortgage Backed Securities ; 모기지 대출 유동화 증권) 투자로 몰렸으며, 이러한 MBS에 대한 수요 증가가 글로벌 위기 확산의 한 요인이 되었다.

---

1 글로벌 금융위기는 금융업의 패러다임을 바꾸었을 정도로 매우 중요한 사건이다. 이를 전후하여 규제완화, 대형화, 겸업화, 무한경쟁으로 특징지어지는 신자유주의 물결이 퇴조하고, 규제강화, 상생, 공정경쟁, 소비자 보호가 중시되는 새로운 규제 및 시장질서가 정립되고 있다. 이와 같은 전환기에 국내 금융도 정부의 시장개입의 범위와 한계, 금융 공급자와 수요자 간 공정성과 균형성 회복, 복지와 금융의 역할 분담 등의 과제들을 중장기적으로 고민해야 할 것이다. 글로벌 금융위기는 아직도 진행 중이며, 이로부터 얻는 교훈도 정리해 둘 필요가 있다.

(2) 가계대출 증가가 글로벌 주택시장 버블의 원인이 되었다.

미국 금융기관의 가계대출의 증가는 당연히 주택가격을 상승시켰으며, 주택가격의 상승은 가계대출 규모를 더욱 크게 만들었다. 이러한 주택시장의 호황은 대출 확대로 상호 상승작용을 하였으며, 이 과정에서 MBS의 발행 규모와 이에 대한 투자는 더욱 늘어나게 되었다.

그러나 주택가격 버블에 대한 우려와 함께 주택가격이 하락하게 되자, 가격 상승을 기대하고 매입한 주택의 담보가치가 하락하여 금융기관은 대출자에게 원금 상환을 요구하게 되었다.

저금리로 인한 가계대출 증가 → 주택가격 상승
- 주택가격, 모기지대출이 서로 상승작용
- 주택가격 버블 우려 확산

↓

주택가격 버블 붕괴

가계의 연체율 증가

금융시스템 불안 확산

대형금융기관에 공적 자금 투입(大馬不死)

금융 규제와 공공성 강조

(3) 금융기관에 대규모 손실은 어떻게 발생하였나

미국 경기의 부진으로 가계 소득도 감소하였다. 주택시장의 붕괴로 모기지 대출 원금과 이자를 상환하지 못하는 가계가 증가하였다. 주택가격이 더욱 떨어지고 대출을 상환하지 못하는 가계가 지속적으로 늘어나면서 금융기관에 대규모 손실이 발생하게 되었다.

이 과정에서 안전자산 선호도가 급속히 증가하고, 글로벌 신용경색현상이 나타나게 되었다. 이러한 금융시스템의 불안이 확산됨에 따라 미국 정부는 부실 금융기관 중 일부를 정상화시키기 위해 대규모 공적자금(Public Money)을 투입하였다.

(4) 주요국의 중앙은행은 비전통적인 통화정책[2]으로 대응하였다.

주요국의 중앙은행은 글로벌 금융위기를 극복하고 금융시스템을 안정시키기 위하여 정책금리를 큰 폭으로 인하하였다. 한국은행도 마찬가지로 기준금리를 큰 폭으로 인하하고 추가적으로 시중 유동성을 공급하였다. 이러한 중앙은행이 채택한 정책수단은 비전통적인 통화정책이었다. 즉, 금융시스템의 붕괴를 막기 위하여 중앙은행이 국채, MBS 등을 직접 매입하는 직접적인 수단을 사용하고 있다. 글로벌 위기는 동조화되는 경향이 있는데 이러한 글로벌 금융위기의 확산을 방지하기 위하여 국제적 공조체제도 강화되었다.

(5) 글로벌 금융위기는 금융산업의 패러다임을 변화시켰다.

글로벌 금융위기는 세계 금융의 패러다임을 바꾸는 계기가 되었다. 규제완화, 대형화, 겸업화, 무한경쟁으로 특징지어지는 신자유주의 물결이 퇴조하고, 규제강화, 상생, 공정경쟁, 소비자 보호가 중시되는 새로운 규제 및 시장 질서가 정립되고 있다. 이와 같은 전환기에 국내금융 산업에도 정부의 시장개입의 범위와 한계, 금융공급자와 금융서비스 수요자 간 균형 회복, 금융업의 공공성과 수익성의 균형 등의 과제를 던져주고 있다.

(6) 글로벌 금융위기는 아직도 진행 중이다.[3]

미국에서 시작된 글로벌 금융위기는 유럽으로 확산된 후 개도국 경제에까지 영향을 주어 이미 전 세계 경제의 침체의 원인이 되었다. 이번 금융위기는 재정 위기를 함께 초래하면서 복합형 경제 위기로 발전하여 경제 회복을 위한 주요국의 양적 완화정책으로 이어졌다. 디플레이션을 극복하기 위한 초저금리 유지정책과 양적 완화정책[4]으로 증가된

---

2 금융위기도 막대한 비용을 수반하지만, 위기의 정상화에도 큰 경제적 비용이 발생한다.

3 금융위기 때 얼어붙었던 경제가 완전히 풀리지는 않았지만(얼음) 차갑지도 너무 뜨겁지도 않은 적당한 상태(골디락스)라는 의미로 〈얼음 위 골디락스(Goldilocks on Ice)〉에 비유한다.

4 중앙은행이 국채나 신용증권 매입을 통한 비전통적 통화정책인 양적 완화는 장기적으로 중앙은행의 경제관리 능력을 약화시키고, 금리변동 위험과 신용위험을 증대시킬 가능성이 매우 높다.

미국 달러화 등이 한국 등 아시아로 유입되었다.

2 양적 완화(QE)와 출구전략(Exit Strategy)

(1) 선진국의 양적 완화(QE : Quantitative Easing)는 어떤 영향을 미쳤나?

QE정책은 자본 유출입 및 환율 변동성 확대로 신흥국에 부정적인 영향을 미쳤지만 선진국 경기회복을 통해 글로벌 경제 회복에 긍정적으로 평가되기도 한다. 그러나 QE가 장기간 지속된 이후 비정상적인 통화정책을 질서 있게(Orderly) 정상화하는 과정에서, 금리 상승으로 이어질 경우 우리나라의 가계, 기업, 정부 등 경제 주체에 큰 부담이 될 전망이다. 선진국 또한 그동안에 풀린 과잉유동성 해소과정에서 글로벌 금리 상승의 영향으로 선진국이 직면한 재정 위험이 심화될 가능성도 배제될 수 없다.

(2) 출구전략(Exit Strategy)은 어떻게 진행될까?

미국 연방준비은행제도(Fed)는 미국의 경기 회복세가 나타남에 따라 출구전략을 시행하고 있다. 출구전략은 크게 3단계이다.

① 테이퍼링(Tapering), 즉 양적 완화 축소와 저금리 정책의 유지

② 금리 정상화를 통한 금리의 인상

③ 중앙은행이 그동안 매입하였던 자산(MBS, 국채 등)을 시장에 매각(대차대조표 축소)하는 등 순차적으로 국제적인 공조를 바탕으로 전개될 것이다.

(3) 출구전략이 시사하는 점은 무엇인가?

출구전략은 글로벌 공조체제를 거쳐 장기간 추진될 가능성이 높으며 우리나라를 포함한 주변국에 큰 영향을 미칠 것으로 우려된다. 다른 한편으로는 G2의 하나인 중국의 성장 둔화와 테이퍼 탠트럼(Taper Tantrum)으로 인한 신흥국의 불안, 그리고 일본의 아베

노믹스와 마이너스금리로 인한 엔화약세가 지속될 경우 우리 경제에 복합적인 영향을 미칠 것으로 전망된다.

① 외환시장에서는 자본 유출입 상황과 외환건전성 등에 대한 모니터링을 강화해야 할 뿐 아니라, 원화 가치의 변동성 확대에 대비해야 한다. 미국의 금리인상으로 인해 일부 이머징 국가의 통화가치 급락을 우려하고 있지만, 상대적으로 한국 원화가치는 급락할 가능성이 매우 낮다고 전망되고 있다. IMF 금융위기 때와 비교하면 당시보다 우리나라는 외환보유고가 매우 높은 수준이며, 경상수지는 흑자를 유지하며, 기업의 부채비율도 낮아 체력이 튼튼해져 있으며, 글로벌 스탠다드를 도입하여 기업의 투명성도 높아졌다고 평가받고 있다. 그러나, 서브프라임 금융위기 이후 유지되어 왔던 정책적 공조체계가 금리인상으로 새로운 국면으로 전환된 만큼 정부와 금융기업의 선제적인 대응이 요구되는 중요한 시점이다.

② 금융시장에도 큰 변화가 일어날 수 있다. 출구전략이 본격적으로 시행되어 글로벌 금리와 한국 금리가 상승할 경우, 앞서 언급된 가계와 기업의 부채 부담이 증가하게 되어 금융회사의 리스크가 확대될 가능성이 있다.

특히, 가계부채에 부정적인 영향이 크다. 우리나라의 가계부채 문제는 핵심 정책과제이며 이를 연착륙시킬 정책 방안이 지속적으로 강구되어야 할 것이다.

③ 실물부분에서는 대외의존도가 높은 우리 기업이 미국 중심의 선진국 경기 회복을 적극적으로 활용해야 할 것이다. 출구전략은 미국경제가 회복되고 있다는 긍정적인 측면을 반영하고 있다. 이것은 우리 기업의 대외 경쟁력을 유지하는 데 호재가 될 수 있다. 다만, 중국의 저성장과 일본의 엔저영향을 복합적으로 고려하여야 할 것이다. 글로벌 경기 회복에도 불구, 일본기업과 경합 관계에 있는 한국기업이 엔저로 인한 가격경쟁력 회복을 위한 노력이 필요하다.

03

논술형 문제

인구절벽! 고령화 · 저출산의 영향과 대책

논술형 문제 ▶ 인구절벽! 고령화 · 저출산의 영향과 대책

- **빈도와 난이도 :** 논술 / 면접 / 빈도 ★★★, 난이도 ★★
- **출제유형**
  - 외국인 노동력 유입에 관한 찬반 입장이 있다. 이에 대한 본인의 의견을 논하라(산업은행, 2015).
  - (1) 미국 금리인상, (2) 지폐 위 쓰러져가는 주택 그림, (3) 『2018 인구절벽』이라는 책 표지 등 3개의 제시된 그림을 보고… '미래 변화될 환경 변화에 대비하기 위한 KB국민은행의 경영전략'(국민은행, 2015)
  - 우리나라 인구절벽 현상에 대하여 논하라(수협중앙회, 2015).
  - 우리나라 저출산의 원인과 대책(주택금융공사 경력, 2014)
  - 저출산의 원인과 그로 인해 발생하는 사회 경제적 문제점은 무엇인가? 그리고 이러한 문제를 해결하기 위한 정부 기업, 금융기관간의 해결방안을 논하라(금융감독원, 2014).
  - 인구구조 변화에 따른 농업의 유통구조 개선방안(농협중앙회, 2013)
  - 줄어들고 있는 생명보험 수요를 증가시키기 위한 방안을 논하라(농협 생명보험, 2013).
  - 고령화 사회가 경제성장과 금융시장에 미치는 영향(주택금융공사, 2013)
  - 인구와 연령이 변화하고 경기 침체가 계속되는 현 시점에서 소비 유통 트렌드 변화 3가지에 대해서 이야기하고, 농협의 대처방안을 논하라(NH농협, 2011).
  - 저출산 문제의 원인과 해결책에 대하여 논하시오(IBK기업은행, 2010).
  - 최근 빨라지고 있는 고령화 사회로의 진입 속도는 고령 고객이 많은 농협에게는 위기로 작용할 수 있다. 농협의 청년 고객 확보 전략은?(NH농협, PT 면접)

1 개요

우리나라는 매우 빠른 속도로 고령화 사회(Aging Society)에 진입하고 있다. 이에 따라 소비패턴, 투자, 정부지출, 성장률 등에 미치는 영향과 대응 방안과 시사점을 중심으로 논지를 전개한다. 특히, 소재로는 '日本의 잃어버린 20년'을 닮아 갈 수 있다거나, '인구절벽' 현상 등을 활용할 수 있다.

이 주제는 J노믹스와 함께 한국의 저성장, 1인 가구 증가(소외와 빈부차 심화, Solo economy) 현상과 연관된다. 즉, 우리나라의 경제 · 사회 전반에 걸쳐 영향을 미치는 근본적인 문제이다. 청년실업 해소, 기업의 혁신, 해외 진출, 연기금 제도 개혁, 교육 개혁, 4차 산업혁명 기술 활용을 통한 노동생산성 향상이 필요한 이유이기도 하다.

2 예상풀이

(1) 도입

글로벌 금융 위기 이후 경기 회복이 지연되고 있는 가운데, 고령화, 저출산으로 인한 인구구조의 급격한 변화가 우리 경제의 위험으로 다가오고 있다. 인구절벽의 우려가 현실화될 경우 국내 경제성장률 둔화, 학생수 급감, 세대 간 일자리 경쟁 심화, 정부의 재정 부담 급증, 주택규모 변화 등이 예상된다.

급속한 고령화 사회로 진입한 원인은 의료 기술의 발전과 저출산이다. 이는 일본의 예에서 보듯이 저성장, 재정적자, 디플레이션, 1인 가구(노인빈곤, 소외현상) 등 미래 한국의 정치, 경제, 사회, 문화적으로 큰 변화를 가져올 사회변동 요인의 하나이다.

(2) 영향과 대책

영향	대책
생산가능인구 감소	인구절벽이 현실화되며, 저성장이 심화될 경우 소비가 둔화되고 기업 투자 부진, 실업의 증가라는 악순환이 우려된다. ☞ 고령화 쇼크와 정부 대책(예시) (1) 정부의 일자리 만들기 정책 (2) 출산 장려 정책(젊은 층의 주거 문제 해결, 결혼과 사회진출에 소요되는 비용의 경감, 여성 사회 진출 확대, 일과 삶의 조화, 육아와 교육 부담 완화) ☞ 참고 : 기업들의 혁신을 통한 성장 동력 확보(기업가 정신 회복, 품질혁신, 산업 Robot을 통한 생산성 향상, 해외 인력 유입, 적극적인 해외 진출 등)
농촌의 소멸	농촌의 초고령화는 농협의 통폐합, 농협의 경제 신용사업에 부정적 영향이 심화된다. ☞ 농업의 공익적 가치 제고, 고향세 등 도입 고려, 농촌 지역의 정주 여건 개선, 농촌의 6차 산업화 활성화, 스마트 농장 도입, 농업 금융 지원으로 농가소득 제고 필요
정부재정 적자 확대	노인인구가 급격히 늘면, 의료, 노후 복지 등 복지 수요는 폭증하는 현상이 나타난다. 정부 수입은 줄고 지출은 늘어나, 재정 상태가 급속도로 악화될 가능성이 높다. 최근 우리나라의 재정적자는 크게 늘어나고 있다. ☞ 관련 이슈 (1) 노동개혁, 공공개혁, 금융개혁 (2) 연금개혁 추진 등 (3) 기타–증세 필요성, 포퓰리즘 비판
가계와 기업의 부채상환 능력 하락과 리스크	고령화는 가계 소비의 둔화, 기업의 성장 둔화로 나타난다. 저성장이 지속될 경우에는 은행으로부터 차입한 가계와 기업의 부채상환 능력이 하락하게 된다. 물론, 금융기관 관점에서 보면 자산의 건전성이 하락하는 Risk를 지게 된다. 가계와 기업의 부채상환능력(이자보상비율)이 금융시스템으로 확대되지 않도록 금융회사는 가계부채의 양과 질의 관리, 한계기업(좀비기업)에 대한 사전적인 리스크 관리가 필요하다.
금융회사의 수익성 악화	고령화 · 저출산은 고객의 저축(투자) 여력을 약화시키고, NIM(순이자마진) 하락 등 수익성이 악화된다. 이에 대응하여 실버 PB점포의 도입, 은퇴 대비 자산관리 상품, 고령 고객을 위한 비재무적 서비스, 비이자 수익 확대, 적극적 해외진출이 강조되고 있다. 특히, Internet 전문은행, 계좌 이동제, ISA(개인종합자산관리계좌) 등 경쟁심화에 따라 차별화된 영업전략이 필요하다.

가계 금융자산 구성 변화에 대비	베이비부머의 은퇴로 인하여 저축 여력 인구 비중이 감소함에 따라 가계 금융자산 구조가 안전자산 중심으로 변화하고 있다. 즉, 젊은 연령층은 고수익·고위험 금융상품을, 고령층은 저수익·저위험 금융상품을 선호한다. ☞ 노령층은 주택연금 등 역모기지 상품, 안전한 자산을 선호, 은퇴설계와 자산관리에 대한 관심 증가

Tips!

영향과 대책을 서술할 때

논제와 관련성이 높은 행위 주체(정부, 기업, 금융 공기업, 개인) 중심으로 영향과 대책을 제시하는 것이 제한된 시간 내에 답안을 구성해야 할 때 매우 유용하다.

예를 들면, 저출산의 영향과 대책을 기술할 때, 저출산 → 저성장 → 실업 증가라는 악순환의 고리를 끊기 위해서는 청년 일자리 만들기가 매우 중요하다. 이를 위해서는 중소기업과 대기업 간 임금 격차 완화, 중소기업의 기업 문화 개선, 자금력이 부족한 기술력 있는 중소기업의 발굴과 지원이 체계적으로 이루어져야 한다. 대책으로는 다음 내용이 있다.

① 정부–정책 : 중소기업 성장을 위한 생태계 구축 ☞ 상생 경영, 징벌적 손해배상

② 금융–금융 공기업 : 중소기업에 대한 금융 지원 ☞ 정책 자금의 지원, (담보가 부족한 기업에 대한) 기술금융, 신용 보강을 통한 자금 조달, KONEX 등 자본시장을 통한 자금 조달 확대

③ 금융–공기업 : 중소기업의 생존 가능성을 높이는 기업의 Life Cycle에 따르는 금융 공기업의 전문적인 Consulting 제공

④ 기업–중소기업 : 기업가 정신 회복, 도전과 혁신을 통한 비가격(기술) 경쟁력 확보

(3) 맺음말

저성장이 뉴 노멀이 된 한국경제에 인구 고령화는 중장기적으로 금융산업의 발전과 생존을 위한 새로운 혁신과 변화를 요구하고 있다. 특히, 금융회사와 금융인은 성장 둔화를 극복하기 위한 노력으로 새로운 고객접근 방식과 상품, 새로운 시장의 개척을 위한 노력이 절실히 요구된다.

추가읽기 **고령화가 가져올 변화**

정치	노인층 유권자의 영향력 증가, 보수화 경향
경제	노인 1인 가구 증가로 노인 소외, 정부재정 적자 심화. 소비-투자침체로 인한 성장 둔화(디플레이션 우려). 1인 가구로 Solo economy, 주요 소비층으로 등장한 여유 있는 장년층인 그레이네상스(Greynaissance = 백발(Grey) + 전성기(Renaissance)) 대두, Pet코노미 등 신조어 등장과 상업적 관심 증대
사회/문화	세대 간 갈등, 소외. 대중문화 소비층으로 7080세대의 귀환. 귀농 · 귀촌 증가, 지역 소멸과 지역 기반의 조직 소멸(지역농협, 지역학교, 지방자치단체)
금융	• 은퇴시장 확대에 따른 실버 PB, 연금상품 등 재무적 관점과 함께 은퇴 후 여가, 건강과 힐링, 자기개발 등 비재무적 관심도 함께 증가 • 금융의 디지털화와 함께 노인 금융 소비자의 금융 소외 현상 심화 • 금융의 전문화, 자동화에 따른 금융사기와 피해 증가

||| 생산가능인구 비중 하락이 금융기관에 미치는 영향[5] |||

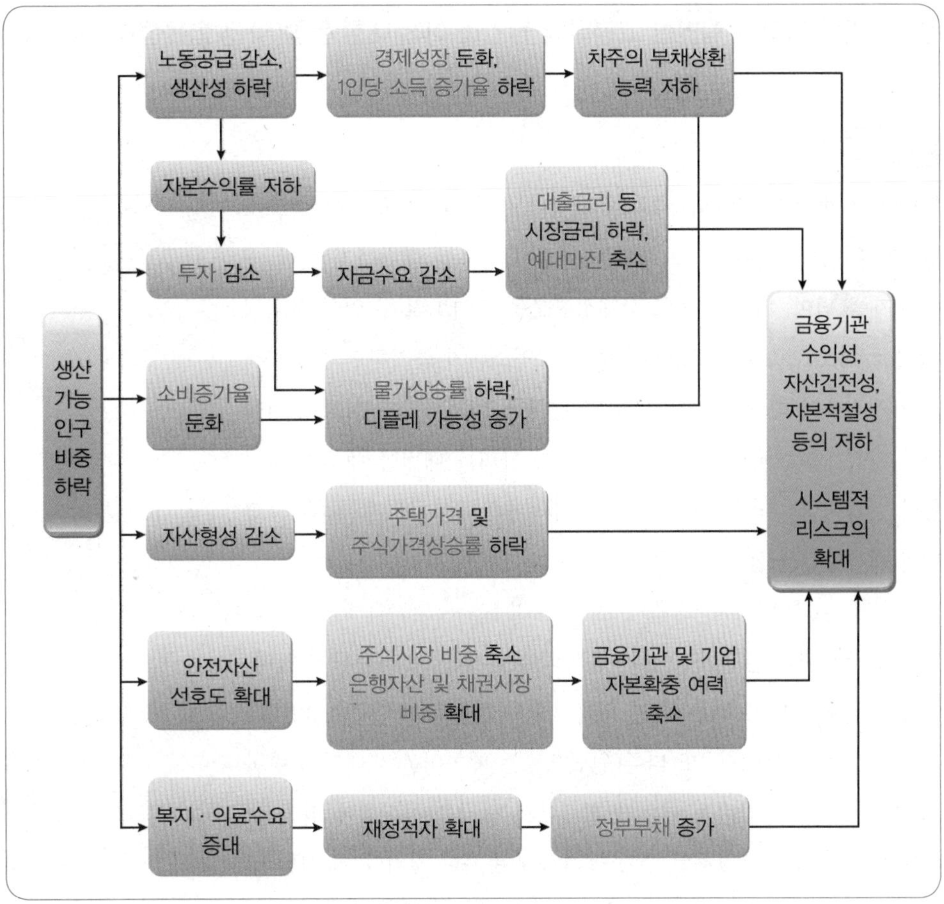

5 한국은행, "BOK 경제리뷰", 2012.11.

첨삭예시

문제 ▶ 우리나라가 직면한 고령화의 원인과 이에 대한 은행(NH농협은행)의 대응방안

첨삭답안

❶2000년 한국은 고령화 사회로 진입한 이후, 매우 급격한 속도로 고령화가 진행되고 있다.❷ 고령화는 단순히 노후를 대비하지 못한 개인의 문제를 넘어, 나라 전체의 잠재성장률을 떨어뜨릴 수 있어 사회적인 문제로 떠오르고 있다. 또한 은퇴 후 노인소비가 증가하면 중장기적으로 가계저축이 하락할 것으로 보여, 은행의 미래에도 적신호로 비춰지고 있다. 이렇듯 국내은행에서는 고령화 사회를 대비한 대책 마련이 시급한 실정이다. 따라서 이러한 고령화의 원인과 이에 대한 NH농협은행의 대응방안을 살펴보자.❸

> ❶ 한 칸 들여쓰기 필요. (문단 시작 때 공통적인 사항)
>
> ❷ 도입부가 잘 되어 있다.
>
> ❸ 서론 마무리도 좋다. 구체적으로 NH를 언급한 것은 좋은 접근이다.

먼저 한국사회의 급격한 고령화 현상의 핵심 원인은 저출산에 있다. 태어나는 인구는 매우 적은 반면 의학기술의 발달로 노인들의 기대수명은 늘고 있기 때문이다. 또 다른 원인으로는 베이비붐 세대의 노령화를 꼽을 수 있다. 베이비붐 세대가 현직에서 퇴직을 시작함에 따라 경제활동을 하지 않는 고령자의 수가 급격하게 증가한 것이다. 베이비 붐 세대는 현재 우리나라의 경제적, 사회적 주도세력으로 볼 수 있으므로 이들의 변화에 발맞추어 적절한 대응방안을 생각해 볼 수 있다.❹

> ❹ 이러한 변화에 맞추어 은행은 고령화에 대비한 상품과 서비스 개발, 새로운 잠재고객을 확보하기 위한 전략을 수립해야 한다. NH은행이 전문가, 청년 등을 잠재고객으로 적극 확보해야 한다는 논리 전개가 필요하다.

첫 번째로, 고령화 사회에 대응해 다양한 상품을 개발하고 출시해야 한다. 노후를 준비하는 사람들은 미래 그들의 건강과 의료비용에 관심이 많다.❺ 따라서 건강과 관련한 상품을 개발해 출시할 수 있을 것이다. 상품 가입 후에 정기적으로 건강검진을 받는 고객들에게는 높은 금

> ❺ 노후대비 상품으로 의료 관련 외, 연금상품(주택연금), 청장년을 위한 보험상품 등을 포함한 자산관리형 영업 등이 언급되어 있어 잘된 글이다.

리를 제공해서 마케팅을 펼칠 수 있다. 또한 저출산 문제에 대응한 출산장려예금과, 부모를 부양하는 자식들에게 혜택을 주는 보험상품을 만들어 연령을 뛰어넘는 고객을 확보할 수 있을 것이다.

두 번째로, 은퇴를 앞두고 있는 고객들을 대상으로 노후설계 강좌를 마련해야 한다.[6] 이를 통해 고객들에게 노후설계의 중요성을 인식시키고, NH농협은행을 통해 노후를 준비하도록 상담서비스를 지원할 수 있다. 또한 노후를 대비하는 기간이 길수록 장기적인 고객을 확보할 수 있으므로 세무, 부동산, 재테크 상담을 실시하여 종합적인 서비스를 제공해야 한다. 이 과정에서 강좌를 통해 자녀의 미래와도 연관되는 상품을 소개하여 자연스럽게 그들의 자녀들을 잠재고객으로 확보할 수 있을 것이다.

마지막으로 은퇴 이후 일자리를 원하는 고객들을 대상으로 재취업 프로그램을 조직화해 운영해야 한다. 또한 퇴직금으로 창업을 하려는 고객들을 위해 창업지원 프로그램도 운영할 수 있다.[7] 예를 들어, 창업 및 재취업 설명회를 열어 재취업과 창업에 필요한 스킬과 정보를 제공하고, 재취업 알선을 위해 전문 직업상담사들의 상담을 제공함으로써 고객들에게 비재무적 분야에서도 지원을 할 수 있다. *참고[8]

미래에는 고령층의 니즈를 만족시키는 기업이 세계를 제패한다고 한다. 즉, 현재 한국사회가 직면한 고령화 폭탄의 위기가 곧 발전의 기회가 될 수도 있다. 따라서 변화하는 고객의 니즈에 발맞추어 재무적, 비재무적 분야로 대책을 마련함으로써 고령화 현상을 새로운 기회로 승화시켜야 할 것이다.[9]

⑥ 기본적으로 자산관리형 영업방향에 관한 내용이지만, "노후설계강좌"는 좁은 개념이다.
"실버고객을 위한 서비스 개발" 등 새로운 마케팅 전략이 필요하다로 바꾸면 좋다. 노후설계 강좌와 각종 문화강좌, 여행 건강 컨설팅 등 실버고객 대상 프로모션 등이 예시로 가능하다.

⑦ 아이디어는 참신하지만, 정부 또는 고용 관련 공기업의 역할이다.
만약 고령화 시대 취업 관련 농협의 역할 언급을 원하는 논지라면, 고령인구의 창업자금의 지원, 귀농귀촌 인력에 대한 농촌 정착 컨설팅 등을 고려할 수 있다.

⑧ 고객의 노령화에 따른 영업점의 재배치가 필요할 수도 있고, 고령고객 중 PB에 해당하는 Silver 고객을 위한 영업방향 등이 제시되면 좋다.

⑨ 특히, NH은행의 경우 농촌고객의 고령화가 상대적으로 빠르게 진행되고 있어 새로운 잠재 고객 개척을 위한 변화가 필요하다고 생각한다.

04

논술형 문제

핀테크와 금융의 디지털화

논술형 문제 ▶ 핀테크와 금융의 디지털화

- **빈도와 난이도** : 약술 / 면접 / 빈도 ★★★, 난이도 ★★★
- **출제유형**
  - 지급결제(삼성pay)의 등장배경과 전망, 그리고 금융업 위기와 기회요인(기업은행, 2015)
  - Fintech 현상, 카카오페이 등 비금융부문 기업이 금융산업에 진출하는 경향과 그 영향이 증가하고 있다. (1) 핀테크의 정의 (2) 핀테크의 사례를 설명하시오. (3) 금융기관의 대응방안을 논하시오(SGI 서울보증보험, 2014).
  - 핀테크의 정의와 금융산업에 미치는 영향(IBK, 2014 약술)
  - (사례) '중국 알리페이가 최근 중국 MMF 시장의 강자로 떠오르고 있고 본격적으로 금융업진출을 하려고 한다'는 사례가 주어진다.
- **문제**
  - 최근 ICT기업들의 금융업진출이 은행권에 미치는 영향과 그에 대한 대응 방안을 논하라(국민은행, 2014).
  - (자료-KB국민은행과 Google이 경쟁하는 시대라는 자료 제공) IT융합형 금융서비스가 확산되면서 KB를 비롯한 금융회사들은 Google과 같은 IT기업들과 경쟁을 벌여야 하는 상황에 직면할지 모른다. 그렇다면 이(異)업종 간 경쟁의 시대가 KB에 주는 시사점과 KB의 대응전략을 논하라(KB국민은행, 2012).

1 개요

핀테크(Fintech)란 Finance(금융)와 Technology(기술)의 합성어 또는 '금융과 IT의 결합을 통한 다양한 금융 비즈니스'[6]를 말한다.

금융분야는 핀테크로 인해 큰 변화를 가져올 것으로 전망되고 있다. 특히 인터넷전문은행이 허용되면서 ICT 기업의 금융산업 진출로 금융과 ICT와 결합을 통한 혁신적인 금융 비즈니스가 기대되고 있다. 이러한 異업종의 금융업 진출이 금융회사의 경쟁을 심화시켜 장기적으로 전통적 금융 기업(Banks)은 사라질 것이라는 비관적인 전망부터 새로운 서비스를 여는 기회라는 전망이 있다.

관점	내용
ICT와 융합	• 기술과 금융의 융합을 통한 새로운 성장동력 발견과 일자리 창출 • 금융 서비스에 진출하는 알리페이, S 페이 등 지급결제분야, 빅 데이터 등 데이터분석, 통신분야(비콘, NFC)를 통하여 이업종(異業種)의 금융업 진출 확대
금융혁신	Internet전문은행, P2P금융, 간편결제, 크라우드펀딩(Crowd-funding)을 통한 전통적인 금융방식의 변화. 소비자의 선택권 확대를 초래. 새로운 금융상품과 서비스로 확산되고 있음.

2 핀테크의 성장과 시사점

(1) 성장 배경

① 인터넷과 전자상거래의 비약적 발전

② 비대면 채널 이용 급증

③ 스마트 기기 보급

④ 정부의 규제 완화

---

6 핀테크는 다양하게 정의되고 있으나, (1) 지급결제 분야 (2) 금융데이터분석 분야 (3) 금융소프트웨어(리스크관리, 자산관리시스템) 분야 (4) 플랫폼 사업(P2P)분야 등으로도 나눌 수 있다.

(2) 핀테크의 예

분야	업무 내용
지급결제	스마트폰을 이용한 카드사 및 PG사 등의 간편결제서비스
송금	금융회사를 통하지 않고 비금융회사의 플랫폼을 활용한 온라인 송금서비스
예금 · 대출	인터넷 전문은행
크라우드 펀딩	은행 및 대출기관 등으로부터 자금지원을 받기가 어려운 자금수요자가 IT플랫폼을 통해 다수의 투자자로부터 자금을 조달
개인자산관리	모바일앱 등을 통해 개인의 투자 목적에 맞는 자산을 관리(로보 어드바이저)
가상화폐	비트코인 거래소, 지갑 발행 및 관리 등

(한국은행 경제교육자료)

(3) 시사점

IT기업과 금융의 제휴	• 금융회사가 금융업에 도움이 될 IT분야의 혁신적인 유망 스타트업에 미리 투자하여, 협업을 지원하는 사례(미국 웰스파고(Wells Fargo)은행)
경제의 신성장 동력으로 활용	• 정부에서 핀테크를 차세대 성장동력으로 채택하고 정부는 규제 완화, 금융회사는 핀테크 스타트업 발굴과 투자에 적극적인 사례(영국 바클레이스 은행[Barclays Bank]) • '핀테크 혁신 랩' 설치 : 미국과 독일 등 대형 금융회사들은 실리콘밸리에 '핀테크 혁신 랩'을 설치하여 금융 고유목적에 부합하는 기술 직접 개발
다양한 자금조달	• 벤처 펀드로 핀테크 육성 : 일부 해외 금융회사들은 벤처펀드를 직접 조성하며 핀테크 스타트업 투자
금융의 혁신	• 인터넷전문은행으로 경쟁 촉진 • 삼성페이, 카카오 페이 등 ICT기업의 금융서비스 제공, 비대면 실명확인방법 등 보안분야, 인터넷전문은행의 중금리시장, 크라우드펀딩 등 다양한 서비스와 시장 출현 • 은행의 탈 점포화 : 지점을 이용한 대면 거래가 비대면 채널로 대체됨에 따라 새로운 조직 정비, 대응 상품과 서비스 출현

(4) 효과와 대응

긍정적인 효과는 수수료 인하, 경쟁을 통한 다양한 서비스 제공, 일자리 창출 등이다. 또한 부정적인 면은 은행의 수익성 악화, 보안, ICT기업의 난립 문제, 금융 소비자 보호 부실화가 우려되고 있다.

> 맥킨지가 향후 10년 내 핀테크 기업들에 의한 은행업 매출 및 수익의 대폭 하락을 경고했다. 핀테크 기업들은 기술과 가격 우위를 내세워 은행업 고객 기반에 침투하고 있으며, 금융서비스의 디지털화가 보편화되고 고객의 온라인 선호가 증가하면서 핀테크로의 고객 이동이 가속도가 붙을 것으로 보인다. 소비자금융, 지급결제, 중기대출 및 자산관리 등 리테일 비즈니스에 가장 큰 타격이 예상되며, 은행업이 이 경쟁에서 생존하기 위해서는 부단한 고객 중심 혁신 및 디지털 기술혁신이 불가피하다.
>
> ('핀테크발, 은행업 고객전쟁', 하나금융경영연구소 자료에서 재인용. Mckinsey Global Banking Annual Review, "The fight for the customer", 2015.9.)

금융회사의 대응방법은 여러 가지를 생각할 수 있다. 핵심은 기술적인 접근보다는 금융업의 본질에 집중하는 것이 결론으로 부각되어야 한다. 금융업의 승부는 고객과의 신뢰와 브랜드, 리스크와 자산관리 역량 등 직원의 전문성과 영업력에서 날 것이기 때문이다.

3 결어

핀테크는 금융서비스 분야에 큰 변화를 불러 오고 있다. 금융회사는 이러한 변화를 새로운 성장 동력으로 활용하기 위한 고객중심의 혁신과 변화가 요구된다.

추가읽기 1 디지털 뱅크와 현금 없는 사회(Cashless Society)

미래은행은 어떤 모습일까? 통장 없는 은행, 지점 없는 은행 시대가 열리고 있다. 금융의 디지털화가 진행되는 것이다(☞ '종이통장 발행 중단'도 그 예임).

또, 현금 없는 사회(Cashless Society)-금융기관의 전산화에 따라 화폐 사용이 없어지는 사회가 다가오고 있다. 실물화폐 없이 화폐경제를 실현하고자 하는 현금 없는 사회는 신용카드-모바일 간편결제-비트코인 등 새로운 결제수단이 등장할 때마다 그 관심이 높아져 왔다.

이러한 변화는 전통적 금융기관의 혁신을 요구하고 있다. 그러나, 혁신은 새로운 기기와 시스템을 도입하는 외형적인 것이 아니다. 전통적 채널인 지점, 영업과 고객 소통방식 등 보다 본질적인 변화로 이해해야 한다. 미래에는 규모가 크고, 지점 수가 많다는 것으로 더 이상 Leading Bank가 될 수 없다는 것이 자명해진다.

추가읽기 2 뱅크 3.0

금융 소비자들은 SNS와 스마트 폰을 통하여 현명한 소비자로서의 권력을 갖게 되었다. 은행 입장에서는 '너무 많이 아는' 이들 고객들을 고비용의 지점에 모시기 위한 전략을 짜내야 하는 시대가 되었다. 은행 고객만 변화한 것은 아니다. 결제방식도 현금과 카드, 수표에서 다양한 버추얼 월렛, 非카드기반으로 진화하고 있다. 이제 은행은 고객의 돈을 운용해 이익을 창출하던 과거에서 벗어나 고객의 삶을 이해해야 하고, 산재한 데이터를 기반으로 고객의 자금에 대한 맥락을 이해해야 한다(브렛 킹, 『뱅크 3.0』 참고).

05

논술형 문제

미래 은행, 대면채널의 재발견

논술형 문제 ▶ 미래 은행, 대면채널의 재발견

- **빈도와 난이도** : 면접 / 논술 ★★★, 난이도 ★★★
- **출제유형**
  - 인터넷전문은행 도입배경, 그동안 실시하지 않은 이유, 향후 영향(기업은행, 2015)
  - 핀테크의 정의와 금융산업에 미치는 영향(기업은행, 2014)
  - 스마트금융이 왜 신성장동력이 되는지와 최근 스마트금융의 예와 개선방안(기업은행, 2013)

1 개요

디지털 뱅크 현상이 나타나는 가운데, 인터넷전문은행이 허용되면서 고객과 접하는 지점의 역할과 기능이 재부각되고 있다. 또한 인터넷과 스마트 기기의 발전으로 대면 채널인 지점을 방문하는 고객이 줄어들면서, 대형은행의 경우 지점을 효율적으로 운영하기 위한 아이디어를 찾고 있다. 변화되는 기술환경과 고객 성향을 감안하여 가장 효율적인 채널을 제공하는 것이 미래 은행이 풀어야 할 큰 과제이다.

2 채널의 종류와 인터넷 전문은행

대면 채널과 비대면 채널로 구분된다. 대면 채널은 가장 전통적인 채널로 은행의 지점에 해당되며, 지점은 고객과 접하는 최접점으로 비대면 채널의 성장에도 불구하고 핵심적인 역할을 하고 있다.

비대면 채널은 콜센터와 텔레뱅킹, ATM, 모바일뱅킹, 인터넷뱅킹 등 IT기술 발전과 정보화 사회로 진화함에 따라 급속하게 금융 거래의 대부분을 담당하는 채널로 부상하고 있다.

인터넷 전문은행은 대부분의 은행 업무를 지점 없이 또는 소수의 지점과 비대면 채널인 ATM, 콜센터, 인터넷 등 전자매체를 통해 영위하는 은행을 말한다.

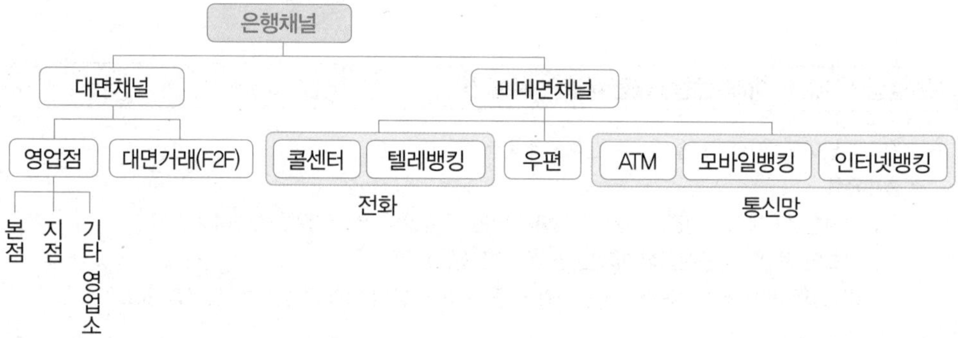

3 채널변화의 시사점

금융 환경의 변화에 따라 은행의 채널 전략은 매우 중요한 경영 과제로 대두될 전망이다. 특히 인터넷, 스마트 폰뱅킹 등 비대면 채널의 성장이 지속되면서 영업점 채널의 판매 및 서비스 집중도는 점차 약화될 것으로 예상되고 있다.

이러한 채널 역할의 변화에 따라 기존 영업점의 생산성 문제와 역할에도 변화가 필요하다.

영업점의 리노베이션(Renovation)과 재배치, 허브앤스포크, 금융복합점포, BIB(Branch In Branch)의 확산, 스마트 브랜치의 확대 현상이 나타나고 있다.

고객과 채널의 변화에 따라 영업점 영업인력의 기능과 역할도 제고되어야 한다. 과거의 단순한 거래 위주의 역할에서 자산관리와 마케팅 중심으로 바뀌어야 하며 이 점에서 은행원의 전문성이 더욱 강화될 필요가 있다.

4 지점은 비대면 채널과 상호보완적 관계

지속적인 비대면 채널의 확대에도 불구하고 지점은 금융기관의 차별화된 전략의 하나로 중요한 요소이다. 점포는 비대면 채널의 발전에도 불구하고 여전히 핵심 채널의 하나로 상호보완적인 관계를 유지하고 있다. 즉, 지역 및 고객층에 따라 차별화된 서비스를 제공하기 위해서는 기존의 정형화되고 표준화된 점포를 지양하고 이종 업종과의 제휴, 스마트 브랜치 등 다양한 형태의 점포를 시도할 필요가 있다.

5 인터넷전문은행 시대 – 지점의 재발견–고객의 대면접점

채널은 기업의 환경변화, 인터넷전문은행 등 새로운 경쟁자의 전략을 고려하여 전통적인 채널의 강점을 어떻게 활용할 것인가를 고려하여 결정되어야 한다.

① **지점의 가치 부각** : 은행의 고객은 보수적이고 전통적인 채널을 선호한다. 특히, 첫 거래(상담, 신규), 투자상품 가입, 자산관리를 위해서는 지점의 중요성이 부각되고 있다.

② **진정성 마케팅** : 금융은 직원과의 상호작용이 중요하다. 고객과의 정서적인 교류를 강화하고 고객 충성도(Royalty)를 높일 수 있는 접점으로 지점을 활용하여야 한다.

③ **영업 방식의 전환** : 미래의 은행 지점은 직원이 고객을 '찾아가는 서비스'의 거점이 될 전망이다. 또한 대면 채널은 복합 금융점포, 허브앤스포크, 스마트 브랜치 등으로 다양한 형태로 발전할 것이다.

6 차별화된 채널전략

금융회사는 점포 규모와 위치, 고객의 성향이 각각 다르다. KB, 농협은행, KEB 하나은행 등은 점포 규모에서는 최고의 전국망을 보유하고 있기 때문에, 지점수가 적은 씨티, 지방 은행과 차별화된 채널전략을 구사하여야 한다.

Tips!

옴니채널(Omni channel) 전략

전통적 은행은 인터넷은행 등 새로운 경쟁자에 대응하기 위해 다양한 고객 접점을 상호 연계하여 관리하는 옴니채널 전략을 추진하고 있다. 이를 위해서는 모든 채널을 연계하는 지속적인 고객 경험을 동일한 수준으로 유지하게 하는 노력이 필요하다.

첨삭예시

문제 ▶ NH농협은행의 대면 채널의 활용방안을 논함[NH 예상].

첨삭답안

서론[10]

스마트 뱅킹, 스마트 브랜치 등의 비대면 채널의 등장은 요즘 은행권의 신성장 동력이 무엇인지 확인할 수 있는 대표적 사례들이다. 많은 은행들이 비대면 채널을 강화하고 있는 실정에서 NH농협은행이 가진 국내 최대 대면 네트워크는 미래의 골칫거리로 여겨질 수 있다. 하지만 역발상적 사고를 통하여 대면 채널이 비대면 채널에 비하여 가지는 장점이 무엇이 있는지, 또 이를 어떻게 활용가능한지 등에 관하여 논의해 보도록 하자.

⑩ 서론에서는 IT 기술의 발전이 금융부분에 미치는 영향이 크다. 그러나 이러한 IT기술변화를 전국 최대 대면 채널을 보유한 농협은 어떻게 활용할 것인가를 살펴보기로 한다.

질문을 반영한 수정 답안 예시

대면 채널–NH 농협 브랜드 제고를 위한 최고 핵심채널

최근 IT 기술의 발전으로 스마트 금융거래가 급속히 늘어나고 있다. 그러나 금융거래의 핵심채널은 고객과 직접 대면하는 영업점이다. 마케팅에서 점포의 위치와 규모는 매우 중요한 브랜드 이미지를 형성하는 요소 중 하나이다. 금융기관이 추구해야 할 자산관리 영업 또한 대면 상담을 기본으로 하고 있다. 향후 노령화가 진행됨에 따라 접근성이 용이한 대면 채널은 실버 고객에게 NH의 최대 Network를 브랜드로 인식하게 하여 고객을 유치할 수 있는 강점이 있다.

이러한 관점에서 볼 때, NH농협은 전국 최대의 Network를 가지고 있어, 농협인의 친절한 고객 대응 등 마케팅 전략을 수립한다면 대면 채널인 영업점에 대한 인식을 변화시킬 수 있다.

대면 채널의 장점 – 정보수집과 상품구매에 중요한 역할

비대면 채널의 장점은 간편업무를 점포의 방문 없이 손쉽게 해결 가능하다는 것이다. 하지만 상품의 가입 그리고 경제 전반의 금융상황 등에 관한 정보력 및 상품 구매의 측면에 있어서 대면 채널을 따라가진 못하고 있는 실정이다. 즉, 전문적 지식을 갖춘 행원에 의한 상품의 설명 그리고 자신의 재무상태에 맞는 상품의 추천 등은 대면 채널에서 더욱 활발히 일어나고 있으며, 이런 상품들이 은행의 주요 수입원이 됨을 부정할 수 없다. 따라서 많은 점포 네트워크를 구축하고 있는 NH농협은행은 이러한 상품 판매 및 정보 제공의 측면에서 강자의 입장에 서 있는 것이다. 더욱이 고객들은 한번 거래의 지속 시 그 은행을 주 거래은행으로 삼는 비율이 86%에 달하는 설문조사의 결과에서처럼 대면 채널은 고객을 유치하고 지속적 고객을 유지하는 데 중요한 수단임에는 틀림없다.

백지장도 맞들면 낫다.[11]

"백지장도 맞들면 낫다"는 말처럼 NH농협은행의 장점인 최대 대면 채널의 강점과 비대면 채널의 장점을 살려 활용한다면 큰 시너지를 창출해낼 수 있을 것이고 우리나라 리딩 뱅크로의 도약에 한발 더 나아갈 수 있을 것이라 생각한다.[12]

⓫ 적절한 비유는 아닌 것 같다. 굳이 표제를 단다면 '스마트금융시대 – 비대면 채널과의 시너지를 최대화해야'로 하면 명확하다.

⓬ 좋은 표현이다.

06

논술형 문제

금융 시장과 역선택 / 도덕적 해이

예시 문제 ▶ **금융 시장의 실패와 금융 공기업의 존재 이유(역할), 금융 시장의 실패를 극복하기 위한 방안에 대하여 논하시오.**

1 문제 제기

금융이란 자금을 융통하여 주는 것을 의미한다. 튼튼한 경제 활동은 경제 주체에게 필요한 자금이 효율적으로 융통될 때 가능하다. 완전경쟁 금융 시장의 전제는 (1) 다수의 시장 참여자가 존재하고, (2) 금융 상품이 동질적이어야 하며, (3) 시장 참여자는 시장에 대한 완전한 정보를 가지며(정보의 대칭성) (4) 시장 진입과 탈퇴가 자유롭다는 가정이다.

금융 시장의 현실에서는 아담 스미스의 완전경쟁시장 가설은 비현실적이며, 특히, 금융 상품의 가격 결정에 중요한 정보는 금융 수요자(보험 고객, 서민금융 대상자, 정책금융 지원 대상 한계 중소기업)가 금융 상품(대출) 공급자인 금융회사보다 더 많은 정보를 가지고 있다. 이러한 시장실패의 이유로 한계 중소기업과 취약 계층은 제도권 금융회사로부터 적절한 금융 서비스를 받지 못할 가능성이 매우 높다.

2 정보의 비대칭성 : 역선택(adverse selection)과 도덕적 해이(moral hazard) 문제 발생

금융 시장이 효율적이지 못한 이유는 정보의 비대칭성(asymmetric information)에서 찾을 수 있다. 정보의 비대칭성이란 금융 계약의 당사자 간에 보유하는 정보의 질과 양에 차이가 발생하는 상황을 의미한다. 이로 인해 역선택(adverse selection)과 도덕적 해이(moral hazard) 등의 문제가 발생할 수 있고, 때로는 금융 시스템의 원활한 작동을 방해하는 경우도 있을 수 있다.

(1) 역선택

역선택은 정보가 부족한 쪽이 불리한(adverse) 선택을 하게 되는 상황을 말한다. 예를 들면 중고차 시장에서 정보 우위에 있는 중고차 판매자는 "거래 대상 상품의 특성"을 충분히 알리지 못하기 때문에 중고차 매입자는 중고차를 비싸게 매입하는 불리한(adverse) 선택을 하게 된다.

보험 상품의 경우에도, 상습적인 흡연 · 음주자가 "자신의 건강 특성"을 숨기고 보험가입을 하는 경우 가입자에 대해 완전히 알지 못한 보험사는 건강한 사람과 동일한 평균적 보험요율로 암보험계약을 승인하는 불리한(adverse) 선택을 하게 된다.

역선택의 결과 중고차 시장에서는 값싼 중고차를 구입할 수 없고, 보험 시장에서는 우량고객이 가입하지 않는 상태가 되어 결국 시장이 존재하지 못하게 된다(시장실패).

> **금공 논술 Tip**
>
> **대출시장에서의 정보 비대칭**
>
> 대출시장에서 고객에 대한 정보가 부족한 은행이 평균적인 대출금리를 적용할 경우 우량 고객이 대출을 기피하고 불량고객만 대출시장을 이용하는 현상이 발생하게 된다. 은행은 이러한 정보의 비대칭을 해소하기 위해 담보를 요구하게 된다.
>
> **증권시장에서의 정보 비대칭**
>
> 증권시장의 경우 증권 발행자에 대한 정보가 부족한 투자자는 모든 증권에 대해 평균가치를 반영한 가격만을 지불하려고 한다. 이 때문에 내재가치가 평균가격보다 낮은 불량증권만 판매되고 우량증권은 미발행되는 현상이 나타나게 된다.

(2) 도덕적 해이

도덕적 해이(moral hazard)는 정보가 부족한 상황에서 주인(principal)이 대리인(agent)의 "숨겨진 행동"에 관한 정보가 불완전하여 발생하는 현상(시장실패)을 말한다.

예를 들어 근로계약이 맺어지게 되면, 노동자가 감시가 소홀할 때 일을 열심히 하지 않는 것, 보험계약을 체결하게 되면, 보험을 가입하기 전보다 사고 발생을 예방하는 주의를 나태하게 하는 행위, 정책자금을 지원받게 된 한계기업이 정책자금을 지원받은 후 지원 목적과 다른 용도로 자금을 집행하는 행위, 서민금융을 지원받은 취약 계층이 지원받은 이후 지원 목적과 다르게 자금을 사용하는 행동 등이 도덕적 해이에 해당한다.

> **금공 논술 Tip** **금융 기관의 도덕적 해이**
>
> 상품의 원금이 보장이 되는 점을 이용하여 신용도가 낮은 저축기관이 고금리를 고객에게 제시하여 자금을 유치한 후 금융 기관 부실을 초래하는 행위, 대형 금융 기관은 위기 시 구제되는 원칙(too big to fail policy)을 이용하여 수익성 위주의 판매 정책을 추구하며 리스크 관리를 게을리하는 행위 등이 그 예이다. 글로벌 금융 위기의 경험은 대형 금융 기관에 대한 규제 강화, 금융윤리 강조, 금융 기관의 공공성이 강조되는 계기가 되었다.

3 해결을 위한 노력

역선택에 의한 비효율을 해소하기 위해서는 정보 우위자의 신호 발송, 정보 열위자는 선별 능력 향상으로 극복할 수 있다. 신호 발송의 예는 제품에 대한 보증서 발급(기술평가 보증), 전문 자격증 제시, 취업을 위해 학업성취도 증명, 기술력을 입증하는 자료의 제시 등이다. 선별 능력을 높이기 위해서는 내부 프로세스 강화, 평가 전문성 향상 등이 있다. 금융회사는 신용할당(신용도에 따른 금리차등화), 기술보증서 요구, 담보 요구 등을 요구하게 되며 이것은 한계기업의 능력으로 제공하기 어려운 것이 현실적인 문제이다. 도덕적 해이를 줄이기 위해서는 incentive의 제공과 monitoring 강화를 예로 들 수 있다.

4 맺음말

금융 시장에서도 정보 비대칭성으로 대출, 신용 시장에서 정보 비대칭성으로 인해 수요와 공급에 의해 가격이 결정되는 시장원리가 작동되지 않아 해당 시장 가격을 기꺼이 지불할 용의가 있음에도 불구하고 대출에서 제외되는 경우가 발생한다.

특히, 한계기업과 한계가구에 대한 리스크가 높아지면서, 이들이 제도권 금융으로부터 배제될 가능성이 점점 높아지고 있기 때문에 금융감독의 필요성이 높아지며, 정책금융을 통한 지원 활동이 제고되어야 할 것이다.

07

논술형 논제

금융 소외와 금융 포용의 이해

주제 ▶ **금융의 공공성, 서민금융의 확대 방안, 금융 소외 문제와 해결 방안**

1 문제 제기

금융이란 자금을 융통하여 주는 것을 의미한다. 튼튼한 경제 활동은 경제 주체에게 필요한 자금이 효율적으로 융통될 때 가능하다. 한국 경제의 저성장이 고착화되면서, 한계기업과 한계가구에 대한 리스크가 높아지면서, 이들이 제도권 금융으로부터 배제될 가능성이 점점 높아지고 있다.

글로벌 금융위기 이후 부각되어 온 사회적 약자에 대한 제도적 금융 서비스의 확대는 금융의 공공성과 함께 부각되고 있다. 한국의 경우 최근 금융 정책의 관점의 공공성이 부각되면서, 금융 소외, 포용적 금융, 서민금융 등을 확대하고 있다.

2 금융 소외, 포용적 금융의 관계

금융 소외 (financial exclusion)	• 경제 주체가 제도권 금융회사의 금융 서비스(예금, 대출, 결제 등)로부터 배제된 상태 • 금융 포용의 여집합
금융 포용 (financial inclusion)	• 경제 주체가 제도권 금융회사의 금융 서비스(예금, 대출, 결제 등)에 효과적으로 접근할 수 있는 상태 • 금융 소외의 여집합

금융 정책에서 정책 타깃으로 대두되는 것은 경제 주체 중에서 제도권 금융 서비스에서 비자발적으로 배제되는 계층을 찾고, 이들이 금융 서비스를 이용할 수 있게 하는 데 있다. 특히, 저성장이 심화되면서 취약 계층의 금융 소외를 해소하기 위한 서민금융 확대, 청년 실업 문제를 해소하기 위한 미취업 청년들을 위한 창업 지원, 취약 계층 주택자금 지원, 한계 중소기업에 대한 저리 정책 자금의 지원 등이 주요 예이다.

참고

Fintech와 금융 소외

Fintech, 금융의 Digital로 인한 금융 접근성이 부족한 계층을 위한 대책, 금융상품의 복잡성 등에서 가입이 제한되는 경우 등도 금융 소외와 포용 금융의 대상이 됨(금융감독원, 한국거래소).

3 금융 포용 추진 활동의 예시

금융 포용을 확대하기 위해서는 정보의 비대칭(금융회사와 한계가구/한계기업 간)이나 금융회사의 과점적 시장 지배 현상에서 발생하는 시장 실패를 해소해야 한다. 이를 위해서 정부는 정보 전달 체계를 보완하거나, 금융회사의 진입을 확대(제3인터넷 전문은행 설립)하여 경쟁을 촉진하는 방법이 필요하다. 정부는 새로운 기술 혁신에 대한 금융 규제를 완화하고, 금융회사는 fintech 기술 혁신, 판매 채널의 혁신, 상호금융 등 상호부조 성격의 금융 등을 확대하여 거래 비용을 낮추고, 금융 포용을 확대하는 노력이 필요하다.

일반적으로는 서민금융 지원 활동, 청년 창업 지원 금융, 미소금융, 중소 기업 금융 지원 등의 내용을 활용하여 논지를 구성할 수 있다.

구분	주요 과제	주요 추진 내용
서민의 금융 부담 완화	서민의 금융 부담 완화	정책 서민금융 지원(정책 서민 자금 확대) 중금리대출 활성화. 주택금융 지원 확대(신혼부부 · 다자녀가구 · 실수요자 혜택 확대)
	최고금리 인하	2018년 최고금리 인하(27.9% → 24%)
	카드수수료/소액결제 가맹점 부담 경감	–
청년, 고령층에 대한 맞춤형 지원	청년층 지원	청년 · 대학생 금융 지원 강화(소액금융 확대, 채무 조정 지원 강화 등) 청년병사 저축상품 개발
	고령층 지원	퇴직 · 개인연금 수익률 제고(세제 혜택 확대, 자산운용 규제 개선 등) 주택연금 수급 혜택 확대
금융권의 사회적 책임 강화	금융 소비자 보호 강화	금융소비자보호법 제정 추진(사전 정보 제공 강화, 판매 규제 강화, 징벌적 손해배상 등 사후 권리 구제 강화) 소비자 중심 금융 혁신(금융 소비자 옴부즈만, 현장 방문 등)
	사회적 금융 활성화	사회적 금융 활성화(미소금융/신보 지원 확대, 사회투자펀드 조성, 평가 체계 마련 등)

(2018년 금융감독원 보도 내용 일부)

08

논술형 문제

서민금융과 금융 공기업의 역할

논술형 문제 ▶ 서민금융과 금융 공기업의 역할

- **빈도와 난이도** : 약술 / 면접 / 빈도 ★★, 난이도 ★★★
- **출제 유형**

  (자료제시형)

  (가) 서민금융 지원 방안을 통하여 서민금융 지원을 확대할 계획이다. 구체적으로 중금리 대출과 정책모기지 공급을 확대할 예정이다.

  (나) 제2금융권이란 은행 이외의 금융기관으로, 보험사, 저축은행, 카드사 등이 있다. 이들 금융기관의 예금과 대출이자는 높아지고 있다.
- **문제**

  (가)의 정책을 시행할 경우, 제2금융권의 문제점과 발생 가능한 리스크, 그리고 서민금융진흥원의 역할을 기술하시오(서민금융진흥원, 2017).

1 서민금융의 개념

서민(庶民)은 일반인을 의미한다. 서민금융, 서민금융기관 등의 용어는 법률적으로 정의된 용어는 아니다. J노믹스 경제 정책이 추진되어 경제적 약자에 대한 지원 정책이 부각되면서 금융기관으로부터 필요한 금융 지원을 받지 못하거나, 상대적으로 높은 금리를 부담하는 사회 계층에 대한 금융 애로를 해소하기 위해 서민금융이 부각되고 있다.

2 서민금융의 특징

금융 소외자는 제도권 금융기관으로부터 정상적인 금융 지원(대출)을 받지 못하는 계층이며, 이들 계층을 대상으로 하는 금융 활동(금융제도와 금융상품)을 서민금융이라고 한다.

특징	서민금융 대책
• 금융 소외자 지원	• 주요 상품과 제도로는 새희망홀씨, 햇살론, 바꿔드림론, 미소금융이 있음. 개인 회생제도 등
• 신용과 담보력 부족 : 낮은 신용과 담보력의 부족으로 제도권 금융기관의 Risk 관리 대상이 되기 때문에 필요한 자금을 즉시에 필요한 금액만큼 지원받지 못함.	• 금융 관행과 제도 개선 : 개인 회생 등 신용회복 지원자에 대한 신용평가 시 불이익 해소 • 서민금융의 확충(서민금융진흥원 등을 통한 정책 자금의 지원) • 금융 정책 이외 재정 정책을 통한 저소득자의 지원 병행 필요(교육, 일자리 등 제공)
• 소액 고금리 대출 : 담보력이 부족하기 때문에 소액 금융 지원이 대부분이며, 일반적으로 서민이 부담하는 금리는 고금리이며 주로 신용대출	• 저신용 · 저소득 계층의 빈곤이 고착화되고 대부업 시장이 급성장함에 따라 최고 이자율 제한제 도입, 바꿔드림론 등을 통한 금융 지원 절실 • 대부업 금리체계 합리화 • 금융회사의 사회적 기업에 대한 자금 공급 확충 유도(포용적 금융 확대)
• 낮은 금융 이해도와 도덕적 해이 : 금융 소외자의 경우 금융 이해도가 낮으며, 최근 정책 지원 자금의 확대에 따라 서민금융의 맹점을 이용하는 대출을 받은 후 상환하지 않는 등(moral hazard)의 현상이 이슈 부각	• 맞춤형 서민금융 지원, 금융사기 및 피해 예방을 위한 금융 교육과 컨설팅, 도덕적 해이를 줄일 수 있는 성실 상환자에 대한 incentive 부여, 모니터링 등 필요

3 주요 서민금융 지원 상품

구분	새희망홀씨	햇살론	바꿔드림론	미소금융
개요	소득이 적거나 신용이 낮아 은행에서 대출받기 어려웠던 계층을 위해 별도의 심사 기준을 마련하여 대출해주는 은행의 서민 맞춤형 대출 상품	신용등급 및 소득이 낮아 제도권 금융 이용이 어려운 서민들을 대상으로 하는 서민금융진흥원의 보증부 대출	대부업체 등에서 받은 고금리 대출을 국민행복기금 보증을 통해 시중은행의 저금리 대출로 바꿔주는 서민금융 상품	제도권 금융 이용이 곤란한 금융 소외 계층을 대상으로 창업 · 운영자금 등 자활 자금을 무담보 · 무보증으로 지원하는 소액대출
재원	은행 자체 재원	복권기금, 금융기관 출연금	국민행복기금	휴면예금, 기부금
취급 기관	은행	상호금융, 저축은행, 새마을금고	은행, 캠코	미소금융지점

미소금융(마이크로 크레딧(Micro-credit/Finance))
제도권 금융회사와 거래하기 어려운 서민(저소득층)에 대한 무담보 소액대출 - 제도금융권이 발달되지 않은 저개발 국가에서 시작된 민간 주도의 빈곤 탈출 사업 - 한국도 민간 주도로 서민(소외 계층)에 대한 소액 대출을 통하여 소득 기반 창출할 수 있는 창업 등의 기회를 제공(미소금융)하고 있음.

4 강조되는 서민금융 정책 방향

가계부채 증가, 금리 인상 시 서민금융 악화, 청년 실업 증가, 노인 소외 계층 증가 등에 따라 서민금융 상품 지원 기준을 완화하고 지원 규모를 확대하고 있다.

그 예로 청년 대학생에 대한 햇살론 지원/저소득 청년 주거대출 지원/신용교육/취업지원 프로그램을 가동하고, 도덕적 해이를 방지하기 위해 성실 상환자에 대한 지원을 강화하며, 서민금융 통합 지원 센터 등을 운영하고 있다.

금공 논술 Tip 》》 **소득 불균형 해소 위해 재정 정책도 병행되어야 효과적**

■ 취약 계층인 금융 소외자 계층에게 신용 공급(대출 지원)이 소득 불균형을 완화할 것인가? 결론적으로 채무 상환 능력이 부족한 취약 계층에 대한 추가 대출은 빈부차를 확대할 수 있으며 빈부차 완화의 좋은 해결책이 아니라는 주장이 있다.

즉, 저소득층이 차입을 통하여 확보한 자금으로 미래소득을 증가시킬 수 있는 역량을 가진 경우에 효과적이며, 그렇지 않은 경우 장기적으로는 부채상환 부담으로 불균형이 심화되는 요인이 될 수 있다는 것이다.

정부(정책 당국자)는 재정 정책보다 금융 정책을 통한 소득재분배 정책에 치중하는 경향이 있다. 왜냐하면 조세 등의 재정 정책은 국회의 통제 등으로 집행하기 매우 어려운 반면, 금융 정책의 실행은 상대적으로 용이하기 때문이다. 또, 금융 정책은 신용 공급을 확대하는 것이기 때문에 어느 경제 주체가 특별히 반대하지 않는다. 서민의 계층 이동(social mobility)을 위해서는 재정 정책을 통한 세제, 교육 지원, 일자리 만들기 등이 병행되어야 효과적이다.

09

논술형 문제

가계부채(I) : 원인과 안전화 대책

논술형 문제 ▶ 가계부채(Ⅰ) 원인과 안전화 대책

- 빈도와 난이도 : 논술 / 빈도 ★★★, 난이도 ★★★
- 출제 형태
  - 최근 한계기업과 자영업자의 어려움이 가중되고 있다는 내용을 바탕으로 어려움을 해결할 수 있는 방안에 대하여 논하시오(금융감독원, 2018).
  - (자료 제시)
    가) 가계부채 문제가 심각하다는 내용이 서술되어 있다. 가계부채의 양의 증가 속도가 매우 빠르다. 가계부채 증가에 따라 자영업자 및 고령자가 위험에 노출되어 있다는 내용의 자료가 주어져 있다.
    나) 신자유주의는 작은 정부를 지향한다는 내용이 서술되어 있다.
    다) 수정자본주의 관점에서 큰 정부를 지향하는 접근 방식이 서술되어 있다.
- 문제
  1. (가) 글의 내용을 정리하시오.
  2. 가계부채 문제의 해결 방안으로 위 (나), (다)의 입장 중 하나를 선택하여 서술하시오(서민금융진흥원, 2017).
     - 서민금융—장기 소액 연체 채권 소각이나 법정 최고 금리 인하에 대한 지원자의 생각을 논하시오(서민금융진흥원, 2017).
     - 가계부채 문제를 완화하기 위해 필요한 조치는 무엇인가를 논하시오(신용보증기금, 2014).

- 하우스푸어를 정부가 구제해야 할 것인가에 대하여 논하시오(주택금융공사, 2013).
- 주택담보대출 등 가계부채 규모가 과도할 경우 발생할 수 있는 문제점과 문제 해결을 위한 자신의 의견(금융감독원, 2014, 특성화고)
- 최근 가계부채가 증가하는 원인과 대응 방안(경남, 2011)(한국은행, 2011)
- 가계부채의 심각성과 대처 방안(NH농협, 2011)
- 한국의 주택 관련 대출의 부실화 가능성을 미국과 비교하여 서술(한국은행, 2007)

1 논제개요

가계부채 문제는 우리경제의 뇌관으로 비유될 만큼 주요한 이슈이다. 가계부채의 원인도 복합적이지만, 해결 대책 또한 다양하게 전개할 수 있다. 주어진 논제는 가계부채의 원인과 특징을 언급하고, 금리, 부동산정책, 일자리 창출, 기업투자 활성화 등 정부정책, 은행권의 가계부채를 연착륙시키기 위한 노력이 반영되도록 한다. 최근 한계가구 증가, 자영업자 대출 증가 등 가계대출의 질의 악화를 중심으로 문제점을 언급하고 서민금융 확대, 주택금융의 서민을 위한 정책 모기지의 확대 필요성 등을 언급한다.

2 개요 잡기

(1) 가계부채의 원인[7]

저성장이 지속되는 가운데 지속적으로 증가하는 가계부채의 양적 문제, 가계부채 비율이 주요 선진국 비 높은 수준을 유지하는 문제는 우리 경제가 시급하게 해결해야 하는 과제이다. 주요 원인은 다음과 같다.

7 가계부채 증가 원인으로 (1) 글로벌 환경 변화와 경기침체 (2) 인구구조 변화와 주택경기부진 (3) 한국은행의 통화 금융정책과 저금리 (4) 금융회사의 담보대출 위주의 경영행태와 단순한 수익구조 등을 꼽을 수 있다. 기타 전세가 상승, 자영업자의 부채 증가 등을 들 수 있다.

① 중앙은행의 저금리 정책과 통화량 확대	경기 회복을 위해 추진해 왔던 저금리 정책과 이에 따른 통화량 공급 확대 시기에 가계는 주택 가격 상승을 기대하여 담보 대출을 확대하였다.
② 은행의 가계대출 중심 영업	금융회사가 IMF 이후 기업대출보다는 주택담보대출을 통하여 자산을 경쟁적으로 확대하는 영업의 결과이다. 은행의 가계 신용 공급 확대가 주택시장에 대한 자산 효과에 대한 기대를 높였으며, 그 결과 가계부채가 급증하게 되었다.
③ 경기 침체로 가계부채 상환 능력 저하	경기 침체하에서 베이비붐 세대의 은퇴와 일자리의 질 악화로 소득이 크게 감소하여 부채 상환 능력이 저하하고 있다. 그 결과 자영업자의 신용대출이 확대되면서 가계부채가 증가하고 있다. 이로 인한 다중채무자 문제가 발생하고 있다.
④ 부동산 시장	저금리로 인한 주택가격의 상승, 정부의 경기 진작용 주택시장 활성화 정책 등으로 주택시장의 가격 상승과 이에 따른 주택담보대출이 급증하였다. ☞ 은행 가계부채 비중에서 주택담보대출 : 70% 이상 차지 ☞ 부동산 정책의 딜레마 : 부동산 시장의 침체는 부동산 처분을 어렵게 하고, 이로 인한 추가적 가격 하락은 비은행 금융기관부터 담보자산가치의 하락으로 인한 금융기관의 자산 건전성에 위험 요인이 될 수 있다.
⑤ 저금리 시기 투자 대상	가계의 자산은 부동산 비중이 다른 국가에 비하여 매우 높다. 특히, 저금리 시기 투자 또는 상속 목적으로 대출을 통해 주택을 구입한다.

(2) 금융 시스템에 미치는 영향은 어떤 것이 있을까?

최근 가계부채 증가로 인한 위험 요인은 경제성장률 대비 가계부채의 증가율이 높아 가계의 이자 부담이 늘어나며, 이는 가계의 소비 위축으로 이어져 경기 회복을 더디게 한다는 것이다. 특히, 한계 차주(빚 상환 능력이 없는 가계)의 비중 증가는 금리 인상 시 금융기관의 Risk 요인이 될 것이다.

① 금리변동에 따른 재무건전성 부담

우리나라 주택담보대출은 구조적 취약성을 지니고 있다. 짧은 만기, 높은 변동금리 비중, 거치식(원금일시상환) 등 가계대출의 구조적 취약성이 잠재적 불안 요인이다. 이러한 차주는 금리변동 Risk에 노출되어 있으며, 향후 금리상승 시에는 가계부채의 원리금 상환 부담이 더욱 확대되고 금융기관의 재무 건전성에도 나쁜 영향을 줄 것으로 예상된다.

② 비은행 금융권의 불안 요인

금융시스템의 불안 요인은 비은행권 가계대출의 급증에서도 찾아 볼 수 있다. 부채 규모가 증가하면서 부채의 질도 악화되고 있다.

은행의 가계대출 규제가 강화되면서 비은행권의 가계대출이 큰 폭으로 확대되었다. 이러한 비은행권의 가계대출은 신용 대출 중심으로 크게 확대된 특징이 있고, 다중채무 문제 등 가계부채 문제를 더욱 복잡하게 만들 가능성이 있다.

③ 가계부채 심화 시 시스템 위험 전이 가능성

가계부채비율이 명목GDP를 지속적으로 상회하고 있다. 가계부채로 인한 위험은 이미 시작되었으며, 현재 최대의 금융 현안이 가계부채 문제의 연착륙 방안이라는 데 큰 이견이 없다.

이미 금융권의 담보대출의 연체율이 지속적으로 높아지고 있기 때문이다. 연체율 증가는 자영업자와 다중채무자를 중심으로 비은행권에서 먼저 나타나고 있으며, 이는 향후 은행권에 영향을 미칠 수 있는 시스템의 불안 요인이 될 수 있다.

||| 주택담보대출의 부실화 과정 |||

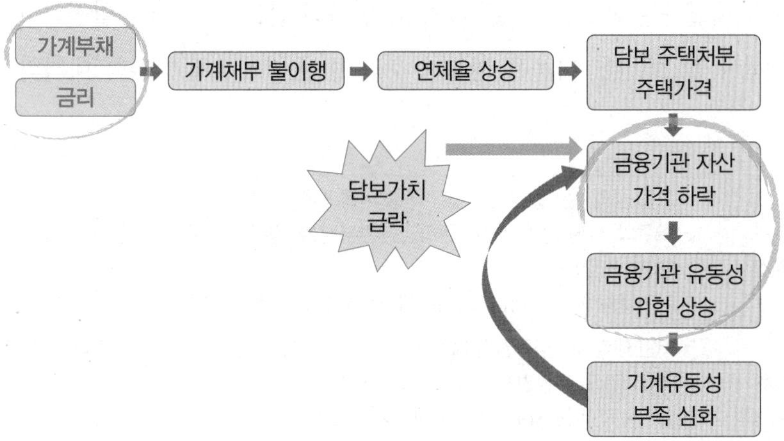

④ 금융기관의 잠재적 리스크 요인

가계부채는 대형 은행이 자체 수익으로 감당할 수 있는 통제 가능한 범위 내에 있어 당장의 금융권의 건전성 문제로 나타나지는 않고 있다. 그러나 경기침체와 금리 인상 등으로 가계 부실이 심화될 가능성은 열려 있다. 특히, 가계부채는 한 번 증가하면 부동산 매각을 통한 자산 축소(deleveraging)가 매우 어려워 대출금융기관의 잠재적 리스크 요인이라는 점을 잊지 말아야 한다.

3 안정화 대책

가계부채 증가에는 다양한 원인이 복합으로 작용하고 있다. 단기간에 획기적인 Magic solution은 없다. 대증요법 대응보다는 장기적인 관점에서 종합적인 대응이 필요하며, 정부, 기업, 가계 모두의 노력이 필요하다. 물론, 금융기관도 이 문제로부터 위험을 최소화하기 위한 모니터링과 선제 대응 방안을 강구해야 한다.

가계부채를 연착륙시키지 못할 경우, 개인 파산으로 인해 빈곤층이 양산되는 사회적 문제는 물론 금융기관 부실에 따른 경제 전체의 시스템 리스크로 확산될 수 있다. 가계부채 문제를 해결하는 만병통치약은 없지만, 일자리 만들기 등 경기 활성화가 가장 본질적인 처방책이 될 것이다. 다음은 정부가 추진 중인 가계부채 안정화 대책의 주요 내용이다.

가계부채 질적 개선	• 고정 금리 · 분할 상환 · 장기 대출 비율 지속 확대 • 차주의 상환 능력 대비 원리금상환부담을 정확히 반하여 산정(총체적 상환능력 비율(DSR) 도입) • 가계대출 중심의 자금 흐름을 생산적 금융으로 전환 유도
가계부채 취약계층 관리	• 서민 대출, 제2금융권의 대출을 장기고정 · 분할 상환 대출로 전환 확대(정책 모기지 확대) • 금융기관의 자영업자의 대출 증가 관리 • 상환능력 없는 차주 : 개인회생 · 파산 절차 • 소액 · 장기 연체 채권 정리 : 상환능력 심사 후 지원(도덕적 해이 방지)

가계소득 제고	• 일자리 창출 지원, 사회 안전망 확충 • 청년 · 여성 등 일자리 취약 계층 지원 강화 • 서민 소득 지원, 자산 지원 강화
인구구조 변화 대응	• 고령층 소득 기반 확충, 공임주택 공급 활성화 등 구조적 대응을 통해 가계부채 증가의 원인 해소
대체투자처 제공	• 리츠, 부동산펀드 공모 활성화

금공 논술 Tip **가계부채 안정화와 서민금융**

가계부채의 안정화란 가계부채의 증가를 억제하는 것이다. 이 과정에서 서민금융의 애로가 발생하며 이를 해소하기 위한 서민금융의 활성화, 영세 자영업자의 지원 대책 방안 등을 논지로 활용해야 한다.

서민형 안심전환대출

주택금융공사가 적격대출구조를 통하여 제공하는 서민을 위한 주택담보대출이다. 자격 요건이 되는 서민가구의 변동금리부 주택담보대출을 정책금리를 통하여 상대적으로 낮은 고정금리 상품으로 바꾸어 주는 상품이다.

신 COFIX 도입

COFIX는 은행의 자금조달 지수이다. 정기예금, 정기적금, 상호부금, 주택부금 등 국내 은행이 자금을 조달한 수신 상품의 금리를 가중평균한 값으로 산정되어 왔으나, 2019년 8월부터 신 COFIX는 여기에 다양한 기타 예수금과 차입금, 결제성 자금 등을 추가해 산출하고 있다. 이것은 변동금리 주택담보대출 금리를 내려 서민의 부담을 줄이는 효과가 있다(금융회사의 마진 감소).

10

논술형 문제

가계부채(II) : 한국경제의 뇌관 – 영향과 대책

논술형 주제 ▶ 가계부채 : 한국경제의 뇌관 – 영향과 대책

- 빈도와 난이도 : 논술 / 빈도 ★★★, 난이도 ★★
- 기출문제
  - 3개의 그림, 즉 (1) 미국 금리인상을 시사하는 그림, (2) 지폐 위 쓰러져가는 주택, (3) 인구절벽이라는 책 표지–고령화, 저출산(저성장, 저금리) 등을 암시하는 자료가 제시된다. (문제) 미래 변화될 환경 변화에 대비할 KB국민은행의 경영전략을 논하라(KB국민은행, 2015 상반기).
  - 가계부채 증가에 대한 은행의 대책(수협은행면접, 2015)
  - 가계부채 문제를 완화하기 위해 필요한 조치는 무엇인가를 논하라(신용보증기금, 2014).
  - 가계부채가 경제주체에 미치는 영향과 정부, 기업, 사회 초년생의 현명한 대처방안에 관하여 논하라(한국거래소, 2014).
  - 가계부채가 증가하고 있다. 경제 주체별 해결방안에 대하여 논하라(금융감독원, 2014 sample 문제).
  - 가계부채의 증가 원인과 경제에 미치는 영향, 그리고 안정화 방안에 대하여 논하라(주택금융공사, 2013).
  - '로마인 이야기 4권 율리우스 카이사르 편'의 카이사르와 크라수스의 사례가 「금융회사 경영에 시사하는 점」에 대해 논하시오(KB국민은행, 2012).

문제 ▶ 가계부채가 지속적으로 증가하고 있다. 가계부채의 특징과 대책을 논하라.

1 개요

한국경제의 가장 큰 위협은 가계부채이다. 증가 속도도 문제지만, 가계부채의 질이 악화되고 있다는 점이 더 큰 리스크로 부각되고 있다. 저성장의 늪에서 허덕이는 한국경제에 있어 가계부채의 증가는 가계의 소비위축, 기업의 투자위축으로 연결되고, 궁극적으로 경기회복을 지연시키는 악순환을 이루고 있다.

최근 가계부채 증가와 질적 악화 문제를 관리하기 위한 정책방향을 이해하여, 가계부채의 문제의 해결방안을 기술하여야 한다. 이 주제는 한국경제의 대외변수와도 밀접한 관계가 있다. 미국의 출구전략은 국내 금리 인상을 통하여, 중국의 저성장은 한국의 저성장을 통하여 가계의 부채 상환 능력을 악화시킬 전망이다.

금융논술에서 가계부채가 중요시되는 이유는 이 문제가 은행 등 금융회사 자산의 건전성 이슈와 맥을 같이하기 때문이다. 따라서, 개별 금융회사의 Risk는 물론, 금융시스템의 안정을 위해서도 적극적인 문제해결이 필요하다는 논지를 전개하여야 한다.

최근 J노믹스에서 이슈가 되는 서민금융, 가계부채 부담 완화의 필요성도 언급한다.

Tips

가계부채를 해결하기 위한 정책은 (1) 가계부채 증가(양의 증가)를 적절히 관리하면서, (2) 경기 회복을 동시에 달성하는 것이다. 이러한 두 가지 목적을 달성하기는 매우 어렵다. 근본적인 해결책은 질 높은 일자리를 만들어 가계의 소득을 높이는 것이 가장 중요하다.

또, 가계부채는 중산층의 문제이면서, 가계의 자산의 70% 이상을 차지하는 부동산에 관한 문제이다. 이러한 특징으로 인해 한 번 증가하면 해소(deleverage)하기 매우 어렵다. 결국, 대출 시부터 부채 상환능력을 감안하여야 하고, 원금과 이자를 동시에 갚도록 하는 것이 중요하다.

2 답안 구성 예시

문제 ▶ **가계부채가 미치는 영향과 정부와 금융회사의 대책**

(1) 문제 제기

가계부채는 양과 질이 모두 악화되고 있어 한국경제의 중요한 해결 과제로 대두되고 있다. 대외적으로 미국의 출구전략, 중국의 저성장 쇼크 등이 겹칠 경우 경기침체(Deflation)를 초래할 수 있는 잠재적인 위험의 하나로 항상 부각되어 왔다.

추가읽기 **가계부채(하우스 푸어)를 보는 눈**

① 지속 증가 : (1) 이자 상환 부담 증가, (2) 경기침체〉실업〉생계를 위한 부채 증가, (3) 전세가 상승에 따른 대출 증가

② 중산층이 비중 높음 → 소비부진 → 내수부진 → 경기 회복 지연

③ 가계부실 → 부동산가격↓→ 금융회사 자산 건전성↓→ 은행 건전성↓
가계의 금융자산이 부족한 상황에서 외부 충격으로 가계의 부채상환능력이 크게 저하될 수 있음. 즉, 가계부채 증가가 부동산 등 실물자산에 기반을 두고 있어 자칫 부동산 가격이 급락, 실물자산이 유동화되지 못할 경우 가계부채 문제해결은 더욱 어려워짐.

④ 미국 출구전략(중국 쇼크) → 금리상승 → 금융회사, 금융시스템 리스크↑→ 실물 부분으로 확산

⑤ 담보대출 비중 높음 + 원금 일시 상환 · 단기 · 변동 금리 대출 구조 → 원리금 동시 상환 · 장기 · 고정금리 전환 필요

⑥ 다중채무자 증가로 질적 악화 : 금리상승 시 이자부담 큰 폭 증가 → 상환능력↓→ 금융 System risk 우려

(2) 가계부채의 주요 영향

① 한국경제 건전성에 위험요인이다. 가계부채는 지속적으로 증가하고 있을 뿐만 아니라, 한 번 증가하면 감소(Deleveraging)하기 어려운 특성을 감안하여야 한다. 따라서, 가계 부채의 양의 증가를 관리하는 것이 매우 중요하다.

② 중산층 이상이 차지하는 비중이 높다(소득 상위 40%가 가계부채의 약 70% 차지). 또한 가처분소득 대비 가계 부채 비율이 높아짐에 따라 가계의 이자 부담이 증가하여 소비가 위축, 경기 회복이 지연된다.

③ 소득증가율보다 부채 증가율이 높아져 빚을 상환할 수 있는 능력이 떨어지고 있다. 이는 신용위험이 증가한다는 의미이다. 앞으로 스스로 빚을 상환하도록 유도하는 정책적 대안 발굴이 필요하다.

④ 가계부채의 구조가 취약하다. 짧은 만기, 일시 상환 비중이 높고, 변동 금리가 차지하는 비중이 높아서 가계와 금융시스템 안전을 위협하고 있다. 특히 가계의 자산이 부동산에 70% 이상 투자되어 있기 때문에 출구전략으로 금리 인상 등 변수의 변화 시 경제에 충격을 줄 수 있다. 즉, 가계부채의 위험 관리 체계가 정비되어야 한다.

⑤ 중산층이 약화되고 있다. 다중채무자 증가, 저소득층의 부채상환 능력이 약화되어, 사회 계층이동을 더욱 어렵게 만들고 있다. 전체 가계부채에서 중상위 계층의 비중이 약 70%로 높아 문제가 심각하지 않다는 낙관론을 경계해야 한다. 저소득층은 부채 상환 능력이 취약하여 대출이 부실화될 가능성이 높아, 이들의 부채상환 방안이 강구되어야 한다.

(3) 정부와 금융회사의 대응방안

정부의 대응	금융회사의 대응
① 일자리 창출이 시급하다. 이를 위한 적극적인 재정금융정책을 펼쳐야 한다. 특히, 금융통화정책을 통하여 가계의 부채상환 능력을 고려하여 기준 금리를 안정적으로 유지하여야 한다.	① 가계부채는 은행의 뇌관이다. 주택담보 대출자의 상환 능력이 떨어질 가능성에 대비하여야 한다. 은행은 가계 부채의 규모를 적정하게 관리하기 위한 노력을 지속하여야 한다.
② 가계소득을 높이는 정책이 필요하다. J노믹스에 의한 가계소득 증대 정책, 최저임금 인상 등을 통한 저소득층의 소득을 높이는 노력이 중요하다.	② 담보대출 중심의 영업방식의 변화 : 비이자 수익의 비중을 높이고, 수익원천을 다양화하여야 한다.
③ 부동산 가격 안정화 : 경기회복을 위한 수단으로 부동산 정책 활용은 위험을 더욱 키울 수 있다. 부동산의 수급조절, 적정한 규제의 활용이 필요하다.	③ 대출관행의 개선 : 단기, 변동금리, 원금 일시상환 방식을 장기, 고정, 원금+이자의 분할 상환방식의 확대가 필요하다.
④ 다중채무자, 저소득층 등을 위한 신용회복 지원(신용회복위원회, 서민금융원) 일회성 채무재조정보다, 지속적인 소득 창출 능력을 높이는 것이 중요하다. 취업 및 창업 기회 확대 방안, 교육격차 해소 등의 노력이 병행되어야 한다. 그 결과, 사회양극화 완화와, 중산층으로서 계층이동이 가능한 장기적인 정책 지원이 필요하다.	④ 자금조달과 자금운용의 불일치 해소 자금운용 Risk 관리(조달과 운용의 기간 불일치 해소)가 절대 필요하다.

(4) 맺음말

가계부채는 출구전략 등 환경변화에 직면할 경우 한국경제에 가장 큰 Risk이다. 반면, 이 문제를 일시에 해결할 수 있는 만병통치약은 없다. 따라서, 경제주체의 총체적이며 장기적인 노력이 요구된다. 특히, 한 번 증가한 가계부채는 줄이기가 매우 힘들기 때문에 정부의 일자리 창출 등 가계소득 회복 노력이 최우선 되어야 한다. 나아가, 정부와 금융회사의 노력과 함께 가계의 합리적 부채 관리가 절실하다.

Tips

안심전환대출, 커버드본드, 코코본드, 스트레스 금리, DTI/LTV 규제 효과 등을 활용하여 가계부채의 대책으로 활용하면 답안을 차별화할 수 있음

11

논술형 문제

기업윤리와 금융 : 모로 가도 서울만 가면 된다?

논술형 주제 ▶ 기업윤리와 금융 – 모로 가도 서울로 가면 된다?

- **빈도와 난이도** : 약술 / 면접 / 빈도 ★, 난이도 ★★
- **출제유형**
  - ‘모로 가도 서울만 가면 된다’는 속담에 관하여 논하라(대구은행, 2015).
  - 금융인은 직업 윤리의식 수준이 매우 높아야 한다. 우리人으로서 꼭 가져야 할 직업윤리는 무엇인가를 서술하라(우리은행 자소서 항목, 2012 하반기).

1 논제해법

우리나라의 금융산업은 양적으로 팽창하여 왔다. 금융산업은 국민경제의 한 축이며, 정보산업일 뿐만 아니라 금융소비자를 대상으로 수수료를 받는 전문성을 요하는 직업이다. ‘모로 가도 서울로 가면 된다’는 속담은 글로벌 시대에 더 이상 적합하지 않다. 세계화 시대를 맞아 국제기구와 정부는 물론, 소비자 등 모든 이해관계자가 기업의 공정하고 투명한 경쟁 규칙을 요구하고 있기 때문이다.

폭스 바겐 배기가스 조작, 월가를 향한 99%의 비난(Attack the wall street), 엔론 사태 등이 발생할 때마다 기업 윤리의 중요성이 부각된다. 금융회사도 예외가 될 수 없다. 모든 경영활동이 윤리기준에 적합해야 계속 기업으로 성장 · 발전할 수 있을 것이다.

2 예상풀이

(1) 서론

과거 기업의 목표는 이윤의 극대화였다. 이 과정에서 환경 파괴, 빈부격차는 물론 회계조작, 소비자권익 침해 등 반사회적인 문제점들이 나타나고 있다. 한국 금융산업은 양적으로 크게 팽창해 오면서 윤리의 중요성이 그 어느 때보다 강조되고 있다.

(2) 윤리가 강조되는 이유

윤리는 바람직한 것과 바람직하지 않은 것에 대한 가치판단의 기준이 되는 것이다. 윤리경영은 기업의 무절제하고 비윤리적인 방법에 의한 이윤추구 행위를 적절히 규제 혹은 순화시켜 주는 역할을 한다. 특히, SNS 등의 발달과 기업과 사회 간의 상호의존성이 심화된 최근에는 사회 속에서 기업의 정당하고 공정하며 정의로운 경영활동이 계속 기업으로 중요한 경쟁 요소가 되었다.

금융산업은 무형의 신뢰를 바탕으로 관계가 형성되며, 복잡하고 전문적인 상품을 취급하고, 수많은 정보가 집적되는 장소이면서 취급하는 정보와 상품이 금융회사와 고객 간 경제적 이해관계가 상충될 가능성이 매우 높아 금융윤리가 더욱 강조되고 있다.

> 비윤리적 경영의 영향 : 소비자 권익자의 권익 보호 추세와 맞물려, 기업의 주가 폭락, 투자자 이탈, 불매운동, 브랜드 가치 훼손 등으로 피해가 급속히 확산된다.

(3) 윤리경영 정착 방안

비윤리적인 활동으로 사라진 기업으로부터 얻는 교훈은 목적과 수단이 바뀐 경영전략의 실패이다. 이러한 사례는 미국의 엔론 사태에서도 나타나며, 일부 대기업에서도 나타나고 있다.

① 윤리경영을 지속 강조하고 교육하여야 한다. SNS 등의 발달로 윤리기업으로서 평판이 매우 중요하다.

② 윤리경영을 제도화하여야 한다. 시스템을 통해 임직원이 기업윤리를 따를 수 있도록 하여야 한다. 준법감시제도, 이사회 기능 강화, 윤리 임원제 도입 등 내부 시스템을 선진화해야 한다.

③ 나아가 기업 문화도 '이윤극대화'보다 더 높은 윤리우선이 되어야 한다.

④ 담당자의 전문성을 향상시키고 실천하는 문화도 중요하다.

금융인의 윤리의무와 불완전판매

금융인의 윤리 의무	고객에 대한 의무, 시장에 대한 의무, 회사에 대한 의무 등으로 구성되며, 이 중 가장 핵심적인 의무는 고객에 대한 의무라고 볼 수 있다. 따라서, 금융 전문가는 자신에게 신뢰를 부여한 위임자(고객)에 대해 진실로 충실하고(충실의무), 직업적 전문가로서 충분한 주의를 가지고 업무를 처리하고(주의의무), 신임의무(Fiduciary Duty) 등을 지게 된다.
불완전판매	불완전판매는 보험, 펀드, ISA(개인종합관리계좌), 구조화된 상품(ELD, ELS등)의 경우 상품의 구조, 자금 운용, 원금 손실 여부, 중도해지 수수료 등 주요 내용에 대해 금융회사(직원 포함)가 고객에게 충분히 설명하지 않고 판매하는 것을 말한다. 불완전판매로 인한 투자자보호를 위해 '적합성원칙'과 '금융상품 설명의무'를 도입하고 있다. 또한 내부통제(컴플라이언스), 미스터리 쇼핑 등을 통하여 모니터링을 하고 있다. 최근 금융 소비자에 대한 보호가 강조되고 있으며, 70세 이상 고령 고객의 경우 투자자 숙려 제도 등이 도입되었다.

(4) 결론

윤리경영은 선택이 아니라 필수이다. 소비자의 신뢰를 쌓는 것은 어려운 반면 신뢰를 잃는 것은 한 순간이며 막대한 손실이 따르기에 지속적인 노력을 통해 기업윤리를 지키는 것이 중요하다. 특히, ○○은행도 윤리경영을 실천하는 것이 글로벌 기업으로 성장하는 데 가장 중요한 경쟁요소가 될 것이다.

12

논술형 문제

은행의 **주요 리스크**와 관리 방안

논술형 주제 ▶ 은행의 주요 리스크와 관리 방법

- **빈도와 난이도** : 약술 / 면접 / 빈도 ★★, 난이도 상 ★★★
- **출제유형**
  - MBS를 설명하고, 금리 변동성이 높은 시장에서 리스크 요인과 관리방법을 서술하시오(주택금융공사, 2015).
  - 스트레스 테스트(Stress test)(IBK기업은행, 2012 상반기)
  - IT compliance에 대하여 아는 대로 말하시오(NH 농협 중앙회 IT 5급 면접, 2012).
- **연습문제** : 신용리스크/VaR/바젤Ⅲ/SIFI/D-SIB/Bail-In

1 정의

리스크란 '미래의 불확실성으로 인해 발생할 수 있는 불리한 영향의 정도'이다. 은행의 리스크는 미래에 발생할 손실 가능성으로 표현된다. 리스크(위험)와 리턴(수익)은 트레이드 오프(Trade off) 관계에 있다.

2 은행의 리스크

은행의 주요 리스크(미래 손실 가능성)는 다양한 요인의 영향을 받아 발생한다. 금융시장과 자본시장에서 발생하는 주요 리스크는 시장 리스크(Market Risk), 신용 리스크(Credit Risk), 유동성 리스크(Liquidity Risk), 운영 리스크(Operational Risk) 등으로 구분한다.

3 리스크의 주요 특징과 관리

중장기적으로 리스크와 수익은 트레이드 오프 관계에 있으며, 금융기관으로서 은행이 수익을 창출하기 위해서는 적정 수준의 리스크 부담은 불가피하다. 즉, 리스크 관리는 리스크를 없애거나 회피하는 것이 아니다. 오히려 금융기관이 감내할 수 있는 손실 위험의 총량을 미리 정하고 이를 벗어나지 않도록 관리하는 것이다.

은행의 경우 업무의 특징상 신용 리스크(Credit Risk)가 가장 영향이 크고 중요하다.

||| 주요한 은행 리스크와 관리방법 |||

유형	정의	리스크 관리의 주요 내용
시장 리스크 (Market Risk)	금리, 주가, 환율의 변동에 따라 자산가치의 하락 가능성	• 스트레스 테스트(Stress Test) • 시장 Var(Value At Risk) 관리
신용 리스크 (Credit Risk)	대출자산이나 유가증권으로부터 거래상대방의 채무불이행 또는 신용등급 하락 등으로 자산가치의 하락 가능성	• 상품 및 거래기관 신용등급 제한 • Exposure 관리
유동성 리스크 (Liquidity Risk)	• 보유자산을 매각할 때 매수자가 없거나 시장이 없어(가격 부존재) 불리한 조건으로 매각함으로써 발생 가능한 손실 위험 • 조달, 운용, 기간 불일치(Mismatch) 위험	유동성 자산 규모를 적정 수준으로 유지, 유동성 모니터링
운영 리스크 (Operational Risk)	부적절한 업무절차, 직원, 시스템 에러로 손실이 발생할 위험, 광의로는 경영관리 리스크, 법적 리스크 등 포함	• 견제와 균형(Check & Balance) • 준법감시인(Compliance Officer) 제도 운영, 이해상충 방지(Firewall) 설치 등

4 리스크를 측정하는 방식의 예

(1) VaR(Value at Risk)

리스크의 중요성이 부각되면서 그 양(量)을 측정하고 관리하는 기법이 발달하였다.

IT기술의 발전으로 국경을 넘는 거래가 늘어나고, 금융기관의 리스크도 다양해지고 복잡하게 되었다. 복잡한 환경하에서 일목요연하게 보유 자산을 통합하여 관리하는 기법이 필요하게 되었으며, VaR(Value at Risk)[8]는 그 중 하나이다.

VaR는 다양한 자산을 일관되게 이해할 수 있도록 통합하고, 통일된 지표로 관리함으로써 리스크 양을 숫자(Number)로 관리하는 대표적인 리스크 관리방식이다.

예를 들면, 시장에서 변수[9]가 회사가 보유한 자산에 불리하게 변할 경우, 일정 기간 동안에 발생하는 최대 손실 가능액을 추정하여 나타낼 수 있다. 이 방법은 금융회사의 전체 포트폴리오의 리스크를 관리하는 데 매우 유용하게 사용되고 있다.

(2) 스트레스 테스트(Stress Test)

은행들이 악화된 경제상황(스트레스)을 견딜 수 있을지 보기 위해, 경제가 지금보다 나빠질 것이라는 가정 아래 은행들이 입게 될 손실을 추산하고 은행의 위기관리 능력을 테스트하는 리스크 관리방식의 하나이다.

금융시장 또는 자본시장에서 예기치 않은 사건이 발생할 경우, 그 사건이 금융회사가 보유한 자산(주식, 채권 등 포트폴리오)의 가치에 얼마만큼의 영향을 미치게 되는지를 측정하는 방식으로 시나리오 테스트라고도 한다.

예를 들면, 선진국의 양적 완화정책으로 원화가치가 10% 상승(환율 하락)할 경우, 또는 주식시장이 북핵 이슈로 10%, 20% 하락할 경우 등 시나리오를 가정하여 금융회사의 자산가치에 미치는 영향을 분석하는 리스크 관리기법이다.

---

8 VaR는 위험가치로 번역된다. 그러나 보통 VaR(바)로 사용된다.

9 변수로는 금리, 주가, 환율이 대표적이다.

13

논술형 문제

금융기관의 수익성과 공공성

논술형 문제 ▶ 금융기관의 수익성과 공공성

- 빈도와 난이도 : 약술/면접/빈도 ★★, 난이도 ★★
  - 사잇돌 대출, 양극화되는 자금 대출 시장, 제외되는 금융 대출 수요자들을 위한 대책의 하나로 SGI가 사잇돌 대출 보증, 가장 큰 업적…. 이라는 내용의 기사와 함께 문제 제시
- 문제 : 금융회사의 공공성과 수익성을 논하고, 앞으로의 SGI의 경영방향에 대하여 논하라(서울보증보험 2016).

문제 ▶ 금융기관의 공공성을 강조해야 하는 이유는 무엇인가? 반면 왜 수익성이 강조되어야 하는가?

1 논제 해법

금융기관의 수익성과 공공성은 금융회사의 설립 목적, 업무 내용, 정부의 정책방향 등을 종합적으로 고려하여 답안을 구성해야 한다. 정부의 J노믹스 정책 목적을 달성하기 위해서는 금융공기업의 역할이 매우 중요하다. 따라서 정부 정책 방향과 지원 회사의 내용을 감안하여 기업은행의 경우 다음과 같은 예를 제시할 수 있다.

2 문제 제기

중소기업이 처한 대내외 환경이 악화되고 있다. 이러한 점에서, 중소기업의 경제활동을 원활하게 지원하기 위해 설립된 기업은행의 역할은 매우 중요하다.

3 공공성과 수익성 논거

공공성	① 특별법에 의해 설립된 특수은행 ② 중소기업의 한국경제에서의 위상을 고려하여 IBK는 공공성을 감안한 상품을 개발 · 제공하고 중소기업의 애로를 해소하는 것이 한국경제 성장에 기여 ③ 정부 정책을 수행하는 것 또한 중요한 존재 이유 → 장기적으로 은행 발전에도 기여 ④ 특히, 기업의 사회적 존재로서 역할, 양극화 해소를 위한 다양한 사회공헌 활동은 기업의 사회적 책무임
수익성	① 상장회사 → 주주이익을 위해 일상적인 경영 활동도 중요 ② 중소기업을 위한 장기적인 지원을 위해서는 은행의 안정적인 수익성도 매우 중요 ③ 해외 진출 등을 통하여 성장하기 위해서는 수익성도 중요. 따라서, 50년 이상 중소기업의 발전단계에 따른 금융지원으로 중소기업의 발전을 견인하여 수익성을 높이는 노력을 병행해야 함 ④ 직원의 노력을 바탕으로 한 수익성 제고 – 신용도가 낮아 위험성이 높은 중소기업 금융에서 수익성을 제고하기 위해서는 직원의 전문성, 현장 방문 등 현장 중심 IBK 인재의 역할이 매우 중요

IBK의 공공성 활동의 예

- 수수료 인하 : 청년일자리 문제 해소와 중소기업의 인력부족 문제 해소를 위한 상품 제공
- 청년 일자리 Job Fair : 중소기업과 청년 간의 정보 비대칭 해소 – 일자리 미스매치 해소
- IBK 청년 희망 멘토링 : 청년취업난 해소, 신입행원들이 금융권 취업 준비생 지원
- 금융소외계층 지원 : 사회적 약자에 대한 수수료 인하, 서민금융 전용상품 판매(예 IBK 바꿔드림론)
- 소셜벤처성장 기업 지원 : 소셜벤처기업을 발굴하여 경영컨설팅, 크라우드 펀딩 연결 등 제공
- 기타 사회공헌활동

4 결론

금융산업은 기간산업이다. 중소기업의 성장 둔화, 구조조정 환경하에서 금융의 역할이 매우 중요하다. 기업은행은 99-88 중소기업의 성장, 한국경제의 신성장 동력 확보에 기여하는 것이 중요한 과제이다. 특히, 중소기업을 통한 일자리 만들기, 양극화의 해소를 위해서는 중소기업 지원을 위한 금융 상품과 서비스의 제공에 전문성을 발휘하여야 할 것이다.

PART 03

금융논술

경제 · 경영 · 정책

01

논술형 문제

기준금리와 한국경제

논술형 문제 ▶ 기준금리 전망과 한국 경제에 주는 시사점

- **빈도와 난이도** : 약술 / 면접 / 빈도 ★★★, 난이도 ★★
- **출제유형**
  - 기준금리 인(상)하가 소비, 자산가치, 투자에 미치는 영향(주택금융공사, 2015)
  - 기준금리가 2%로 인하되었는데, 인하에 대한 긍정적인 견해와 부정적인 견해 및 기준금리 변동이 실물경제에 파급되는 경로를 서술하시오(기업은행논술, 2014).
  - 기준금리의 중요성과 금리 인하가 한국경제와 경제 주체별로 미치는 영향(한국거래소, 2014)
  - 한국은행의 기준금리 인(상)하가 가계부채에 미치는 긍정-부정적인 효과를 논하라(신용보증기금, 2014 상반기).
  - 최근 발생하고 있는 경제현상에 대하여 경험적 사실을 바탕으로 아래 예시된 키워드 3개 이상을 적용하여 확장적 또는 긴축적 재정정책을 사용할지에 대하여 논하시오(예시) 키워드 : 가계부채, 유동성 트랩, 구축효과, 재정승수, 한계소비성향, Ricardo의 등가정리 원칙 등 10개(하나은행 기업금융 논술 택1, 2013)
  - 기준금리 인하(IBK기업은행 약술, 2012 하반기)
  - 최근 한국은행 금리동결 이유와 금리 동결에 대한 자신의 의견을 제시하고 저금리 시대에 예금이탈방지를 위해 은행들이 추구해야 할 방안(NH농협 5급 논술, 2010)
  - 한국개발연구원(KDI)이 경제회복에 맞춰 비상대책 등을 정상화하는 등 정책 변화의 필요성을 제기하면서 '출구전략' 도입 시점을 둘러싼 논란이 다시 벌어지고 있다. 출구전략을 해야 하는지 신중해야 하는지에 대한 자신의 입장을 쓰시오(하나은행, 2009).

1 논제해법

기준금리는 우리나라의 대내외 경제여건을 종합적으로 고려하여 매월 정해진다. 금리의 방향(인상, 인하, 유지)은 대외 변수인 미국 · 일본 · 중국의 경기, 대내 변수로는 가계부채, 기업의 투자 여건, 경상수지, 물가, 그리고 실업률 등을 고려하여 결정되고 있다. 따라서, 금리 변화와 관련된 주제는 가계, 기업, 정부, 경상수지 등 거시적인 시각에서 접근하되, 가계부채, 중소기업, 리스크 등을 언급하여 구체적인 답이 되도록 한다.

2 개요잡기

주로 본론 부분인 기대효과는 금리의 인하(상)으로 경제주체에 어떠한 효과가 나타날 것인가를 정리한다. 금리 인하는 궁극적으로 총수요를 진작하는 정책효과를 얻기 위한 것임과 동시에 좀 더 구체적으로 최근 가계부채 문제와 중소기업의 자금난 해소, 은행에 미치는 영향까지 언급한다.

반면 금리인하의 문제점도 부각시킨다. 자산의 거품이 발생할 수 있고(Asset Bubble), 구조조정이 지연되며, 인플레이션이 우려될 뿐만 아니라, 구축 효과로 인해 실질적인 금리인하 효과가 기대만큼 나지 않을 수 있다.

미국이 금리를 인상시킬 경우 가계부채 문제가 악화되고 중소기업의 자금사정이 악화되면서 신용위험이 증가할 수 있으며, 기업의 수출 경쟁력 또한 나빠지게 된다. 나아가 금융회사의 리스크 관리가 필요하다는 포인트로 접근하여야 한다.

금공 논술 Tip **최우선 정책 과제인 일자리 만들기와 양극화 해소**

금리 변동과 밀접한 관련이 있다. 금리 상승 시 중소 · 벤처기업, 청년 일자리, 자영업자 등 사회 취약 계층에 미칠 영향을 반드시 고려하여 논지를 전개한다.

추가읽기 기준금리와 금리 변동의 파급 영향

금리는 약방의 감초와 같이 금융논술에서 출제되는 빈도가 매우 높을 뿐만 아니라, 논지를 전개하는 데 있어서 활용도가 크다. 예를 들면, 가계부채, 하우스푸어, 중국저성장, 신용등급, 출구전략, 양적 완화, 시장 리스크 등 많은 시사 이슈가 금리와 연관성을 가지고 있다. 따라서, 기준금리와 기준금리 변동이 은행에 미치는 영향을 다음과 같이 정리해 둔다.

기준금리

중앙은행(한국은행) 안에 설치된 금융통화위원회(금통위)에서 결정하는 금리이다. 기준금리는 한국은행과 금융기관 간 거래의 기준이 되는 '정책금리'이다.

기준금리 결정 시 고려하는 사항 : Look-at-everything Approach로 국내물가 전망, 성장, 고용, 국제수지, 금융, 외환시장 상황 등 모든 경제 상황을 고려하여 결정한다.

기준금리 변동 시 정책의 파급경로

현실적으로 각종의 금리는 자금시장에서 수요자와 공급자에 의해 결정되지만, 한국은행이 결정한 기준금리가 중요한 이유는, 향후 통화량이나 물가, 환율, 나아가 장단기 시장금리에 영향을 주는 정책당국의 신호(Signal)이기 때문이다.

정책금리인 기준금리 조정(인하) 시에 파급 경로는 콜금리와 기일물 단기 시장금리에 영향(하락)을 미치게 된다. 이는 곧 단기, 장기 여수신 금리와 시장금리에 영향(하락)을 미치게 된다.

이러한 금리의 변동(인하)은 총수요를 자극하여 소비수요와 투자수요를 자극(확대)하며, 궁극적으로 실물경기의 회복을 기대할 수 있다.

||| 기준금리 조정에 따른 통화정책의 파급경로 |||

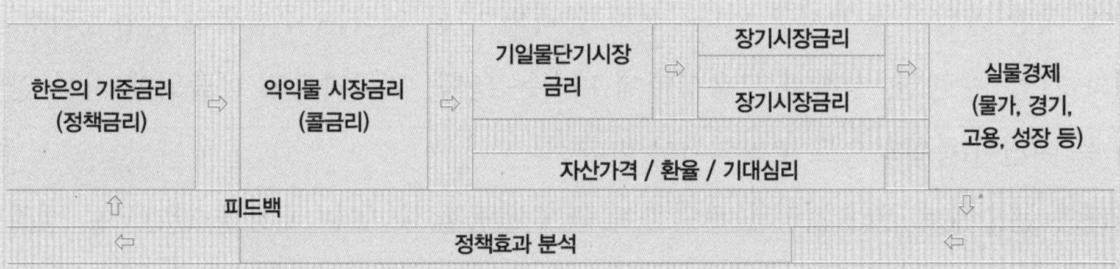

은행과 금리변동 위험

한국은행이 정책금리를 결정할 경우, 일정한 방향성을 갖기 때문에 금리방향을 예측하여 대응하는 것은 은행 등 금융기관에 매우 중요하다. 금리변동에 따른 금융기관의 자산가치가 하락할 가능성이 시장 위험이며, 그 가능성을 최소화하기 위하여 위험 관리를 하게 된다.

기준금리 변동으로 인한 은행고객과 상품에 미치는 영향

기준금리가 발표되면 금융권은 이를 기준으로 하여 대출의 기준금리 등을 변경하여 책정한다. 따라서 기준금리를 내리면, 장단기 금리가 하락하게 되고, 중소기업과 가계의 대출금리도 영향을 받아 내려가게 된다.

반면, 금리인하로 예금금리도 내려가게 되어 예금자(자금공급자)의 경우 이자수령액이 줄어들게 된다. 일부 고객은 투자상품으로 자금을 이동하는 경우도 있다. 즉, 저금리기에는 이자생활자의 수령액이 줄게 되며, 안전선호도가 낮아지면서 투자상품의 판매가 늘어나는 경향이 있다.

3 한 · 미 금리 역전과 한국 기준금리 딜레마

(1) 개요

금융위기 이후 양적 완화와 제로금리를 유지하던 미국(美國)이 금리를 인상하였다. 반면 일본(日本) 중앙은행은 마이너스 기준금리를 결정하였다. 이에 따라 우리나라의 금리 수준에 대한 관심이 높아지고 있다. 정책 금리의 인상 인하는 주변국의 금융통화정책, 가계와 기업, 수출입, 성장과 고용상태에 미치는 영향, 외국자본의 유출입에 따른 환율 효과 등 여건이 종합적으로 고려되어야 한다.

아래는 논술에서 금리 논쟁과 관련하여 쉽게 활용할 수 있는 내용을 찬반으로 정리한 것이다.

(2) 금리 인상 찬반

인상 찬성 논거	인상 반대 논거
① **금리 인하의 한계** • 유동성 함정에 빠진 한국경제 상태는 추가적 금리 인하로는 개선되기 어려움. ② **가계부채 급증** • 가계부채 큰 폭의 증가 우려. 금융 안정 차원에서 가계부채 증가 억제 필요 ⇒ 자산버블(Asset Bubble)만 키울 것 ③ **미국의 출구전략** • 미국의 기준 금리인상 ⇒ 미국 등과의 대외금리차 축소 ⇒ 자본시장 자금 이탈 ⇒ 환율 급등 ⇒ 자본시장 붕괴 우려 ④ **구조조정 필요** • 기준금리 인하를 통한 인위적인 경기부양이 아닌 공공, 노동, 금융, 교육 등 구조개혁과 한계기업(좀비기업)의 정리가 필요한 시점	① **저성장으로 인한 디플레이션 우려** • 일자리 창출 위해 금리 현상 유지 또는 인하를 통한 경기 부양 필요 • 소비위축, 투자위축으로 내수중심의 중소기업의 경영난 심화 ② **가계부채 연착륙 필요** • 가계부채 규모 증가, 질의 악화 • 연착륙 노력 필요 ③ **환율전쟁에 대응** • 일본의 마이너스 정책 금리, 중국, 유로의 환율전쟁에 대응하기 위해서는 저금리 기조 필요 • 미국의 출구전략에도 불구, 외환보유고, 신용등급 등을 고려할 때 금리 인상을 최대한 늦춰야 할 것 ④ **재정정책의 한계** • 확장적 재정정책이 실물경제에 긍정적으로 작용하겠지만 일시적 · 단기적 자금 투입만으로는 제조업 생산성 및 수출 부문의 구조적 문제를 해결하는 데 한계 있음. 따라서, 일본의 마이너스 금리 정책처럼 추가적인 금리 인하가 필요

4 첨삭예시[1]

(1) 서론

기준금리는 한국은행이 국내외 경제상황, 물가 동향, 금융시장 여건 등을 고려하여 결정한다. 그동안 지속되어 온 저금리 기조는 유동성을 증가시켜 소비와 투자를 증진시킬 것이라는 관점과, 반대로 대출이 증가하여 가계 부채가 급증하고, 좀비기업으로 인해 한국경제에 부담을 가중시킬 것이라는 상반된 의견이 팽배하다. 향후 금리 전망을 살펴보고, 은행의 대응책에 대하여 논하고자 한다.

(2) 기준금리를 올리기 어려운 이유

경기가 회복되는 듯이 보이지만, 수출과 내수산업 간의 경기 양극화가 계속되고 있다. 실업률의 호전도 정부의 일자리 만들기와 베이비부머의 재취업의 영향을 받은 것이다. 즉, 안정적이고 질 높은 일자리가 되지 못해 금리인상을 결정하기가 어렵다. 특히, 가계부채가 1,500조를 돌파하면서 금리의 인상은 가계의 부채 상환능력을 위축시킬 것이다. 이로 인한 리스크가 확대될 가능성이 있다는 점도 금리 인상을 결정하기 어렵다.

다음은, 대외 불안 요소를 들 수 있다. 수출주도인 우리나라는 해외의 환경변화에 자유롭지 못하다. 미국이 출구전략을 추진하면서 글로벌 유동성이 줄어 우리나라의 금리상승 요인이 된다. 반면, 우리 기업과 경쟁관계에 있는 일본의 엔저와 마이너스 기준금리는 우리나라 금리 인상을 어렵게 하는 요인이 된다. 이러한 대외변수의 불확실성으로 인해 최근 한국은행은 한미 간 기준금리 역전을 감내해 온 것으로 판단된다.

---

1 금융공기업 지원 수강생(미국대학원(경영학)졸업)의 글을 재구성한 것이다.

(3) 향후 금리 전망

금리의 급격한 인상은 쉽지 않을 것으로 판단된다. '고용 없는 성장'이 지속되면서 가계와 중소기업의 여건이 개선될 가능성이 매우 낮다고 본다. 글로벌 금융위기 이후 급증한 가계부채는 금리 인상 결정 시, 중산층의 부담을 증가시켜 소비 위축과 내수 부진이라는 악순환을 불러오게 될 수 있다.

또한 미국과 일본, 중국 등 글로벌 환경의 불안정한 요소로 인해 현 수준의 금리 동결이 유력하다. 다만, 미국의 출구전략이 본격화 될 경우 우리나라의 금리 또한 본격적으로 상승 반전할 가능성이 있다.

(4) 금융공기업의 역할

중소기업은 금리가 상승하게 되면 데스밸리(Death Valley)에 빠질 가능성이 매우 높아진다. 이 시기에는 일반 은행에서 리스크 관리를 위해 대출을 축소하기 때문이다. 따라서, 금융공기업에 중소기업이 필요한 자금을 융통 받을 수 있도록 지원하여야 하며, 기술중소기업 지원을 위해 조성된 '성장사다리펀드'를 통한 지원이나, 기술금융 IP(지적재산권)금융 등도 중소기업의 자금 애로를 극복하는 데 중요한 역할을 할 수 있다고 본다.

가계의 경우 금리 상승 시를 대비하여 장기 고정대출을 확대하여 사전적 리스크 관리를 해 두어야 한다. 특히, 이자 부담을 줄이고 원금을 분할하여 상환할 수 있는 MBS를 활용한 적격대출(Confirming Loan) 같은 장기 주택담보대출 상품은 대안이 될 것이다.

(5) 결론

글로벌 금융 위기 이후 지속된 유동성 공급이 축소되면서, 기준금리가 상승 반전할 경우 경제 주체에 미치는 영향은 지대할 것으로 전망된다. 따라서 국책은행은 기술력이 있는 중소기업이 일시적인 자금애로로 인하여 위기에 처하지 않도록 기업금융을 공급하는 역할을 담당하여야 한다.

02

논술형 문제

글로벌 환율전쟁과 환율 결정 요인

논술형 문제 ▶ 글로벌 환율(통화)전쟁이 우리 경제에 미치는 영향

- **빈도와 난이도** : 논술빈도 ★★, 난이도 ★★★
- **출제유형**
  - 환율강세 현상의 원인과 영향을 논하라(NH농협은행, 2012 하반기).
  - G20에서 다뤄질 환율전쟁의 배경과 우리나라에 미치는 영향 및 대응방안 등에 대한 자신의 생각을 논하시오(IBK기업은행, 2009 하반기).
- **연습문제** : 미국과 중국의 환율전쟁과 최근 엔저로 인한 일본과 주변 국가와의 환율전쟁 비교
  - 한국의 경상수지 흑자원인과 시사점

1 논제해법

글로벌 금융위기 이후 경기부진을 극복하기 위해 주요 선진국은 양적 완화정책에 이어 자국통화 가치를 낮게 유지함으로써, 주변국의 우려와 반발을 사고 있다. 대외 의존도가 높은 우리경제에 미치는 영향을 실물부분, 자본시장(주식과 채권시장), 그리고 외환시장

으로 나누어 접근한다.

이 경우 환율의 변동에서 문제가 되는 것은 외환 리스크 관리능력이 대기업에 비해 중소기업이 매우 취약하다는 점을 언급해 주는 것이 좋다. 농업 부분의 경우, 환율 하락으로 인한 우리 농산물의 가격경쟁력이 하락하여 농업부분의 피해가 있다는 점도 언급하는 것이 좋다.

2 예상풀이

(1) 환율전쟁이란?[2]

최근 글로벌 금융위기 이후 지속적인 경기 부진을 회복시키기 위해서 각국이 환율을 시장의 기능에 맡기지 않고 인위적으로 통화가치를 조정하는 정책을 펴는 것을 말한다.[3]

즉, 자국의 화폐가치를 시장의 수요와 공급에 맡겨두지 않고, 정책적으로 낮게 유지함으로써, 수출 증대를 통한 실업의 해소, 자국의 투자증대와 소비 촉진을 통한 경기회복을 꾀하는 인위적이고 비전통적인 통화정책 수단의 하나이다.

또한 최근의 환율전쟁은 중앙은행이 경기회복을 목적으로 한 양적 완화 과정에서 파생된 부산물이라는 것이다. 이 점에서 과거 환율전쟁이 각국 정부가 무역시장에서 직접 개입하여 발생하였다는 점과 다르다고 본다.

---

2 지난 몇 년간 환율전쟁은 중국이 자국의 수출 촉진을 위해 위안화 가치를 낮게 유지한 것에 대하여 미국이 비난하는 형태의 갈등이었다. 최근의 환율이슈는 미 · 중 · 일 유로존 국가의 양적 완화와 통화가치 하락에 중앙은행이 개입한다며, 주변국이 이를 비난하는 형태이다.

3 엔저현상은 일본의 장기 디플레이션을 끝내려는 목적으로 실시한 양적 완화 정책의 결과로 엔저현상이 나타나는 것이라고 일본정부는 설명하고 있다.

(2) 환율전쟁이 한국경제에 미치는 경로

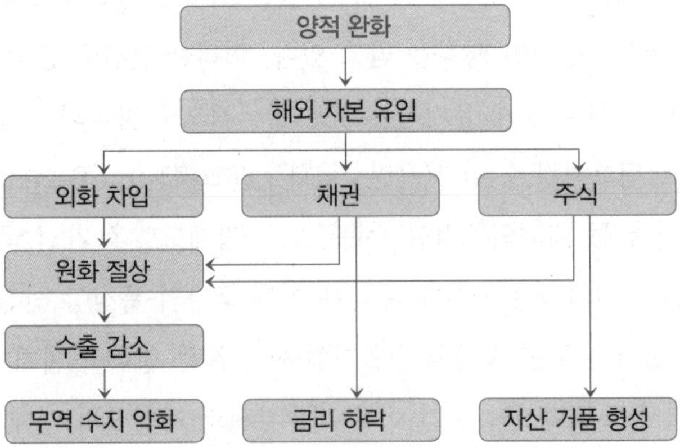

(3) 영향

환율전쟁의 원인이 무엇이든지, 환율의 인위적인 급격한 변화는 국가 간의 무역과 금융시장과 자본시장에 영향을 미치게 된다. 선진국의 경우에 수출 증대와 이로 인한 기업의 투자 증대 그리고 실업률 하락과 경제성장을 기대할 수 있다.

반대로 한국은 엔저 등 환율전쟁의 영향을 가장 많이 받는 나라 중 하나로 알려져 있다. 산업구조가 환율변동에 민감한 무역 의존형 구조이고, 대부분의 주요 산업이 글로벌 시장에서 일본기업과 상호경쟁하고 있으며, 대일 무역 의존도 또한 높기 때문이다.

한 조사에 의하면 엔화가 10% 절하되면 한국, 대만 등의 경쟁업체 실적은 3~4% 감소하는 것으로 추산되고 있다. 이러한 일본의 엔저정책은 장단기적으로 한국경제에 미치는 영향이 부정적이라 생각되며, 이를 극복하기 위한 노력이 정부와 기업 모두에게 요구되는 시점이다.

근린궁핍화(近隣窮乏化 ; Beggar-thy-neighbor) 우려

양적 완화와 낮은 통화가치 유지는 주로 미국과 일본 등 선진국의 주도로 이뤄지고 있으며, 주변국이 주로 부정적인 영향을 받고 있다. 이러한 선진국 중앙은행이 외환시장에 개입하여 자국통화 가치를 낮게 유지하는 것은 궁극적으로 자국의 실업을 주변국으로 수출하여 주변국을 궁핍화시킬 수 있다(근린궁핍화 ; 近隣窮乏化 ; Beggar-thy-neighbor).

특히, 남미와 한국 등 대외의존적인 수출주도형 경제모델을 가진 국가에 미치는 영향은 매우 클 수 있다. 대외의존도가 매우 높은 이들 국가의 특징상 선진국의 인위적인 통화가치의 급격한 하락은 주변 국가의 수출기업에 매우 큰 영향을 미치게 된다.

주변국 경제 역시 글로벌 금융위기 이후 내수부진과 저성장의 덫에 빠져 있기 때문에 수출부진은 고용사정을 더욱 악화시킬 것으로 전망된다.

(4) 대응방안

각국이 대응하는 방법은 크게 국제기구를 통하여 이슈화하는 방법, 중앙은행의 금리 인하 또는 중앙은행을 통한 외환시장 개입 등 정부의 정책적인 대응, 그리고 소위 한국형 토빈세 도입[4] 등으로 투기적 외환거래를 입법화하여 규제하는 방법을 고려할 수 있다.

3 환율 결정 요인

환율(Exchange Rate)이란 일국의 통화와 외국 통화 간의 교환비율을 말하며, 한 국가 통화의 상대적 가치를 나타낸다.[5]

---

4 투기적인 핫머니의 과도한 유출입을 규제하기 위해 모든 외환거래에 일정한 세율을 적용하자는 논의가 있으나 현재 구체화된 내용은 없다.

5 달러($)화에 대한 원화의 환율 하락은 원화의 가치상승을 의미하며(환율하락 = 원화 평가절상), 일반적으로 외국통화 1단위당 자국통화의 교환비율로 표시한다(자국통화표시법 1$ = 1,050원).

(1) 환율의 결정요인

① 변동환율제도에서는 환율은 외화의 수요와 공급에 의해 결정된다.
예를 들어, 경상수지가 흑자를 나타내거나 외국인이 투자를 위해 외화($)를 국내로 유입하면 외환시장에서 외화($)의 공급이 수요보다 커지게 된다. 따라서 외국화폐($)의 가치가 떨어져 달러화에 대한 원화환율이 하락하게 된다(환율하락 = 원화의 평가절상).

② 환율은 외화의 수요와 공급 이외에도 금리변동, 통화의 상대가치에 영향을 주는 다른 요인에 의해서도 변동한다.
장기적으로 한 나라와 다른 나라의 물가변동에 따른 상대적인 구매력 차이나 생산성, 교역조건 변화 등에 따라 영향을 받으며, 단기적으로는 시장참가자의 환율에 대한 기대나 각종 뉴스, 경쟁국의 환율변동 등에 따라 변동하게 된다.

(2) 환율변동이 우리나라 경제에 미치는 영향

일반적으로 원화환율이 하락하면 경상수지가 악화된다.

수출기업은 수출의 대가로 같은 금액의 외화($)를 받더라도 원화로는 더 적은 금액을 얻게 되므로 더 적은 물량을 수출하게 된다(수출 감소). 반대로 수입기업의 경우에는 환율이 하락하면 원화로 지불해야 할 금액이 줄어들게 되므로 수입을 늘리게 된다(수입 증가).

이렇게 원화환율이 하락하여 수출이 감소하고 수입이 증가하면 국내 생산이 감소하여 고용이 감소되는 효과가 있다. 즉, 경제성장에 부정적인 영향을 미친다.

(3) 중앙은행의 정책적 판단에 의한 외환시장 개입

외환공급이 지나치게 늘어나는 경우 중앙은행이 외환시장에 개입하는 경우가 있다. 즉, 중앙은행이 지나친 환율 하락을 방지하기 위해 외환시장에서 달러를 매입(원화를 매도)하면 외환의 수요가 늘어나 환율하락이 억제된다. 또는 중앙은행이 외환시장에 개입하겠다는 신호를 보내는 것만으로도 효과를 내는 경우도 있다(Signaling 효과).

우리나라 환율은 외환시장에서의 수급에 따라 자율적으로 결정되고 있다. 그러나, 일시적인 수급불균형이나 시장불안심리에 의해 환율이 급격하게 변동하는 경우에 한국은행은 스무딩 오퍼레이션(Smoothing Operation ; 미세조정)을 실시하여 외환시장에 일시 개입하고 있다.

Step up

토빈세

배경

1970년 후반 당시 투기자본의 급격한 자금 유출입으로 통화가치 급등락으로 통화위기가 촉발되는 것을 막기 위한 규제방안의 하나로 제안된 것이다.

글로벌 금융위기 대응방안으로 투기자본을 규제하기 위해 유럽연합(EU)에서 모든 금융거래에 대해 거래액의 0.01%를 금융거래세로 부과하고자 하는 개념으로 발표되었다(시행된 것은 아님).

토빈세 부과 찬반

반대	찬성
• 자본이동 자유화는 중요한 국가 발전의 목표임. • 토빈세를 부과한다고 환율 안정을 보장하지 못 함. • 외환이 부족한 국가의 경우 토빈세는 부담을 가중 • 투기자본을 세율로 규제하는 데 한계 있음. • 정상적인 투자자금과 투기자금의 구분이 모호	• 자본이동 자유화가 세계 금융안정성에 장애물임. • 토빈세가 없을 경우 해당 국가들은 환율방어비용 과다 소요

03

논술형 문제

韓國(I) : J노믹스와 도전 과제

논술형 문제 ▶ 韓國(I) : J노믹스와 도전 과제

- **빈도와 난이도** : 약술/면접/빈도 ★★, 난이도 중 ★★
- **출제유형**
  - 최저임금 수준의 상승이 우리 경제의 성장에 도움이 될 것이라는 주장과 기업의 경쟁력을 약화시킬 것이라는 의견이 대립하고 있다. 최저임금의 급격한 상승 시의 효과와 우리 금융기업의 역할에 대하여 논하시오(예제).
  - 4차 산업혁명시대를 맞아 청년이 공무원 준비에 몰입하는 현상의 원인과 대응방안에 대하여 논하시오(금융기업의 역할을 포함하여 기술할 것)(예제).

1 논제해법

J노믹스는 문재인 정부의 정책 방향을 담고 있는 상징과 같다. 이것은 제이(J)와 이코노믹스(economics)의 결합 용어로 'J노믹스'는 '사람 중심의 경제'라는 구호로 요약할 수 있다. 한국의 성장 정책이 기업에 사회적 자원을 몰아주고 낙수 효과를 추구한 경제 정

책이었다면, 앞으로는 사람에게 투자해 기업과 국가의 경쟁력을 살리는 '사람 중심의 경제 성장' 구조로 바꾸겠다는 것이다.

금융논술에서 다루는 금융 경제 이슈는 궁극적으로 정책적인 지원과 연결되기 때문에 J노믹스에 대한 이해를 바탕으로 논지를 전개하는 것이 좋다.

2 주요 내용

'J노믹스'의 핵심은 '사람 중심 경제 성장'을 추구한다는 점이다. 양극화를 해소하고 한국경제의 지속 성장을 이루기 위해 '소득주도 성장론' 전개가 필요하다는 주장이다. 이를 위해 '일자리 창출'이 정책의 최우선 과제로 부각되고 있으며, 정책목표 달성의 수단으로 공공부문 일자리 만들기, 최저임금의 급격한 인상, 부자 증세, 비정규직 제로화, 부동산 규제 강화, 서민금융지원 강화 등을 추진하고 있다.

경제 분야에서는 그동안 추진해 왔던 성장주도(기업주도, 수출주도)론이 한계에 왔다고 보고, 소득주도성장을 추진하며, 이를 위해서 정부의 적극적인 시장 개입을 강화하고 재정지출 확대를 통한 일자리 창출과 복지 확대 정책을 추진하고 있다. 이에 따라 정부의 역할이 커지고 있다.

3 도전 과제

큰 정부(Big Government)를 주창하며 정부 주도의 급격한 최저임금 인상, 소득 주도 정책에도 불구하고 성장률 둔화와 고용 상황 악화, 양극화 해소 미흡 등 J노믹스 정책 방향은 도전을 받고 있다. 정부는 J노믹스의 3대 축은 '공정경제, 소득주도성장, 혁신성장'의 기조를 유지하되, 방향은 현실 경제 상황을 반영하여 보완하고 있다.

공정경제	중소기업 · 대기업 상생, 지역 균형 발전	국가 균형 발전 위한 대규모 SOC 투자
소득주도성장	소상공 · 자영업 지원	최저임금제 속도 조절, 포용 성장 강조
혁신성장	혁신을 통한 기존 산업 부흥 + 신성장 동력 육성	• 규제 혁신–규제 sandbox 도입 • 추격형 경제를 선도형 경제로 전환 • 스마트공장, 시티, AI, 로봇, 수소차 등 미래 산업 대비

참고

J노믹스의 큰 정부(공약 사항)

① 일자리정책	② 공정분배	③ 복지강화
• 공공부문 일자리 만들기 • 노동시간 단축을 통한 민간 일자리 만들기 • 최저임금 인상	• 재벌개혁 • 중소기업 동반성장 구축 • 조세개혁(부자 증세–고소득자, 거대기업 법인세율 인상) • 갑을 관계 근절	• 대출부담완화 • 주거비용 완화–공공임대주택 공급 • 교통비, 통신비 인하
• 비정규직 제로화, 최저임금 인상을 통하여 가계소득 증대(소득주도 모델)	• 산업화 과실을 공정하게 재분배(경제민주화) • 중소기업의 동반 성장 추구	• 가계의 소득 증대 • 서민금융 지원

4 논지 전개 시 주의점

J노믹스의 정책 우선순위는 사람 중심(서민[정확한 개념은 없음] ○, 복지 ○, 효율 ×, 자본 중심 ×, 구조조정 ×), 소득 중심(중소기업 중심, 수출 중심 ×), 서민금융(기업금융 · 중소기업 금융 강조, 생산적 금융 ○, 소비자 금융 ×), 내수 중심(수출 중심 ×, 낮은 환율 ○, 저금리 ○)에 있다.

또한 성장보다는 분배가 강조되기 때문에, J노믹스의 관점에서 사회이슈를 볼 경우 응시 기업의 특징을 감안하여야 한다. 서민금융기구 등이 아닌 대부분의 금융공기업과 금융회사는 J노믹스 정책의 중요성과 함께, 다른 가치의 중요성을 고려하여 본론과 결론을 구성하는 것이 바람직하다.

04

논술형 문제

韓國(II) : 한국경제의 고민 낙수효과와 분수효과

자료제시형 주제 ▶ 성장과 분배논쟁-낙수효과와 분수효과

- **빈도와 난이도** : 논술 / 면접 / 빈도 ★★★, 난이도 ★★★
- **출제유형**
  - 낙수효과와 분수효과를 설명하고, 우리나라에 적합한 정책에 대하여 나의 생각을 논하라(신용보증기금, 2019).
  - 소득불균형의 문제점과 해결방안(금융감독원, 2015)
  - 낙수효과와 분수효과를 설명하고 한국경제에 시사하는 점을 논하라(기업은행, 2015).

1 개요

우리나라는 산업화 과정에서 대기업 중심의 수출 주도형 성장 우선 전략을 취해 왔다. 최근에는 세계경기 침체 지속과 대기업 중심의 수출 주도 성장이 새로운 투자와 고용을 창출하지 못하면서 양극화만 심화시킨다는 비판을 받고 있다. 이에 따라, J노믹스의 일자리를 만들기 위해 공공부문 일자리 공급과 최저 임금의 급격한 인상을 통한 성장전략이 부각되고 있다. 이는 성장이냐 분배냐의 또 다른 논쟁이다.

2 낙수효과와 분수효과

한강의 기적을 이룬 우리나라의 산업화는 대기업 · 수출기업 중심의 전형적인 낙수 효과에 의한 성장 정책의 결과물이다. 최근 저성장과 양극화가 심화되면서 경제민주화, 중소기업의 지원, 최저임금제 인상(분수효과) 등이 강조되고 있다.

낙수효과 (Trickle-down effect)	대기업의 투자, 부유층의 소비가 저소득층의 소득 증대에 영향을 미치고 전반적인 경기 부양효과를 나타내는 현상(효율과 성장 중시)
분수효과 (Fountain effect)	저소득층의 소비 증대가 전체 경기를 부양시키기 때문에, 부유층에는 세금을 늘리고 저소득층에 대한 소득지원과 복지 지원 확대를 주장(형평과 분배 중시)

3 소득 주도 성장(Income-led growth)

소득 주도 성장은 주로 국내의 소득 증대를 통해 기업의 투자를 진작시키는 것에 초점을 둔다. 이는 수출 중심에서 내수 중심의 정책 전환을 의미한다. 경제성장률보다 낮은 임금상승률이 내수 침체의 원인이기 때문에 임금을 올려 가계의 소득 증가, 소비 증가, 내수 활성화로 경기를 선순환시켜야 한다는 주장이다. 즉, 성장을 위해서는 내수 회복이 중요하며, 최저임금 인상이 필요하다는 것이다.

그러나 미, 중, 일 등 내수가 큰 국가와 달리 한국은 수출입의 대 GDP 비중이 50%가 넘는 대외 의존도가 높은 소규모 개방경제이다. 따라서, 소득 주도보다는 수출 주도 성장론이 더 설득력을 얻고 있다.

J노믹스는 기본적으로 사람 중심의 성장 정책을 추구한다. 대기업 중심의 수출성장 모델이 기대했던 낙수효과와 청년 일자리를 만들어 내지 못하고 저성장을 고착시켜 오고 있다. 나아가, 중소기업과 대기업 간 소득격차를 확대하여 왔기 때문에 이를 정상으로 돌리기 위해 임금소득자와 가계 소득을 보완하는 것은 매우 중요하다. 가계소득의 증가

가 소비로 이어지고, 이를 바탕으로 기업의 투자가 활성화되며, 고용이 창출되는 선순환 효과를 기대할 수 있기 때문이다.

||| 성장과 분배 논란 |||

성장 우선	① 시장경제 체제의 우수성을 강조하며 ② 경제발전의 초기에는 불평등이 확대되지만, 사회가 성숙되면서 분배가 중시되기 때문에 불평등은 발전과정에서 불가피하다. ③ 지나친 분배우선 정책은 기업의 성장 동기를 위축시키고, ④ 세금 부담을 높여 기업의 투자활동을 위축시킨다.
분배 우선	① 분배 왜곡은 불평등을 야기하며, ② 소득격차 심화는 정치 불안으로 경제성장을 저해한다. ③ 저성장기에는 임금 인상 ⇒ 내수 활성화, 고용 증대, 성장으로 이어진다. ④ 특히, 저소득층은 소비성향이 높아 최저임금 인상, 의료보장 확대 등이 필요하다.

첨삭예시

문제 ▶ 소득주도와 수출주도 성장의 주장 논거와 우리나라에 적합한 모델을 논함.

첨삭답안

Ⅰ. 최근 침체된 소비를 활성화하는 방안의 하나로 '최저임금 인상'을 제시했다.[1] 우리나라뿐 아니라, 미국-일본에서도 경기회복을 위해 임금인상을 주장하며 이것이 내수 진작에 큰 도움이 될 것이라는 견해를 견지하고 있다. 하지만, 수출주도의 경제 성장 모델인 한국에서 인건비 상승은 기업 경쟁력 악화로 이어질 것이고, 현재 가계부채 문제를 고려할 때 소득이 조금 늘어난다고 해서 소비 증가로 성장을 견인하기 어렵다는 등의 이유를 말하며 '최저임금 인상'에 반대하고 있다.[2]

❶ 단언적 표현보다 문제 제기로 전개 필요
(예) 최근 침체된 경기를 활성화하기 위한 방안이 논의되면서, 한국경제 성장의 동력을 최저임금 인상으로 할 것인지, 수출주도로 극복할 것인지에 대한 논란이 되고 있다.

❷ 본론으로 옮겨 주장해야 할 부분임.

Ⅱ. 먼저 '소득 주도 성장론'은 저성장의 원인을 소득격차에서 찾으며, 이러한 소득 격차는 소득불평등을 초래한다고 본다. 즉, 임금은 비용이 아닌 '소비의 원천'이며, 임금 상승을 통한 가계 소득이 증가해야 소비가 증가하며, 기업의 투자활동과 고용창출 등의 선순환을 이룰 수 있다고 주장한다. 결국, 임금인상을 통한 저소득층의 소비 증대가 전체 경기를 부양시킬 수 있다고 말하며, 이를 아래에서 위로 솟구치는 분수와 같다고 하여 '분수 효과(Fountain effect)'라고도 한다.

다음으로 '수출 주도 성장론'은[3] 수출을 통해서 성장을 이루고자 하는 것이다. 삼성전자와 같은 수출기업들의 수출을 통한 투자 및 소비 증가가 경기부양에 큰 역할을 할 것이며, 이를 통해 중소기업-저소득층에게 혜택이 돌아가 소득 양극화가 해소된다는 논지이다. 결국, 분배보다는 '선성장 후분배'를 강조하며, 이를 위에서부터 아래로 떨어지는 물과 같다고 하여 '낙수 효과(Trickle-down effect)'라고도 한다.

[3] (추가)개방경제체제하에서 내수기반이 약한 한국 등 국가는 경제성장을 위해서 내수보다는

두 주장은 설득력이 있다. '임금 인상'을 찬성하는 쪽은, 임금 인상은 기업의 부담을 증가시켜 투자와 수출에 나쁜 영향을 줄 수도 있지만, 총수요 확대로 민간 소비를 촉진시키는 측면이 있고, 기존의 기업 중심/이윤 주도 성장 논지에 변화가 있어야 한다고 주장하고 있다.

반면 반대 측은 수출주도의 경제 성장 모델인 한국에서는, 임금인상을 통한 인건비 상승은 기업 경쟁력 악화로 투자와 일자리를 줄일 수 있고, 제품 가격의 상승으로 국내 제품 소비 대신 외국제품의 수입이 증가하여 내수활성화에도 기여하지 못할 것이라고 주장한다. 그리고 가계부채 문제를 언급하며 어느 한쪽도 의견을 굽히지 않고 있는 실정이다.

Ⅲ. 우리나라는 디플레이션 위기에 봉착해 있다. 이러한 급박한 상황에서 '소득 주도 vs 수출 주도'와 같은 양분론적 접근은 곤란하다. 가계

나 근로자의 소득 증가도 중요하지만 경제 전반적인 부분이 균형을 맞추면서 성장할 필요가 있기 때문이다. 따라서 가장 중요한 것은, '소득'과 '수출'에서의 선택이 아니라, 증가한 소득이 소비로 이어지고 다시 투자와 고용으로 연결되는 선순환의 고리를 만들어 나가는 경기 활성화 정책이 필요하다는 것이다.

05

논술형 문제

韓國(III) : 실업난 속 청년 NEET의 원인과 대책

논술형 주제 ▶ 韓國(III) : 실업난 속의 청년 NEET 원인과 대책

- 빈도와 난이도 : 약술/면접/빈도 ★★, 난이도 상중 ★★★
- 출제 유형
  – (자료 제시) 자료에 의하면 한국 경제 상황을 'R의 공포', 'D의 공포'로 예견하는 견해가 있다. 이러한 상황에서 청년 NEET 현상이 사회적 이슈가 되고 있다. 이와 관련하여 다음 질문에 답하시오.
  (1) NEET 용어의 정의
  (2) 청년 NEET의 증가 원인과 영향
  (3) 대응 방안에 관하여 논하라(금융 공기업의 역할을 포함하여 서술할 것).

1 문제 제기

(1) 우리 사회의 고민

국민소득 3만불 시대임에도 불구하고 국민행복 수준은 개선되지 못하고 있다. 자살률

(OECD 평균의 2배 수준으로 높은 현실), 낮아지지 않는 청년 실업률, 소위 헬(hell) 조선 현상과 반국가주의, 反인류 범죄의 증가 등은 우리 사회가 해결해야 할 과제이다.

(2) 낮은 출산율 : 인구절벽과 저성장의 고민

청년 NEET족 증가는 저출산 심화와 저성장을 초래하여 우리 사회의 성장 동력을 약화시킬 수 있다.

① 청년 NEET의 증가 → 은둔형 외톨이 확대 → 고령 니트의 빈곤 문제 등으로 이어져 사회 문제가 되고 있는 일본의 사례(잃어버린 20년, 디플레이션)

② 적극적인 프로그램 절실 → 청년을 노동시장, 교육시장, 사회와의 소통에 참여하게 하여 사회에서 배제되지 않도록 하는 의식적인 노력 필요

2 NEET의 개념과 현황

(1) NEET의 개념

'Not in Education, Employment or Training'의 합성어이다. 고용이나 학업, 훈련 과정에 속해 있지 않은 인구를 의미한다. 특히 최근 관심이 증가하고 있는 NEET층은 젊은층(15~29세)을 의미하며, 현재 청년 NEET의 증가가 한국의 사회 경제 문제로 대두되고 있다.

(2) 현황

① 우리나라 청년 NEET는 2018년 100만 명 초과

- NEET는 취업자가 아니고, 배우자가 없으며, 학생이 아니면서 교육기관 · 취업을 위한 훈련기관 등에 소속되어 있지 않은 인구로 계산한다.

• 특히, 전체 청년 인구 중에서 청년 NEET가 차지하는 비중도 증가 추세로 나타나고 있어 이들 인구의 비중 증가는 한국 경제의 미래 불확실성을 높일 수 있다. 이러한 사회 현상을 정책 과제로 인식하고 해소하기 위해 사회적 관심을 더 가져야 할 시점이다.

② 고학력층, 저소득층, 무직 가구, 취업과 직업(인턴 등) 경험이 없는 경우 NEET 비중 높아[6]

• NEET로 인한 경제적 비용은 49조 원으로 GDP 대비 약 2.7%(2017년 기준)를 차지한다.

③ 한국의 저성장, 저출산 등 미래의 성장 동력과 관련된 중요한 이슈

3 원인

(1) 한국 경제의 저성장과 일자리 부족

무역전쟁, 환율전쟁 등으로 글로벌 경기 둔화 + 한국의 저성장 장기화 → 질 높은 청년 일자리 부족(대기업의 채용 둔화)

일본의 예

일본은 90년대 이후 장기 불황기를 지나면서 증가한 청년 NEET가 중년기에 진입하면서 지금까지도 사회적 문제로 상존하게 됨.

☞ 한국도 한 번 증가한 NEET는 경기 침체기를 거치게 될 경우 감소하지 않고 사회 문제로 대두될 가능성이 매우 높음.

6 한국경제연구원, 「청년층 니트의 특성 분석 및 비용 추정과 정책적 함의」(2019) 보도 내용

(2) 중소기업 간 임금 격차, 노동 시장의 2중 구조

① 니트의 증가는 대 · 중소기업 간 근로 여건 차이 심화, 청년 취업자의 비정규직 증가 등 노동시장의 이중 구조화에서 기인

- 불공정한 원 · 하청 관계 및 원가 절감을 위한 외주화 증가 등의 사유로 대 · 중소기업 간 근무 여건 · 급여 차이가 확대되었고 비정규직 고용 비중도 확대

② 중소기업 간 임금 격차가 확대되면서 청년 취업자 중 비정규직 비중은 증가하였을 뿐만 아니라, 중소기업 기피 현상과 함께 구직 포기로 이어짐.

(3) 직업 훈련 경험 부족과 가계소득 관계성

① 과거에 한 번이라도 취업한 경험이 있는 청년의 경우 그렇지 않은 청년보다 NEET 비중이 낮게 나타나고 있어, 청년의 취업 경험과 훈련 경험이 큰 영향을 미침.

② 학력과 가구소득 : 고학력층(초대졸 이상), 가구 소득이 낮을수록 NEET 비중이 더 높음.

4 대책

(1) 경기 회복을 위한 정책적 노력 집중

① 일자리 만들기 정책

- 청년 창업 위한 금융 지원과 함께 맞춤 컨설팅 필요
- 규제 완화, 리쇼어링(reshoring) 기업 지원 → 일자리 만들기

② 청년과 청년의 가족에게 맞춤형 통합 관리 · 상담 · 취업 준비 지원 등 서비스 제공 노력 필요

- 지자체 중심의 지역 청년을 지원하는 창구 등을 설치
- 재정 정책을 통한 청년수당 지급(이전소득 활용)

• 기업과 취업에 관한 정보 제공과 취업과 직업 훈련의 동기 부여
• 심리적 자립 역량 강화를 위한 강좌, 멘토 기업 대표단 발굴, NEET족 멘토링과 인턴 활동을 연계한 노력 병행

(2) 직업 교육 강화(학교)

NEET에 대한 대책으로 특성화고 및 대학생 대상 직업 · 진로 교육을 강화하거나 학교와 기업의 협업을 통하여 직업 경험 기회 제공

(3) 인식 전환(구조적 문제라는 인식 필요)

① 경기가 장기 불황(Deflation)에 진입할 경우 청년 NEET는 은둔형 외톨이로 변할 수 있으며, 이들의 사회 진입 지원이 중요 정책 과제로 인식되어야 함.
② 선제적 대응이 매우 긴요

(4) 금융 공기업의 역할

① 청년 실업 해소를 위한 지원 사업 강화, 중소 중견기업의 금융 지원 활동, 포용금융 등 지원
② 포용 성장 지원 → 기업의 사회적 책임 활동 강화, 금융의 공공성 회복 등을 통하여 NEET 해소

5 맺음말

NEET 문제는 한국 경제의 잠재력을 훼손하는 큰 손실이다. 청년 NEET 해소는 한국 경제의 미래를 결정한다. 정부와 공기업(공적 영역의 비중)의 역할이 중요하고 정부–대–중소기업의 협업과 일자리를 만들기 위한 총체적 노력이 필요하다.

금공 논술 Tip **NEET 문제 해결을 위한 금공의 역할**

청년 실업난 해소는 중요한 정책 과제로 대두되고 있다. 금융 공기업의 설립 목적이나 비전 등을 활용하여 중소, Venture 기업의 창업 생태계 개선, 청년 창업 지원, 교육에서의 직업 역량 개발, 창업과 컨설팅 지원, 지방자치단체의 적극적 역할 등을 연결하여 논술 소재로 활용하면 답안을 차별화할 수 있다.

06

논술형 문제

美國(I) : IMF 외환 위기와 신흥국의 금융 위기

논술형 문제 ▶ 美國(II) – IMF 외환 위기와 신흥국의 금융 위기

- 빈도와 난이도 : 논술 / 면접 / 빈도 ★, 난이도 상 ★★
- 출제유형
  - 1997년 아시아 금융 위기와 2008년 모기지 사태를 비교하여
  1) 유사점과 차이점을 논하시오.
  2) 캠코의 역할을 비교하여 쓰시오.
  3) 캠코의 바람직한 방향에 대하여 논하시오(캠코, 2013).

1 개요

90년대 후반 IMF 금융 위기에서 무엇을 배울 수 있었나? 글로벌 금융위기를 극복하는 과정에서 비전통적인 양적 완화를 추진해 오던 미국은 출구전략(Exit strategy)을 펴고 있다. 이 과정에서 나타날 금리 인상과 달러 강세가 한국의 위기를 초래할 것인가?

우리나라는 IMF의 구제 금융 트라우마로 대외 변수가 불확실해질 때마다 IMF 상황에 빠질까 우려하고 있다. 당시와 비교하면, 한국 경제는 양과 질적으로 크게 성장해 있기 때문에 위기 가능성 매우 낮으며, 위기 상황이 오더라도 극복할 수 있다는 주장이 설득력이 있다. 논리적 근거는 국제 수지 흑자, 외환 보유고, 선진화된 제도와 시스템 등이 그것이다.

그러나, 개방 정도와 대외 의존도가 높은 한국은 주변국의 위기 현상이 전이될 가능성이 매우 높기 때문에 기업의 기술 경쟁력이 유지되고 가계와 정부의 부채가 체계적으로 관리될 수 있도록 경제 주체들이 유의하여야 한다.

2 IMF(아시아 금융위기) 위기와 극복과정

IMF의 발생원인은 다양하지만, 기업의 과도한 차입 경영과 산업의 중복 투자, 제도적으로는 장부가 평가 등 자산평가 제도, 감독의 비효율성, 그리고 외화유동성 부족에 따른 국가신용등급 하락을 들 수 있다. 구제 금융 지원과 함께 시행된 고금리 정책은 기업의 연쇄 부도, 정부 주도의 기업 구조조정, 부실 금융회사 퇴출, 근로자의 대량 실직 등으로 특징지어진다.

위기 극복 과정에서 대부분 대형 은행과 투신사 등이 통폐합되면서 대규모 공적 자금이 투입되었다. 글로벌 스탠다드 도입, 금융기업 해외매각, 국민 금 모으기 운동 등을 통하여 대외 신인도를 높여 나갔다. 그 결과 한국은 예상보다 빠르게 위기를 성공적으로 극복한 국가로 부각되었다.

3 IMF와 글로벌 금융위기 비교

구분	IMF 위기 극복 과정	글로벌 금융 위기와 극복 과정
영향과 범위	국지적	전 세계 전면적
발생 원인	기업의 부실, 아시아국가의 외화 유동성 부족	저금리로 인한 가계의 부채, 대형 금융회사의 부실
금융기업	부실과 파산, 통폐합, 공적 자금 투입	부실과 파산, 통폐합, 공적 자금 투입
제도 도입	시가평가, 컴플라이언스, 내부통제제도 등 Global standard 도입, Basel Ⅱ 도입의 계기	중앙은행의 글로벌 공조 강화, 대형은행 자본 규제 강화, Basel Ⅲ 도입의 계기
정책 방향	• 고금리 정책, 긴축정책 • 구조조정(중복기능의 통폐합)과 한계 기업의 부도 • 대량 실업	• 저금리 정책, 양적 완화 • 한계기업에 대한 지원 ⇒ 일자리 만들기 ⇒ 고용 창출을 통한 경기 회복 • 고용 창출

4 미국 출구전략이 신흥국에 미치는 경로

미국의 금리 인상으로 신흥국에 과도하게 풀렸던 달러가 급격히 유출될 가능성이 매우 높다. 이러한 자본 유출은 슈퍼 달러 현상과 원자재 가격의 하락으로 인해 신흥국의 경기 침체와 함께 글로벌 경제 위기의 우려를 낳고 있다. 특히, 중국의 저성장과 그림자 금융(Shadow banking), 아시아 신흥국의 위기가 한국에 전이될 경우에 우리나라의 수출입, 가계와 기업에 부정적인 영향을 줄 전망이다.

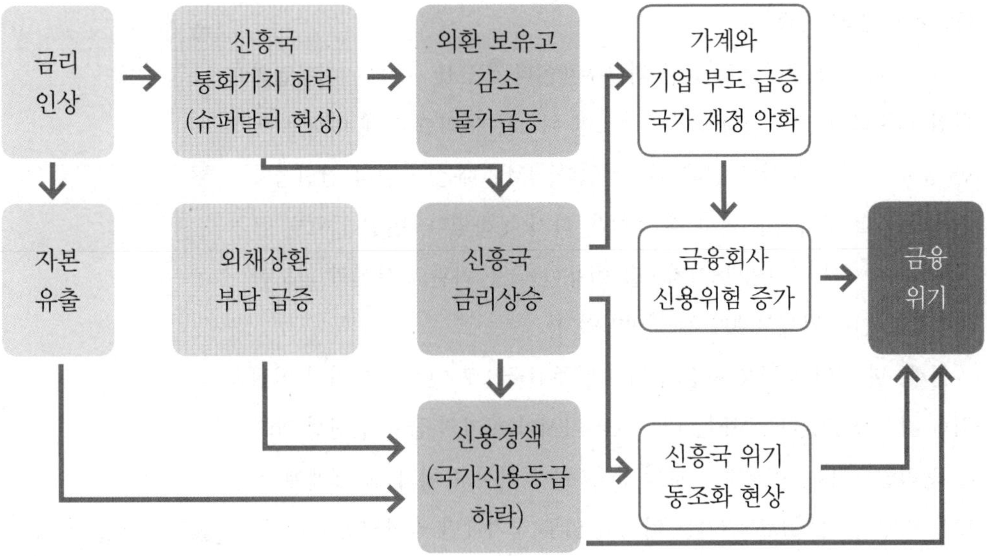

첨삭예시

문제 ▶ **IMF와 글로벌 금융 위기를 사회, 경제학적 관점에서 비교하고 금융 공기업에 시사하는 점을 논하라.**

첨삭답안

(1) 97년 시작된 IMF 시대와 2009년의 글로벌 금융 위기

우리 금융 시장에 큰 영향을 준 두 사건을 비교해 보는 것은 아직 끝나지 않은 글로벌 금융 위기를 극복해 나가는 데 꼭 필요할 것이다. 또한 앞으로의 전망을 알아보고, 금융 공기업의 역할은 무엇인지 논하기로 한다.

(2) 두 사건의 비교

첫째, 유동성 부족으로 인한 과다부채이다.[4] IMF 시대는 대기업의 차입 위주의 방만한 경영[5]으로, 글로벌 위기는 무리한 가계 대출로 인한 금융 기관의 부실로 인해 발생하였다. IMF 때는 기업의 건전성을 감독해야 할 감독기구 역시 제 역할을 하지 못하였다. 반면 글로벌 금융 위기는 서브 프라임 모기지론을 이용한 금융 기관의 부실과 과도한 차입으로 인한 가계부채가 주 원인이었다.

둘째, 한 나라의 금융 시장의 위기가 주변국으로 영향을 미쳐서 연쇄적인 위기를 불렀다. IMF는 태국에서 아시아 국가의 금융 건전성 악화를 불러일으켰고, 미국발 글로벌 금융 위기 역시 유럽과 전 세계에 영향을 미쳤다. * [6]IMF 위기는 아시아 일부 국가에만 국한되었지만, 글로벌 위기는 전 세계의 금융시장과 실물시장에 영향을 주고 있다.

셋째, 정부의 외환 보유액의 차이와 금융 시장의 투명성 차이다. IMF 당시 한국은 단기 외채를 많이 빌려 썼고 외환 보유액이 부족했다. 또한 금융 시장은 투명하지 않았다. 하지만 글로벌 위기 당시에는 충분한 달러와, 변동환율제, 정보의 투명화로 위기를 보다 쉽게 인식하고 대처할 수 있었다.

(3) 앞으로의 전망[7]

글로벌 금융 위기에 따른 한국의 위기 가능성은 높지 않다. 하지만 앞으로 해결해야 할 문제 역시 적지 않다. 미국의 출구전략, 중국의 저성장, 일본의 마이너스 금리는 한국 금융시장에도 영향을 미치고 있기 때문이다. 연속 경상수지 흑자, 사상 최대 외화를 보유하고 있지만 기술력을 앞세운 미국과 일본의 상품들과 원화 강세로 인해서 더욱 치열한 경쟁이 예상되고 중국 역시 한국의 제품을 위협하고 있다.

> ❹ 차입으로(Leverage 투자로 인한) 인한 금융불안이다.

> ❺ 기업의 중복투자로 인한 비효율(Nut Cracker 현상)

> ❻ 금융시장의 급격한 변화(금리, 환율, 주가)로 인한 경제침체〉〉 결과적으로 국가 사회적 비용 초래

> ❼ 전망과 대책을 균형 있게 담는 것이 좋다.

자본 시장도 큰 영향을 받고 있다. 가계부채는 지속적으로 증가하고 기업의 수익성 또한 악화되고 있다. 미국의 출구전략이 본격화된다면 금리 상승의 압박이 더 심해질 것이다. 이는 가계부채가 감당해야 할 추가부담이 더 커지고 중소기업과 서민에게 큰 부담이 될 것이다. 또한 양극화 문제는 더욱 심각해질 것이다.[8]

> [8] 영향을 독립하여 대책까지 구체적으로 표현하면 더 좋다.
> (예) 금융소외 문제, 사회공헌, J노믹스 등 언급

금융 공기업의 역할[9]로 먼저, 중소기업에 대한 지원을 확대해야 한다. 기술금융의 지원 분야와 금액을[10] 확대하여 중소, 중견기업이 경쟁력을 갖출 수 있도록 지원해야 한다. 또한 독일처럼 중소기업의 전문성을 높여서 많은 Hidden Champion을 육성해야 한다. 또한 필요한 금융 컨설팅을 통해서 KIKO 사태와 같은 피해가 없도록 지원해야 한다. 또한 가계 대출 규모가 더욱 커져 부동산 버블과 금융권의 부실 가능성이 커진다. 이에 따라 금융 공기업은 일반 금융 기업에 대한 모니터링을 강화하여 금융권의 리스크를 지속적으로 관리, 감독해야 한다.

> [9] 잘 정리되어 있음.

> [10] 기술 벤처 기업이 자금부족으로 death valley에서 도산하지 않도록 KONEX, P-CBO, 크라우드 펀딩 등 자본시장을 통한 자금의 조달은 물론, 기술금융 등도 적극적으로 지원할 필요가 있다.

(4) 결어

지금부터가 진짜 위기일 수 있다. 앞으로의 수출 경쟁이 가속화되고 국내 금융 시장 역시 가계부채라는 부담이 있다. 이에 따라서 금융 공기업의 역할은 더욱 커질 것이다.[11] 특히 중소기업에 대한 지원 방안과 금융 시장에 대한 모니터링을 통한 관리, 감독이 더욱 중요해졌고 금융 공기업이 글로벌 금융 위기 극복에 중요한 역할을 감당해야 한다는 것은 시사하는 바가 크다.

> [11] 수출경쟁이 치열해질수록 정책금융의 역할이 중요해질 것이다.

07

논술형 문제

美國(II) : 트럼프노믹스의 이해

1 목적 : "미국의 재건"

트럼프 정부는 정책 판단의 최우선을 '미국 이익 최우선(America First)'으로 두며, 사안별로 다양한 정책을 동원하고 있다.

특히, 미국 기업의 '미국산 구입', '미국인 고용', '미국기업의 귀환(Re-shoring)' 등으로 보호무역이 강조되면서, 대미 수출 기업의 어려움이 가중되고 있다.

트럼프는 궁극적으로 '미국 중산층'을 위한 "좋은 일자리(Decent job)를 창출"하여 소비와 투자를 늘려 미국 경제의 지속 성장을 도모하고 있다.

Pax Americana(X)	고립주의(트럼프 시대의 사조)로의 전환
• 제2차 대전 이후 미국 중심의 세계 평화 질서 • WTO 체제(세계화, 개방화, 자유무역 지향) 지지	"팍스 아메리카나(Pax Americana)는 끝났다." → 국제 문제에 대한 관심을 줄이고, 국내 문제에 집중 (국내 실업, 빈부차, 불법 이민, 인종문화적 갈등 격화될 전망) → 자국이익 중심으로 자유무역 협정 폐지 또는 재협상 (한미 FTA 재협상)

2 정책 수단

(1) 정책 수단(총공급 확대) : 법인세, 소득세 대폭 감세 → 기업 투자↑, 소비↑→ 경기 부양↑

(2) 정책 수단(총수요확대) : 국채발행을 늘려, 재정 지출 확대 → 투자 인프라 활성화 → 일자리 확보 → 경기 활성화

*트럼프의 감세정책은 오일 쇼크 이후 경기침체가 계속되고 물가가 올라가는 "스태그플레이션" 현상에 대응해 온 "레이거노믹스"와 유사한 점이 있음.

3 트럼프 정책의 주요 특징–미국 이익 최우선(America First)

(1) 감세 : 일정 소득 이하 기업에 대한 면세, 법인세 구간 단순화, 상속세 폐지(래퍼효과)

- 기업의 귀환(Re–shoring) 지원 : 해외 유보 수익금 환입 때 저율 과세
- 기업의 해외 이전 시 : 미국 수입 시 보복 관세

(2) 정부지출 확대를 통한 일자리 창출 최우선

- 사회간접자본(SOC) 투자 대규모 확대

(3) 규제 완화

- 석유, 석탄, 셰일가스 개발 확대 및 석탄 화력발전 규제 철폐
- 에너지 수출 확대
- 기후변화협약 탈퇴 시사

(4) 보호무역 강화

- 무역수지 역조 개선 : 중국 수입제품에 관세 부과

- 무역협정 재검 : 다자간 무역협정 ☞ 양자 협정으로 대체 – 환태평양경제동반자 협정(TPP) 폐기. 한미 FTA 재협상

4 트럼프 정책이 미칠 영향

- 금리인상을 할 것인가? 출구전략 → 금리 인상 가능성이 높음.
- 미국 금리인상으로 인한 강 달러 현상이 나타날 경우, 미국 기업의 경쟁력이 약화될 전망 → 따라서, 미국의 급격한 금리인상은 없을 것으로 전망됨.
- 제조업 보호 + 임금 상승 → 소비 확대를 도모할 경우의 문제 ☞ 가계, 근로자의 임금 상승을 유도할 경우, 미국 기업의 경쟁력이 약화될 수 있음.
- 관세를 인상할 경우, 무역량 감소 + 미국으로의 수출기업이 비용을 전가할 가능성이 있음.
- G2 간 환율전쟁과 중국에 대한 환율 조작국 지정 여부 : 지속적인 모니터링과 대응 필요
- 한미 FTA 재협상으로 한국기업의 대미 수출여건이 불리해지고, 수입농산물 등이 증가할 가능성이 높음.

08

논술형 문제

中國(I) : 위험 요인과 핵심 이슈

논술형 문제 ▶ 中國(I) : 위험 요인과 핵심 이슈

- 빈도와 난이도 : 논술 / 면접 / 빈도 ★★, 난이도 ★★
- 출제유형
  ① 미국의 금리인상, 중국의 저성장으로 세계경제가 불확실성에 직면했다. G2 위기가 한국경제에 미치는 영향과 은행권이 대응해야 할 방안을 논하시오(기업은행, 2015).
  ② 차이나 인사이드란 무엇이며, 우리나라 경제에 미치는 영향은 무엇인가(기업은행 약술, 2014)
  ③ AIIB, 사드(THAAD, Terminal High Altitude Area Defense; 고고도 미사일 방어체계), 드레스덴 구상에 대하여 설명하고, 우리나라가 역사적으로 성공적이었던 중립외교 사례와 시사점을 논하라(기업은행, 2015).

1 논제해법

중국은 2000년대 중반 이후 신흥강국으로 급부상하면서 미국과 함께 G2 국가로 세계 정치와 경제의 한 축이 되었다. 한국은 중국 의존도가 높아지면서 중국의 정치 경제적 변화에 큰 영향을 받고 있다.

중국의 저성장에 대한 우려가 제기되고 있다. 그 원인은 글로벌 경기 침체, 중국의 내부적인 문제(금리 인상에 따른 가계부채와 부동산 버블 우려, 기업의 중복투자, 지방정부의 부실), 중진국 함정 등으로 설명될 수 있다. 또, 기업측면에서는 한국과 산업 간 경합 관계에 놓여 있기 때문에, 중국의 정책적 변화가 한국경제에 미칠 영향을 금융시장과 실물부분으로 구분하여 익혀두어야 한다.

자주 언급되는 신상태(新常態, 신창타이), China Inside 현상, 신 Nut Cracker 현상, 위안화 SDR 편입과 평가절하와 환율 전쟁의 영향, 일대일로와 AIIB, 한중 FTA 등을 활용하여 논지를 강화할 수 있다.

2 중국의 위험 요인

(1) 성장 둔화	중국경제의 문제는 ① 가계의 자산 버블(부동산 시장의 위험), ② 기업의 중복투자 ③ 지방 정부부채 증가 등이다. 세계 경기 둔화에 따라 저성장이 구조화되는 가운데, 미국 금리인상의 영향으로 신흥국인 중국의 위험이 높아질 수 있다.
(2) 그림자 금융	중국은 금융시장의 규모에 비해 시장 개방과 자율화 수준이 낮다. 기업과 제도의 투명성이 낮고, 정부의 시장 개입이 빈번하다. 그 결과 美國의 금리인상 등 외부 여건에 따라 주식, 채권, 환율의 변동 위험이 높다. 또 그림자 금융(Shadow banking)의 위험성과 금융 시스템 불안이 제기되기도 한다.
(3) 양극화	개방 과정에서 나타나는 도농(都農) 간 · 산업 간의 격차가 확대되면서, 사회 통합을 향한 갈등 관리 문제에 직면하고 있다.
(4) 저출산 · 고령화	저출산, 고령화 현상은 또 다른 위험요인이다. 최근 한 자녀정책 폐지 등이 추진되는 이유이기도 하다.

참고 ▶ 중국의 잠재적 리스크와 위험 전이 가능성

中 잠재적 리스크의 위험 전이 가능성

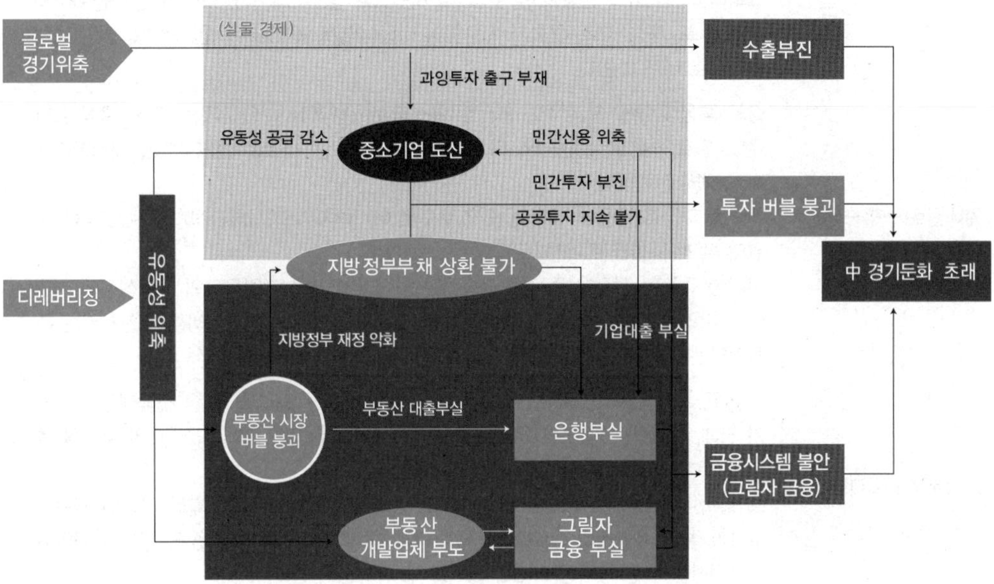

자료 : 하나금융경영연구소

3 중국의 핵심 이슈 재조명

신상태(新常態)	신상태란 중국경제의 지속성장을 위해 양적 성장에서 벗어나 지속 성장이 가능한 질적 성장을 도모한다는 계획(Plan)이다. ① 속도 : 고속 성장에서 중고속 성장으로(한자리 수 안정적 성장) ② 시스템 : 경제시스템의 지속적인 혁신(경제 구조조정) ③ 성장동력 : 창조력, 과학기술 발전(China Inside)전략
차이나 인사이드 (China Inside)	'차이나 인사이드'란 중국제품에서 중국산 중간재 비중이 증가하는 현상을 말한다. 수입에 의존하였던 중간재를 '국산화'하기 위한 투자를 전략적으로 확대하고 있다. 우리나라는 중간재를 중국에 수출하고, 중국은 이를 완제품으로 만들어 미국 등으로 수출하기 때문에 중국의 China Inside 정책은 우리 기업에 큰 영향을 미치게 된다(대중국 수출 감소).

BRICs의 재조명	BRICs(Brazil, Russia, India, China + South Africa)는 1990년대 후반 이후 빠른 성장을 보여 온 신흥국이다. 이들 국가는 성장 속도와 발전 가능성이 가장 높아 최대의 경제권이 될 것이라고 전망되었다. 그러나, 미국 금리 인상과 원자재가격 하락으로 중국, 러시아, 브라질, 남아공화국의 성장 둔화, 재정 악화, 통화가치 불안이 나타나면서 BRICs에 대한 장밋빛 전망이 부정적으로 바뀌고 있다.
일대일로(一帶一路)와 AIIB	중국 중심의 개발 프로젝트이다. 일대(一帶)는 중앙아시아와 유럽을 잇는 육상 실크로드, 일로(一路)는 동남아와 아프리카, 유럽을 잇는 새로운 실크로드를 개척한다는 장기 개발 전략이다. 소요될 자금을 융통하기 위해 중국 주도로 아시아지역의 사회간접자본(SOC) 투자를 위해 AIIB(아시아인프라투자은행)를 설립하였다. 이러한 중국의 전략은 중국의 지속적인 성장과 아시아 지역국가의 균형성장에 기여할 것이라는 견해와 중화주의(中華主義, 중국의 자문화 우월주의)를 확산시키는 수단이라는 비판적 관점이 있다.
위안화 국제화	위안(元)화가 국제 금융통화로 통용될 수 있도록 하는 정책을 말한다. 국제통화가 되기 위해 자본시장 개방, 자유 변동환율제도 도입, 위안화 표시 국제 채권 발행을 추진해 왔다. 그 결과, 위안화는 IMF의 SDR 통화바스켓에 포함되었다. 이에 따라 각국의 위안화 수요가 늘어나게 된다. 앞으로 중국의 경제 침체가 우려될 경우 중국 정부는 위안화 평가절하를 위한 양적 완화(QE) 정책을 펼 가능성이 있다.
중진국 함정(middle income trap)	중진국함정이란 개발도상국이 경제 발전 초기에 순조롭게 성장하다가 중진국 수준에 와서는 인건비, 지대의 상승, 분배욕구의 증가로 장기간 성장이 정체되는 현상을 말한다. (급속한 경제성장 → 물가상승↑→ 인건비나 토지 비용↑→ 지역 · 계층 간 소득격차 확대로 사회갈등↑→ 복지 + 분배욕구 증가 → 경제성장↓)
한중 FTA의 경제적 효과	소비자 후생증가와 교역확대로 경제 성장률에 기여할 수 있다. 최대 수출국인 중국 시장은 '제2의 내수시장'으로 불릴 만큼 수출중소기업과 중국 진출기업에게는 기회요인이 될 것이다. 반면 내수 중심의 중소기업은 중국산 제품 수입증가로 위기요인이 될 전망이다.

09

논술형 문제

中國(II) : G2 무역전쟁과 한국경제

1 문제 제기

G2국가인 중국은 양적 성장에서 질적 성장을 추진하고 있지만 그 속도가 급속하게 낮아지고 있다. 이러한 가운데 트럼프 정부의 보호무역정책에 따른 중국의 맞대응은 G2 무역전쟁으로 심화될 수 있으며, 이 경우 대외 의존도가 매우 높은 한국경제에 미칠 영향에 대하여 살펴보고 대응방안을 논하고자 한다.

> **심화 학습 : 미국의 신자유주의와 고립주의(非간섭주의) 대외 정책**
> 고립주의는 미국의 이익과 안보에 직접적인 관련이 없는 경우 타국과 동맹관계를 맺지 않고 개입을 꺼리는 대외정책을 의미

구분	신자유주의	고립주의(反세계화)
시기	1970년대 이후, 소련의 붕괴로 급속히 확산	• 글로벌 위기 이후 반이민 정서, 세계화의 반작용으로 빈부차, 양극화 등 심화되면서 반세계화 진행 • 미국의 신고립주의, Brexit 이후 확산 예 '미국이 먼저다(America First)'→멕시코 이민 억제, 자국 산업 보호주의, FTA, TPP 반대(무효화), 중국제품 고관세 부과 등 미국 이익 강조
주요 주장	• 세계화, 자유화, 탈규제 • 국가 간 분업을 통한 협업과 공존 • 개방 체제의 효율성	• 경제 통합과 세계화의 종언 • '신고립주의' • 개방이 성장(X), 저성장과 실업, 삶의 질 약화, 재정 악화 등 초래
	WTO체제, FTA, TPP 등을 통한 세계 교역 확대	FTA, TPP 재검토 또는 반대 ☞ 자유무역의 장기적 혜택보다 단기적 이익, 대중 인기 영합(포퓰리즘)구호를 통한 보호무역 정서는 대대적인 통상 분쟁 확산을 초래할 전망
영향	• 부정적인 측면 – 빈부차 확대 – 불균형 심화	• 보호무역주의 확산 – 소비자 후생 ↓ – 경제 성장↓ – 주변국 황폐화(근린궁핍화 정책)

2 G2 무역전쟁의 원인–트럼프의 보호무역 정책

WTO체제하에서 미국은 대체로 자유무역(개방경제)체제를 지지하며 낮은 관세율 정책을 유지해 왔다. 그러나 글로벌 금융위기 이후 ① 무역수지 적자 확대, ② 재정 악화가 심화되는 가운데 ③ 저성장의 극복과 함께 ④ 미국 중산층을 위한 질 높은 일자리(decent jobs) 만들기 정책을 추진하고 있다. 트럼프 정부는 미국의 일자리, 무역수지 적자는 중국 등 신흥국의 환율조작 등 불공정 무역의 결과로 인식하면서 관세를 인상하는 정책으로 전환하고 있다.

특히, 세계의 공장(world factory)으로 급증한 중국 제품의 대미 수출로부터 미국 제품과 서비스를 보호하기 위한 보호무역 기조가 공고해지게 되었다.

참고

보호무역주의와 신보호무역주의

보호무역주의는 자국의 산업을 보호하기 위하여 법, 제도 등을 통하여 수입은 억제하고 수출은 증가시키기 위한 정책을 주창한다. 수입품에 대한 보호관세 부과, 수입 쿼터제, 수출 증대를 위한 수출 장려금 제도 등이 그것이다. 자유무역주의 원칙에 따라 금지되고 있지만, 최근에는 각국의 경기 부진으로 인해 선진국에 의한 신보호무역주의 경향이 높아지고 있다.

보호무역의 주요 수단

관세 장벽	관세를 높여 무역을 제한되게 하는 정책. 자국 산업 보호와 고용 확대, 수입 억제와 국제수지 개선 등을 목적으로 함.
비관세 장벽	관세 이외의 규제를 통하여 무역을 제한하는 정책. 환경보호를 통한 수입차 규제, 동물 방역을 이유로 한 농수산물 수입 제한 등

3 한국 경제에 미칠 영향

G2 무역전쟁이 한국경제에 미치는 영향은 매우 크다. 중국은 G2국이면서, 우리나라의 최대 교역 상대국으로 제2의 내수시장으로까지 평가된다. 따라서 미중 무역분쟁으로 인한 무역 규모의 위축과 중국의 성장 둔화는 대중 수출 의존도가 높은 우리나라 경제 상황에 악영향을 끼칠 것으로 전망된다.

우리나라가 중국에 수출하는 주요 품목은 제품의 중간재인데 중국이(기술 혁신의 일환으로 중간재를 국산화하기 위해) 차이나 인사이드 정책을 추진하는 과정에서 한국 중소·

중견기업은 수출 감소가 진행되는 가운데, 중국의 대미 수출 감소가 심화될 경우 한국 수출 산업은 이중고를 겪을 수 있다.

G2 Risk, 반도체 등 수출 기업의 편중 심화, 국제교역량 감소에 따른 파급, 소비자 후생의 감소 등 시사 주제를 활용하여 보호무역의 문제점을 부각시킬 수 있다. 또한 한국경제의 경우 저성장, 양극화 기조가 심화되고 있는 가운데 대중, 대미 수출 감소로 인한 성장 둔화는 가계부채, 청년 실업의 문제를 심화시킬 것이다. 특히, 금리 인상이 본격화될 경우 자금의 양극화가 심화되면서 좀비 기업(한계기업)과 가계의 유동성 부족을 가져올 위험성이 더욱 높아지게 된다.

4 대응책

우리나라는 지금 新넛크래커에 빠져있다고들 한다. 중국은 가격 경쟁력에 기술을 더하고 일본은 기술력에 엔저원고에 의한 가격 경쟁력을 더하여 경쟁력이 강화되고 있다. 이 가운데 두 나라와 수출경합도가 높은 우리나라의 수출 품목들이 세계시장에서 힘을 못 쓰게 되는 현상이 나타나고 있다.

이에 대응하기 위해 먼저 한국은 수출 경쟁력을 높여야 한다. 즉, 기술력, 품질을 올려 非가격 경쟁력을 향상시켜야 한다. 이를 위해서는 혁신적인 강소기업에 대하여 정부의 적극적 정책 지원이 지속되어야 할 것이다. 둘째, 중국, 미국 등에 지나치게 의존하는 우리나라 수출 시장을 다각화해야 한다. 셋째, 금융회사는 혁신적인 기업에 대한 적극적인 금융 지원을 지속하고 최근 강조되는 생산적 금융 활동을 전개하여야 한다. 끝으로, 정부 지원에 의존한 대응 방법의 한계를 인식하고 기업 스스로 기업가 정신을 발휘할 수 있도록 기업의 성장단계인 life cycle에 따른 체계적인 지원이 이루어져야 한다.

5 결론

중국발 위기를 극복하여 한국경제 도약의 기회로 삼아야 한다. 가장 중요한 것은 수출 경쟁력을 확보하기 위한 기술 개발, R&D투자, 적극적인 시장 개척 등이 체계적으로 이루어져야 한다는 것이다. 이 위기를 극복하기 위해서는 정부와 금융회사의 지원과 함께 기업의 혁신성과 기업가 정신이 있어야 가능할 것이다.

심화 읽기

중국제조 2025와 G2 무역전쟁

중국제조 2025는 중국이 국가 주도로 추진 중인 국가 개발 전략이다. 중국제조 2025는 항공과 차세대 철도 및 운송, AI(인공지능), 전기 차, 로봇 공학 등 핵심 산업을 육성하겠다는 전략을 정하고, 이들 산업의 글로벌 경쟁력을 확보하기 위한 집중적인 지원(보조금과 세제 혜택)을 추진하고 있다.

이에 대비하여 미국이 중국의 주요 기술 품목에 대해 관세를 부과한 것이 G2 무역전쟁이 심화된 원인이 되었다는 분석이 있다. 즉, G2 무역전쟁의 핵심은 국가 간의 기술 확보 경쟁이 근본 원인이라는 분석이다.

10

논술형 문제

日本(I) : 아베노믹스, 3개의 화살과 한국경제

논술형 문제 ▶ 日本(I) : 아베노믹스, 3개의 화살과 한국경제

- 빈도와 난이도 : 약술 / 면접 / 빈도 ★★★, 난이도 ★★
- 출제유형
  - 양적 완화란 무엇인가? 아베노믹스가 무엇인가?(KB국민은행 실무면접, 2015), (우리은행 면접, 2014)
  - 선진국의 QE(양적 완화 정책)로 우리 기업이 받는 영향과 대책에 대하여 논하라(코트라, 2013).

1 논제해법

아베노믹스는 잃어버린 20년으로 표현[(일본화(日本化) 현상)]되는 일본경제의 구조적인 문제를 해결하기 위한 정책이다. 그 결과 한국 제품의 수출 경쟁력에 영향을 준다. 특히, 자동차, 전자, 조선, 중공업은 두 국가 간 비슷한 산업구조이기 때문에 더 큰 영향을 받는다. 또한 미국의 금리 인상, 중국의 성장 둔화가 우리 경제에 미치는 영향을 같이 언급하는 것이 보다 종합적으로 이해하는 것이다.

2 아베노믹스

(1) 3개의 정책, 3개의 화살

화살	내용
통화정책	무제한 양적 완화 ⇒ 엔저현상 지속 ⇒ 일본 기업의 가격경쟁력 회복
재정정책	정부 재정지출 확대 ⇒ 강력한 경기 부양대책 시행
성장전략	기업혁신 지원 ⇒ 산업경쟁력 강화 ⇒ 일본 기업의 투자 촉진

아베노믹스는 3개의 화살로 비유된다. '첫 번째'는 대규모 금융 완화, '두 번째'는 확장적 재정 지출정책, '세 번째'는 각종 규제완화 등 구조개혁을 통해 장기 성장 기반을 다지는 것을 목표로 하고 있다.

(2) 아베노믹스의 정책 경로

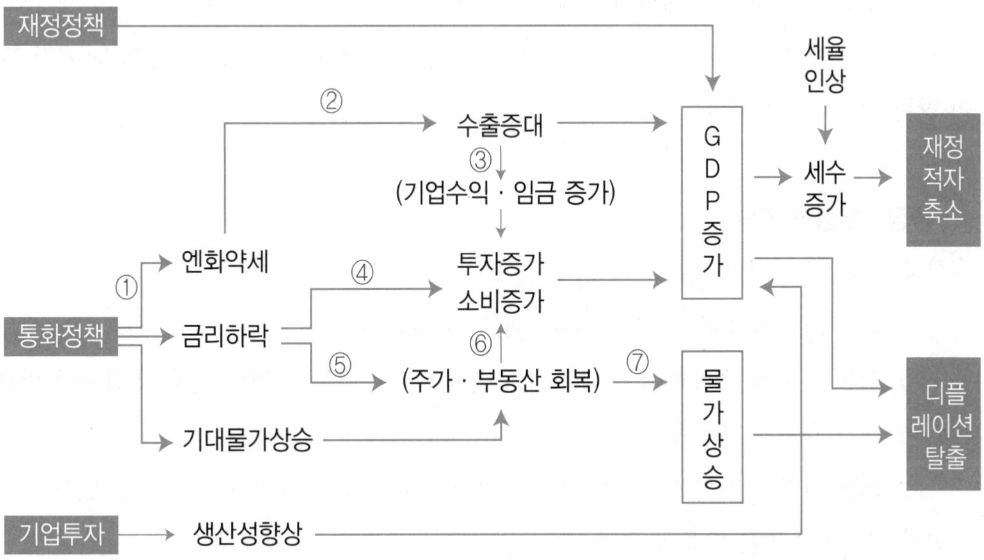

(3) 엇갈리는 평가

긍정적 평가	부정적 평가
일관된 정책을 추진해 20년 장기 침체에서 일본 경제를 되살렸다고 평가할 수 있다. 특히, 세 번째 화살은 각종 규제 완화를 이뤘으며, 이는 일본 기업의 수익성 개선, 투자 확대 효과로 이어졌다. 일본기업이 자신감을 가지게 되었다.	재정 적자 확대에도 불구 성장이 가시화되지 못하고, 국가 신용 등급이 하락했다. 엔저로 기업 실적이 개선되는 듯 보이지만, 일시적인 경기 부양효과일 뿐이다. 또, 노동시장 개혁 같은 고통이 수반되는 근본적인 개선을 이루지 못하고 있다. 고용의 질이 악화되고 양극화가 심화되고 있다. 마이너스 기준금리는 실패를 나타낸다.

3 예상풀이

주제 ▶ **일본의 아베노믹스가 한국경제에 미치는 영향과 대응방안**

Ⅰ. 문제 제기

G2의 변화로 각국의 경제정책은 새로운 국면을 맞고 있다. 이 가운데 한국은 일본의 아베노믹스, 마이너스 금리 정책으로 인해 환율전쟁을 겪고 있으며, 그 영향을 가장 많이 받는 것으로 분석된다.

Ⅱ. 긍정 · 부정적 영향

한국경제에 긍정적인 면은

① 엔화 차입이 많은 기업의 이자 부담이 완화되며

② 일본 부품을 수입하여 완제품으로 만들어 수출하는 기업의 경우 수입품의 비용 절감 효과가 나타난다.

③ 또한 일본 경기회복으로 인한 일본의 한국제품 수요 증가가 나타날 수 있다.

반면 부정적인 면은 다음과 같다.

(1) 성장 둔화(근린궁핍화 효과, J-curve 효과)

수출 중심의 한국에 부정적인 영향을 미친다. 반면, 일본의 경우 수출 기업의 수익성이 확대되고, 이를 바탕으로 기술 투자를 확대하고 있다. 일본은 첨단 기술을 활용하여 차세대 성장 동력이 될 분야(의료, Robot, 우주산업, 에너지)까지 적극적으로 개척하고 있다.

> ☞ **엔저 장기화** : 일본 기업 수익성 개선 ⇒ 일본 기업의 고부가 가치화 + 미래 차세대 산업의 경쟁력 확보 ⇒ 한국 기업의 위축

(2) 산업 간 경합

한국과 일본은 수출시장에서 유사한 산업으로 서로 경쟁하고 있다. 특히, 자동차, 전자, 중공업 등은 경합하기 때문에 엔저원고 현상은 한국 제품의 가격경쟁력을 약화시킨다.

> ☞ **韓日 산업의 높은 경합도** : 한국이 수출하는 상위 55개 종목이 일본과 겹치며, 이 기업들이 수출에서 차지하는 비중은 50% 이상 차지하고 있음.

(3) 넛 크래커 현상

일본 제품은 기술경쟁력에다, 엔저로 인한 가격경쟁력을 갖게 되고, 중국제품은 가격경쟁력에 차이나 인사이드(China Inside) 현상으로 기술격차까지 줄여 한국 제품의 대외수출을 어렵게 할 전망이다.

(4) 농 · 수산물 수출 감소

농 · 수산 · 식품 수출에서 일본과 중국이 차지하는 비중이 지나치게 높은 점도 있지만, 엔저로 대일본 수출 비중이 높은 품목의 수출이 급격히 하락하게 된다.

(5) 엔캐리 트레이드 우려

마이너스 금리 등으로 한국에 유입된 엔화 유동성은 금리 인하, 자본시장의 활성화 등 우리 시장에 기여하는 면도 있지만, 급격하게 유출될 가능성이 매우 높다.

Ⅲ. 대책

일본의 정책 변화는 한국경제에 미치는 영향이 매우 크다. 미국과 중국 등 대외변수가 불확실한 때일수록 정부와 기업의 선제적 대응이 요구된다.

• 기업가 정신과 비가격경쟁력 제고

수출 시장에서는 기술과 품질이 가장 중요한 경쟁 요소이다. 비가격경쟁력을 높이기 위해서는 지속적인 R&D 투자와 혁신이 필요하다. 이를 위한 생태계의 조성은 물론, 기업의 기업가정신이 절대 요구된다.

> **Tips**
>
> **가격경쟁력과 비가격경쟁력**
>
> - 수출경쟁력은 가격(價格) 경쟁력과 비가격(非價格) 경쟁력으로 나눈다. 가격경쟁력은 수출품의 가격을 의미하며, 비가격경쟁력은 기술, R&D를 통한 기술 혁신 능력, 마케팅능력 등이 결정한다.

• 금융의 역할

엔저로 인한 수출 부진은 한국 경제의 위험요인이다. 이를 극복하기 위한 금융의 역할이 더욱 중요한 때이다. 좀비기업에 대한 관리와 함께 강소기업을 발굴해야 한다. 필요한 금융 지원, 정책금융회사의 경우에는 수출금융, 기술금융을 통한 해외진출 지원도 바람직하다.

• 수출지역 다원화

한국의 수출지역은 과거와 달리 다원화되었다. 그러나, 대기업과 달리 중소기업, 농업기업의 경우 시장 다변화가 필요하다. 이를 위해서는 해외공간 정보 활용, 대기업의 네트워크를 통한 진출, 생산기지 다원화, 대기업과 중소기업과의 해외 동반 진출 등의 지원이 있어야 한다.

• 환 위험 관리

중소기업의 경우 투기성 자금의 유입과 급속한 이탈에 따른 금리와 환차손의 우려가 있다. 중소기업은 대기업과 달리 환율 변동에 대한 위험인식과 경험, 관리 조직이 취약하다. 따라서, 이들 기업에 대한 환 위험 관리 컨설팅을 제공하는 것도 방법이다.

Ⅳ. 결론

한국기업은 일본기업과 경합도가 가장 높아 일본의 금융정책 변화로 직접적인 영향을 미칠 수 있다. 정부와 금융회사는 일본의 금융 재정정책의 변화에 대비한 정책 개발과 지원을 지속하여야 할 것이다. 특히, 경합(경쟁)관계를 극복하기 위해서는 기업의 기술 혁신, 시장 다변화, 기업가 정신이 가장 중요하다.

11

논술형 문제

생산적 금융과 금융 공기업의 역할

논술형 논제 ▶ 생산적 금융과 금융 공기업의 역할

- 개념 설명
- 첨삭 사례-기보-산업-신보

1 문제 제기

대외적으로 무역 전쟁과 보호무역의 확산, 대내적으로 양극화와 저성장이 지속됨에 따라 일자리 창출이 주요 정책 과제로 대두되고 있다. 정부는 금융 부문이 부동산대출 중심의 금융에서 벗어나, 기업 부문으로의 효율적 자금 배분을 지원하고 있다. 이를 통하여 벤처 · 중소기업이 성장 모멘텀을 찾고 더 많은 일자리를 만들 수 있는 금융 공기업의 역할에 대하여 살펴보기로 한다.

2 배경

한국 저성장을 극복하기 위해서는 중소 · 벤처기업의 창업과 성장을 위해 벤처 · 중소기업에 대한 자금 공급이 기술 금융 등을 통해 확대되어야 한다. 그러나 자금 공급이 소비자금융에 집중되고 있으며, 중소기업과 벤처 · 창업 분야에 대한 금융 활동이 양적으로 질적으로 부족한 현실이다.

이 문제를 해소하기 위해 정부는 생산적 금융 활성화를 주요 정책 방향으로 설정하고 중소기업, 창업 · 벤처 투자 확대를 통한 혁신 창업 생태계 구축을 추진하고 있다. 생산적 금융 활성화는 기업 성장 단계(Growth Cycle)별 금융 지원이 중요한 성공 요소로 작용하기 때문에 금융회사 차원의 적극적인 지원이 요구된다.

생산적 금융의 확대에 따른 리스크로 민간 금융기업이 기피하는 분야에서 정책 금융기관의 마중물 역할이 기대되고 있다.

3 생산적 금융 지원 방안

||| 기업 성장 사이클(Growth Cycle)별 생산적 금융 지원 |||

초기 단계	창업 · 벤처기업 지원으로는 은행이나 기업 차원의 인큐베이터 프로그램 실시 및 금융권 기술 금융 등 대출 지원 ☞ 창업 · 벤처기업을 위한 인큐베이터 프로그램 확대. 전문 인력과 보수적 투자 문화의 개선이 필요. (담보 및 보증 중심에 그치고 있어 기술담보 및 신용대출 지원 확대)
성장 단계	기술 금융을 통한 지속적인 자금 공급, 일시적 경영 애로(death valley)를 겪고 있는 기업에 대한 운전 · 생산 · 판매자금 대출 ☞ 성장기에 진입한 기업 대상 경영 자문 및 글로벌 진출 지원 등 서비스 개발 필요
투자 · 회수 단계	M&A 중개 및 IPO를 통한 시장 참여 지원(자본시장 참여 지원)

생산적 금융 지원 활동의 일환으로 산업은행(KDB)은 '4차 산업혁명 선도 금융기관'으로 신산업 육성, 사업 재편, M&A, 재도전 분야 등을 중점 지원하는 기관으로 역할이 강조되고 있다.

신보와 기보는 민간 금융기관의 중소기업 자금 지원 마중물 역할 등 시장과 긴밀한 협력을 위한 '시장형 보증기관'으로 변화가 요청되고 있다.

금공 논술 point **금융 지원은 기본, 컨설팅까지**

금융 지원은 기업 성공의 한 요소일 뿐이며, 금융기업의 중소 · 벤처기업에 대한 consulting과 기업의 도전의식 등이 강조되어야 한다. 특히, 중소 · 벤처 기업이 해외 진출을 목표로 할 경우 해외 진출 전략, 외환 관리, 장기적이고 전문적인 지원의 필요성을 언급해야 한다.

첨삭예시

문제 ▶ 생산적 금융이 강조되고 있다. 생산적 금융이 필요한 이유, 기대효과와 금융 공기업의 바람직한 역할에 대하여 논하시오.

첨삭답안

1. 문제 제기

최근 한국 경제는 저성장, 양극화뿐만 아니라 높은 실업률이 사회적 이슈가 되고 있다. 대기업 중심의 수출 주도형 성장이 한계에 노출되면서, 4차 산업혁명 시대를 맞아 중소 · 벤처기업 중심의 성장 동력을 찾기 위한 정책의 일환으로 생산적 금융이 강조되고 있다. 이에 본문에서는 생산적 금융의 기대 효과와 기술보증기금의 역할에 대해 논하고자 한다.

2. 기대 효과

생산적 금융이란 전통적 금융과 대비되는 개념으로 일자리 창출에 우선순위를 두고 있다. 88-99 중소기업에 대한 자금 지원은 생산적 금융의 한 가지 형태라고 볼 수 있다.

(1) 신성장 동력 사업의 확대

4차 산업혁명이 진행되고 있는 가운데 한국 경제의 저성장, 양극화 문제를 해소하기 위해 생산적 금융을 통해 기술력을 보유한 중소 · 중견기업에 대한 투자를 확대해야 한다. 시중은행은 보수적인 Risk 관리를 함으로써 자금 공급에 한계가 있어 왔다. 생산적 금융을 위한 정책금융 지원은 venture 창업, 중소기업 성장, 해외 판매 확대로 이어져 새로운 일자리를 창출할 수 있게 될 것이다.

(2) 양극화 해소를 통한 경제민주화

창업 기업을 포함한 중소기업은 자본이 부족하기 때문에 자금 조달을 위한 담보력이 부족한 실정이다. 이를 감안하여 대기업-중소기업-벤처기업 간의 협력과 상생이 필요하다. 정부 입장에서는 대기업 중심의 전통 산업 지원에서 한걸음 나아가 신기술 · 신사업을 영위하는 기술력을 가진 중소기업에 대한 생산적 금융 지원은 양극화 해소에 기여할 수 있다.

(3) 자금 배분의 정상화

아시아 금융위기 이후 금융기관의 자금은 가계대출이 확대되었으며, 저금리 시기가 지속됨에 따라 부동산시장으로 과도하게 배분되었다. 생산적 금융은 가계의 부동산 투자로 인한 자금 왜곡을 정상화하는데 기여할 수 있다.

3. 기술보증기금의 역할⑫

기술보증기금은 4차 산업혁명에 따른 미래 핵심 사업 발굴 및 지원을 확대하고 기술력을 가진 스타트업 기업에 대한 직접투자를 ⑬ 늘려야 한다. 빅데이터 기술의 도입을 통해 창업기업에 대한 플랫폼 기능을 더욱 정교하게 다듬고, 신규 사업에 대해서는 일자리 창출 지표를 반영해야 한다. 또한 시중은행과의 협약 및 기술 기업에 대한 컨설팅을 통해 차별화된 서비스를 제공해야 할 것이다.

추가해야 할 내용 예시 – 생산적 금융의 중요성 부각

기보는 기술력을 갖춘 중소 중견기업이 기술보증 등을 통하여 필요한 자금을 공급받아 일자리를 만드는 기업에 대한 지원을 강화해야 한다. 이러한 마중물 역할은 기술 평가의 전문성 부족, 기업의 신용 Risk로 인해 상업은행이 수행하기 어려운 분야이다. 따라서 기보의 기술 보증 등을 통하여 기술력 있고 일자리를 만들 여력이 있는 기업을 적극 지원하는 역할이 중요한 때이다.

특히, 4차 산업혁명 시대에는 융복합 기술형 벤처 · 중소기업의 창업이 절실하다. 한국 기업이 중국의 가격 경쟁력과 일본의 기술 경쟁력에 끼인 '넛 크래커'에서 벗어나기 위해서는 장기적이고 안정적인 자금 지원을 통하여 R&D 등이 활성화되도록 지원해야 한다.

☞ 필요에 따라 기술 평가, 컨설팅 등 업무 관련 내용을 추가로 반영하여 논지를 강화할 수 있다.

⑫ 금융 공기업의 직무 논술에서는 이 부분이 더 강조되어야 한다.

⑬ 1) 기술보증 확대
2) 기술금융 확대
3) 청년, 창업기업에 대한 창업 특례 기회 제공
4) 컨설팅 등 제공하여 생산적 금융의 지원 효과가 일자리를 만들고, 벤처 중소기업의 성장의 마중물이 되어야 한다. 특히, 1)~4)를 통해 창업 기업에 대한 플랫폼 기능을 더욱 정교하게 다듬고, 신규 사업에 대해서는 일자리 창출 지표를 반영해야 한다. 또한 시중은행과의 협약 및 기술 기업에 대한 컨설팅을 통해 차별화된 서비스를 제공해야 할 것이다.

4. 결어

기술보증기금은 기술금융 전문성을 바탕으로 일자리 창출에 기여해왔다. 앞으로 플랫폼으로서 역할을 강화하고, 마중물과 같은 정책 지원 자금을 확대해 나간다면 기술보증기금은 공공기관으로서 일자리 만들기에 선도적으로 기여할 수 있을 것이다.

12

논술형 문제

최저임금 인상의 딜레마 – 효과와 과제

논술형 주제 ▶ 최저임금 인상의 딜레마 – 효과와 과제

문제 ▶ 한계기업 · 자영업자가 처한 애로점과 해결 방안(금융감독원 논술, 2018)
▶ 최저임금 인상에 관한 찬반 입장 중 하나를 선택하여, 나의 견해를 논하시오(기업은행 논술, 2017).

1 문제 제기

J노믹스의 중요 정책 과제는 일자리 만들기와 임금소득을 높여 불균형을 해소하는 것이다. 이에 따라 최저임금 수준이 급격하게 인상되었다. 이는 소득분배 구조를 개선하고, 소득주도 성장을 촉진하기 위한 것이다. 그러나 최저임금의 급격한 인상이 초래할 부작용에 대해 우려하는 목소리도 크다. 이 장에서는 효과와 과제에 대하여 논하기로 한다.

※ 최저임금정책은 노동시장에 대한 정부의 가격 통제 정책의 하나이다. 중소기업의 고용 여건, 가격 경쟁력 등을 고려하여 문제를 제기하여, 최저임금의 인상 필요성을 논하되 경기 상황, 업종 등을 고려하는 방향에서 논지를 전개하는 것이 바람직하다.

금공 논술 Tip **정부 정책 방향과 반대되는 논지 전개?**

금융 공기업은 정부 정책을 수행하는 기관이다. 그러면, 최저임금의 급격한 인상 등에 반하는 방향의 논지 전개가 가능한가?

→ 논술은 정해진 답이 없지만, 금융 공기업의 설립 목적 등을 고려할 때 정책 방향과 같은 논지 전개가 바람직하다. 다만, 구체적으로 농업(농가소득, 농업의 생산성), 중소기업(경쟁력, 생산성 향상) 등 구체적인 상황에 따라 정책에 대한 비판적 언급은 가능하다고 본다. 이 경우에도 긍정적인 점, 문제점과 보완 대책을 균형감 있게 작성해야 할 것이다.

2 기대 효과(긍정)

(1) 저임금 가계의 생계 수준 개선

최저임금의 대폭 인상은 저임금 근로자의 생계 개선에 크게 기여할 것이다. 특히 1인 가구, 비정규직, 중소형 기업 근무 근로자의 소득 향상으로 가계 소비가 증가할 수 있다.

(2) 임금 격차 완화 = 양극화 완화

우리 사회 양극화의 원인이 임금소득의 격차에 있기 때문에 이러한 최저임금의 급격한 상승은 저임금 근로자의 임금을 상승시키며, 간접적으로는 고임금 근로자의 임금을 하락시키거나 상승폭을 둔화시켜 임금불평등을 완화시키는 '임금압축 효과'를 보이기 때문이다.

(3) 분수효과로 소득 주도 성장 효과

한계 소비 성향이 높은 저임금 근로자의 임금 소득이 크게 증가하므로 '분수' 효과를 일으켜 소득 주도 성장에 기여할 수 있다. 최저임금 인상에 따른 근로자의 임금 증가분을 현재로서는 예측하기 힘들지만, 이러한 임금 증가분의 대부분이 소비로 지출된다고 보면 내수경기 진작과 고용 창출에 상당한 기여를 할 수 있다.

3 기대 효과(부정)

(1) 실업 증가

임금의 상승과 실업의 증가에 대한 논란은 지속되고 있다. 최저임금 상승이 고용에 부정적인 영향을 미치지 않는다는 주장(연구)에서부터 영향이 매우 크다는 주장까지 다양하다. 일반적으로 임금 상승은 그 상승 수준이 적당할 경우, 기업주는 임금 상승으로 인한 영업 악화를 고용 축소보다는 이윤 축소, 가격 인상, 근로시간 단축 등으로 흡수하는 것으로 알려져 있다. 그러나 지금과 같은 저성장 시기, 최저임금 적용 사업장이 내수, 영세 중소사업장인 점을 간과할 수 없다.

급격한 임금 상승은 기업의 가격 경쟁력을 악화시키며, 고용 축소로 이어질 가능성이 매우 높다. 특히 중소기업의 경우, 중국, 베트남 등 해외 저임금 기업과 가격 경쟁을 할 경우, 임금 상승은 고용에 부정적인 영향을 줄 전망이다.

(2) 연쇄 임금 인상 효과로 기업 경쟁력 약화

최저임금 인상은 새 최저임금보다 높은 임금을 받던 근로자의 임금도 상승시키는 경향이 있다. 일반적으로 최저임금의 상승은 평균 임금에 큰 영향을 미친다. 또 임금이 노사협의로 결정되는 현실을 감안하면, 조합의 높은 임금 인상 압박이 예상된다. 따라서 생산성이 향상되지 않는 임금 상승은 기업 경쟁력을 더욱 악화시킬 전망이다.

(3) 장기적 기업 경쟁력 약화

임금 상승이 장기화될 것으로 기대되면, 기업은 이윤이 축소된다. 이러한 이윤 축소를 제품 가격에 반영할 것이다. 이 경우 가격 상승으로 인해 물가 상승, 수출 감소 등 부작용이 발생한다. 장기적으로, 기업의 신규투자 위축, 경제의 성장 잠재력과 고용에 부정적인 영향을 미칠 수 있다.

4 결어

중소기업의 경우 위기이다. 순차적, 장기적으로 경쟁력을 갖추도록 하는 것이 매우 중요하기 때문이다. 시행 후 발생할 수 있는 문제점을 모니터링하여 문제가 최소화되도록 해야 할 것이다. 또한, 분배 정의 측면에서 최저임금 인상을 통해 저임금 근로자 소득을 늘리는 정책이 결과적으로 전문 기술이 없는(low-skilled) 저임금 계층의 일자리를 줄이는 효과가 나타날 수 있다는 점을 고려하여 재정 정책을 통하여 저소득층의 소득 증대 지원책을 병행해야 할 것이다.

||| 보완의 예시 |||

정부의 제도 보완	1) 예산 투입을 통하여 소상공인 · 영세기업에 대해 과거 추세를 넘는 최저임금 인상률에 대한 지원. 카드 수수료, 부가가치세 등 부담 완화 추진 2) 최저임금 결정 체계 이원화(2020년) : 최저임금 결정의 전문성과 객관성 강화를 위해 도입 추진. 최저임금 결정 기준에 '기업 지불 능력' 도입 추진
업종별 차등화	찬성 : ① 최저임금법 4조 1항에 차등 근거 있음. ② 과거 저임금 그룹(식료품, 섬유, 신발 등)과 고임금 그룹(석유, 화학, 철강 등 업종) 구분 적용 경험 있음. ↔ 반대 논거 : ① 업종 간 경계 불명확, ② 저임금 업종에 대한 낙인효과, ③ 적용 인프라 부족 등
지역별 차등 찬성	찬성 : ① 대도시-시골 임대료 격차, ② 광역 단위 구분하면 부작용 줄어 시행 가능 ↔ 반대 논거 : ① 우리나라는 1일 생활권, ② 노동력 이동되어 지역 낙인 효과 우려, ③ 지역별 노동력 수급 왜곡과 국민 통합 및 지역 균형 발전을 저해

13

논술형 문제

큰 정부와 작은 정부 – J노믹스

문제 ▶ 큰 정부와 작은 정부 – J노믹스

- **빈도와 난이도** : 약술 / 면접 / 빈도 ★, 난이도 상 ★★
- **출제유형**
  - 우리 사회의 양극화 · 저성장을 극복하기 위해서는 정부의 역할이 매우 중요하다. 정부의 적극적인 역할에 대한 본인의 생각을 논하시오.

1 문제 제기

정부의 역할은 시대와 상황에 따라 다르다. 자본주의와 시장경제의 기본원리는 정부의 역할을 최소화하는 것이지만, 대공황 이후 불황과 실업을 극복하는 과정에서 정부의 적극적인 역할이 필요하다는 주장이 대두되었다. 사람 중심의 경제를 주창하는 J노믹스가 본격화됨에 따라 정부의 역할 논란이 일고 있다.

2 작은 정부와 큰 정부론

구분	작은 정부	큰 정부
정책	• 법인세 감면 등 정부의 규모를 축소시켜 정부의 시장 개입을 줄여, 민간 기업의 활력을 높이는 정책을 지향하는 정부	• 불황과 실업을 극복하기 위한 정부의 적극적인 역할을 담당하는 정부(케인즈) • 시장실패 극복 위해 정부(보이는 손)의 시장 개입이 강조되면서, 정부 역할이 확대되는 정부. 행정국가 및 복지국가 형태
문제	시장실패, 독과점, 빈부차 확대	정부실패, 재정적자, 포퓰리즘, 도덕적 해이
학자 · 학파	아담 스미스, 신보수주의자, 통화주의자	케인즈, 수정자본주의 등

3 한국의 정책 과제와 J노믹스

한강의 기적을 이룬 한국경제는 양극화와 저성장의 늪에 빠진 듯하다. 이러한 정책과제를 해소하기 위하여 J노믹스는 '사람 중심 경제 성장'을 표방하며, '양극화 해소 · 지속성장'을 위해 '소득주도 성장론'을 전개하고 있다. 이를 위해서는 '질 높은 일자리 창출'이 정책의 최우선 과제이며, 이를 통해 분수효과(Trickle-up effect)를 추구하면서 정부의 역할이 점점 커지고 있다. 대기업과 고소득층 주도의 수출(기업)주도형 성장모델은 기대했던 낙수효과를 나타내지 못했다. 이와 달리 J노믹스는 청년실업, 중소기업 지원, 저소득층 중심의 금융지원을 통한 소득주도 성장모델을 추구하는 정책이다.

이를 위해 ① 일자리 정책, ② 공정분배, ③ 복지강화를 표방한 것이 J노믹스의 핵심이다.

||| J노믹스의 큰 정부(공약 사항) |||

① 일자리정책	② 공정분배	③ 복지강화
• 공공부문 일자리 만들기 • 노동시간 단축을 통한 민간 일자리 만들기 • 최저임금 인상	• 재벌개혁 • 중소기업 동반성장 구축 • 조세개혁(부자 증세-고소득자, 거대기업 법인세율 인상) • 갑을 관계 근절	• 대출부담완화 • 주거비용 완화-공공임대주택 공급 • 교통비, 통신비 인하

– 비정규직 제로화, 최저임금 인상을 통하여 가계소득 증대(소득 주도 모델)	– 산업화 과실을 공정하게 재분배(경제민주화) – 중소기업의 동반성장 추구	– 가계의 소득 증대 – 서민금융 지원

4 큰 정부의 역할과 과제

(1) 재정정책

확장적 재정정책과 증세 : 공공일자리, 공공 주택 확충 등은 대표적인 재정정책으로 증세의 방법으로 소위 부자 증세를 추진하고 있다. 반대 의견은 법인세 인하이다. 소득 주도보다는 기업이 일자리를 만들도록 법인세를 인하해야 한다는 반론이 있다.

(2) 균형성장정책

경제민주화 정책, 재벌개혁 등을 통하여 중소·중견기업과 사회적 약자에 대한 지원이 강조되면서, 성장보다는 분배가 강조되는 정책이 추진되고 있다. 이에 따라 지역 간, 산업 간 계층 불균형을 완화하는 정책, 대-중소기업 간의 불균형, 소득 양극화 해소를 위한 제도 구축이 필요하다.

☞ 반대 의견은 정부의 지나친 간섭으로 인한 정부의 실패, 비효율이 증폭될 수 있다는 비판을 제기한다.

(3) 큰 정부론을 반대하는 입장(작은 정부론)

큰 정부를 향한 정책은 고용시장의 경직성, 임금상승으로 인한 중소기업과 자영업의 악화, 기업 해외 이전, 모럴해저드 등을 일으킬 우려가 있다고 비판을 받는다.

14

논술형 문제

중소기업과 대기업 동반성장

논술주제 1 ▶ 대기업과 중소기업 간 양극화 문제와 해소방안

- **빈도와 난이도** : 약술 / 면접 / 빈도 ★, 난이도 ★★★
- **기출문제**
  - 소득불균형의 문제점과 해결방안(금융감독원, 2015)
  - 정부규제-상생을 위해 필요하다는 입장(정부규제 옹호 입장)과 관계자회사에 일감 몰아주기의 부정적 의견과 정부규제를 강화한 이후 기업의 효율성이 하락한다는 반대하는 목소리가 높다. 정부규제의 장단점과 문제점에 대한 대응방안을 논하시오(산업은행, 2014).
  - 대기업과 중소기업 간 상생에 대해서 상생이 되지 않는 이유와 해결방안(신용보증기금, 2011)
  - 대기업과 중소기업의 동반상생에 대하여 논하시오(IBK기업은행 논술, 2009).

1 개요

대기업과 중소기업 간 양극화를 극복해야 한다는 당위론적인 접근에 반대하는 사람은 없다. 그러나, 우리 사회의 저성장이 지속되면서 대기업과 중소기업의 격차는 더욱 커질 뿐만 아니라, 고착화되어 가고 있다. 상생, 동반성장의 가치와 방법에 대한 인식을 다시 해야 할 때이다.

2 예상풀이

Ⅰ. 문제 제기

우리 사회의 양극화는 다양한 모습으로 나타난다. 그중 수출 중심의 성장 모델에서 기인한 대기업과 중소기업 간의 양극화도 중요한 이슈 중 하나이다. 중소기업은 우리나라 기업 수의 99%, 종사자들의 88%를 차지하기 때문에 한국경제의 성장을 위해서는 대기업과 중소기업의 격차 해소는 시급한 정책 현안이다.

양극화의 양태		
소득상위그룹	소득기준	소득하위그룹
노령층(Baby Boomer)	세대	젊은층
정규직	고용상태	비정규직
대기업(SSM)	규모	중소기업(슈퍼마켓)
수출기업	산업	내수기업

Ⅱ. 중소기업의 양극화 원인

중소기업의 경쟁력이 약화된 원인은 다양하다. 자본력 부족, 시장 개척 노력과 정보의 결여, R&D 투자와 기술 역량의 부족 등을 들 수도 있으나, 내수 위주의 중소기업의 경영환경과 대기업과의 불공정한 거래 등 구조적인 원인에 관심을 가져야 한다.

이러한 배경하에서 대기업 · 중소기업 간 동반성장을 위한 정책과제를 담은 '대 · 중소기업 동반성장 추진대책'을 추진해 오고 있다.

Ⅲ. 대기업과 중소기업의 동반성장 전략

중소기업은 양적 측면(사업체 수 및 종업원 수)에서 성장한 반면 수출에서 차지하는 비중, 수익성 등 질적 측면에서는 대기업과의 격차가 크게 벌어져 왔으며, 글로벌 경제위기 이후 대기업들은 실적이 더욱 개선된 반면 중소기업은 이자 비용도 감당하지 못하는 경우가 늘어나고 있다.

이러한 배경하에서 중소 · 중견기업을 보호하고 사회 양극화를 완화하기 위하여 대기업 · 중소기업 간 동반 성장 대책을 추진하고 있다.

(1) 상생을 위한 대형 마트(SSM) 영업 규제

대형 마트 영업규제가 정당하다는 대법원 판결이 나왔다. 상생을 위해서는 소비자의 선택권 등 '私益'이 크게 훼손되지 않는 한, 영업제한으로 중소상인을 보호하고 중소유통업이 상생 발전하는 '公益'이 기능을 발휘할 수 있도록 해야 한다는 것이다. 이는 헌법의 경제민주화 조항을 구체적으로 적용해 규제입법의 해석과 적용에 명시적인 기준을 제시했다는 의미가 있다.

또한, 여러 경제주체가 조화롭게 공존하고 상생하는 경제질서를 구축하고 공공복리를 실현하기 위해 법률로써 어느 경제주체의 경제활동의 자유 등을 제한하게 되더라도 그 제한이 '정당한 목적과 합리적인 수단'에 의하고 있고 개인의 자유와 권리의 본질적인 내용을 침해하는 것이 아니라면 해당 경제주체는 이를 '수인(受忍)'해야 한다고 판시했다.

(2) 중소기업 적합제도 도입

중소기업이 영위할 업종으로 판단되는 사업영역에 대기업이 새롭게 진출하거나 사업을 확장함에 따라 발생하는 분쟁을 조정함으로써 중소기업의 사업활동 기회와 사업영역을 적정하게 보호하기 위한 제도이다.

(3) 경제민주화 정책 추진

대기업과 중소기업 간 불공정한 거래 환경은 중소기업의 수익성을 저하시키고 고용 환경 및 R&D투자 여력을 감소시키는 악순환 고리의 열쇠의 하나이다. 이러한 관점에서 최근 중소기업의 기업 여건 개선을 위한 경제 민주화 정책이 추진되어야 한다.

Step up

중소기업의 경영과제 이해하기

금융권의 논술과 면접은 지식과 논리력을 테스트하는 것이다. 면접에서 구체적인 개별 업무 관련 질문은 하지 않지만, 기본 이해는 답을 풍부하게 만드는 역할을 한다. 특히, IBK기업은행의 경우 중소기업이 현장에서 느끼는 애로가 무엇인지, 대책은 있는지를 간단히 알아 두는 것은 은행 논술과 면접에서 절대 필요하다. 아래는 논술이나 면접 시에 사용할 수 있는 내용이다.

중소기업 현장이 희망하는 10대 정책

1. 연대보증제도의 점진적 폐지(69.2%)
2. 납품대금결제제도 개선과 납품단가 기준 마련(56.4%)
3. 보증기관의 보증 규모 및 한도 확대(53.2%)
4. 기술력을 바탕으로 한 신용대출 확대(52.9%)
5. 중소기업 청년인력 조달 원활화(50.4%)
6. 국가 산업의 허리, 중견기업 지속 성장 정책(46.9%)
7. 가업 승계 기업에 대한 세제 지원 및 컨설팅(46.3%)
8. 정부 R&D 예산의 양적 확대 · 질적 개선(40.6%)
9. 인증제도 개선 및 행정절차 규제 제로화(39.0%)
10. 지방정부의 중소기업준조세 폐해 시정(38.6%)

출처 : IBK가 만드는 중소기업 CEO Report Feb, 2012년 2월호

15

논술형 문제

기술금융의 효과와 문제

논술형 문제 ▶ 기술금융의 효과와 문제

- **빈도와 난이도** : 논술 / 빈도 ★★★, 난이도 ★★★
- 기출문제
  - 이자보상배율의 정의와 이자보상배율 1미만의 의미, 그리고 좀비기업(한계기업)이 우리나라에 미치는 영향(IBK기업은행, 2015 하반기, 약술)
  - 기술금융의 의의 · 특징, 그리고 문제점과 해결방안에 대하여 논하라(농협은행, 2015).
  - 담당자 입장에서 기보의 보증활성화 방안을 논하라(기술보증기금, 2015).
  - 기술금융이 주는 기대효과와 IT기반의 창조경제 활성화 방안을 논하라(신용보증기금, 2014).
  - 시중자금이 많지만 질적으로 악화되고 있는 상황이다. 기술금융의 개념 및 필요성을 말하고, 은행 및 정부의 역할을 서술하시오(IBK기업은행, 2014 하반기).
  - 기업이 자금을 조달하는 방법은 (1) 은행을 통한 조달 (2) 기업의 채권발행을 통한 조달 (3) 주식발행을 통한 조달이 있다. 이러한 자금 조달방법이 (1)의 경우 주가가 상승, (2)의 경우 중립, (3)의 경우 하락하는 이유를 설명하시오(예탁결제원, 2014).

1 개요

기술금융은 기술기업을 지원하는 금융적인 수단이다. 저성장 양극화를 극복하기 위해 정부가 추진 중인 J노믹스 정책과 금융지원이 결합될 때 빛을 볼 수 있다. 기술금융을 지원해야 하는 이유, 그 효과, 문제점 등을 정리해 두어야 한다. 특히, 최근에는 기술금융의 형식화, 기술평가의 어려움, 기술금융 지원기업의 성장한계 등 새로운 이슈가 나타나고 있다. 이러한 문제점을 해결하기 위한 방안을 찾아 두어야 한다.

2 모범답안

Ⅰ. 문제 제기

한국경제 동력 : 99-88 중소 중견기업의 육성

자금 양극화가 심화될수록 우리 경제의 동력인 중소기업에게 금융을 지원하는 활동은 매우 중요하다. 중소기업이 금융회사로부터 여신을 받기 위해서는 담보가 요구되는 것이 현실이다. Risk를 강조하는 상업은행의 대출 여건을 고려하면, 기술금융과 IP금융의 확대는 절실한 시점이라 할 수 있다. 소위 금융보신주의의 극복이 필요하다.

기술금융의 개념과 평가

개념	재무제표 위주로 대출하는 관행에서 벗어나, 기업이 보유한 기술성과 사업성 위주로 필요한 자금을 지원하는 금융활동을 말한다. 특히, 중소 중견 기업의 대출에 있어 금융회사(은행)가 기존의 재무제표에서 탈피하여, 기술의 가치를 평가하고 이를 바탕으로 자금을 융통하는 것으로 강조되고 있다.
평가	기술평가기관(TCB)에서 기술력을 검토하여 기술평가 실시여부를 판단한다. 기술을 보유한 기업은 기술평가기관에서 기술평가를 받아 기술평가 결과에 따라 등급을 부여 받는다.
금융회사 지원	금융회사(은행)는 기술평가기관의 결과와 자체 여신심사 기준을 바탕으로 평가한 결과를 기준으로 대출여부, 규모, 조건 등을 결정한다.

Ⅱ. 기대효과와 문제점

(1) 기술기업의 금융 접근성 제고

기술금융은 기존 담보위주의 보수적인 대출 관행을 개선하는 효과가 있다. 특히, 벤처, 영세한 중소기업 등이 보유한 기술의 경제적 가치를 평가해 지원하기 때문에 기술기업의 금융시장에 대한 접근성을 높여 경쟁력을 높인다.

문제점 형식주의 만연 : 실적을 채우기 위한 양적 확대에 치중하고 있다. 단기간 내 대출 실적 확보가 용이한 거래기업 중심의 형식적 대출이 발생하고 있다(기존 대출을 기술신용대출로 단순 전환하는 형식주의).

(2) 담보력 부족 중소 중견기업에 자금 융통

담보력이 부족한 혁신형 중소기업 및 벤처창업기업의 경우, 보유한 기술을 바탕으로 기술평가 전문기관으로부터 기술성, 사업성 평가를 받거나 기술 보증 등을 통하여 필요한 자금을 대출 받을 수 있다. 이것은 영세 중소기업이 자금이 부족하여 경영상 위기를 맞을 때(Death valley) 이를 극복하는 중요한 수단이 된다.

문제점 기술평가의 한계 : 기술신용평가기관(TCB)의 평가가 잘못될 경우 금융회사의 건전성에 위험요인이 된다. 기업 기술력의 과대 포장, 전문인력과 기술평가 역량 부족이 개선되어야 한다. 이를 위해 자체 평가모델 도입, 전문인력 양성 등 노력이 필요하다.

(3) 중소기업 활성화

기술금융을 통하여 기술과 아이디어를 보유한 중소 중견기업이 탄생하고, 이 기업이 중견기업, 대기업으로 성장하는 데 중요한 성장사다리로서의 역할을 담당할 수 있다.

문제점 재무제표 위주의 평가 : 현실적으로 기업의 기술력을 평가하기보다는 재무적 안정성을 중시하는 경향이 아직도 높다.

(4) 금융 회사의 리스크 증가 우려

기술금융 비중이 높게 될 경우, 금융회사의 Risk가 높아질 우려가 제기되고 있다. 특히, 기술개발이나 기술사업화 초기 단계에 있는 중소기업들은 높은 수준의 리스크에 노출되어 기술금융이 은행부실로 이어지는 뇌관이 될 우려이다. 따라서, 기술금융에 대한 전문인력 확보, 평가 시스템의 개발과 질적 제고, 기술금융 여신 한도 등 Risk 관리도 준비되어야 한다.

> **문제점** 좀비기업 양산 : 정부의 무분별한 정책금융 남발은 좀비기업(한계기업)을 키울 수 있다. 금융권의 보신주의 타파가 강조되면서 기술력 중심으로 자금을 공급하는 이른바 기술금융이 확대되었다. 동시에, 대출의 건전성이 악화되지 않도록 Risk 관리도 중요한 과제의 하나이다.

(5) 전문 컨설팅의 제공

중소기업의 경영환경은 매우 치열하다. 따라서, 기술금융 지원에서 한 걸음 더 나아가, 기술력은 물론 해외진출 전략, 마케팅과 판매 분야에 전문 컨설팅을 제공하여야 한다.

Ⅲ. 맺음말

99-88 중기에 활력을 불어 넣어 신성장 동력을 찾는 것이 매우 시급한 과제이다. 이를 위해 금융보신주의를 혁파하고, 기술금융 지원 규모를 증가시키는 것이 필요하다. 기술 있는 중소기업에 대한 금융지원을 위해 기술 평가는 물론 기술금융 활성화에 필요한 전문인력, 평가 시스템의 정교화가 필요하다.

> 99-88 : 우리나라 기업 수의 99%, 근로자의 88%가 중소기업에서 일한다는 의미

16

논술형 문제

Hidden Champion의 시사점

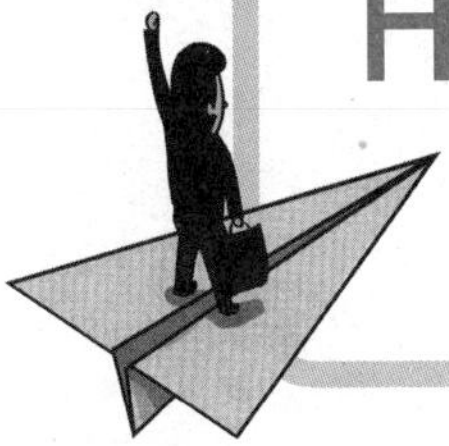

약술형 문제 ▶ 강소기업(Hidden Champion)의 특징과 시사점
● **빈도와 난이도** : 빈도 ★, 난이도 ★★ ● **출제유형** : 없음 ● **연습문제** – 중소기업의 경영과제 – 크라우드 펀딩(Crowd funding)의 효과

1 논제해법

히든 챔피언의 경우 한 분야에서 높은 시장점유율(M/S)과 오랜 역사, 기술과 R&D 투자, 세계시장의 진출, 그리고 독특한 고객중심의 기업문화 등을 갖고 있다. 저성장 국면에 접어든 우리 경제의 한 축인 중소기업이 대외 경쟁력을 확보하고 성장하기 위해 추구해야 할 경영화두를 찾는다.

2 개요잡기

강소기업은 88~99%에 해당하는 우리나라 중소기업이 지향해야 할 모델이다. 대외 의존도가 높은 우리 경제 특징과 중소기업의 경쟁력 강화를 위한 강소기업의 특징을 제시한다.

3 예시답안

(1) 서론

대중에게 잘 알려져 있지 않지만 세계시장을 지배하는 우량 기업을 가리키는 용어이다.[7] 우리 중소기업이 롤 모델로 활용할 경영전략과 문화와 역사를 가진 강소기업(强小企業 ; 작지만 강한 기업)의 특징은 다음과 같다.

(2) 주요 특징[8]

히든 챔피언은 시장점유율, 매출액 규모, 기업역사와 성장률 등으로 판단하고 있다.

- 시장점유율 : 각 분야에서 세계시장 점유율 1~3위, 또는 소속 대륙에서 1위를 차지하는 기업
- 매출액 : 40억 달러 이하
- 오래된 기업역사 : 평균 60년 이상의 기업수명
- 평균 성장률 : 연평균 성장률 8.8%
- 세계점유율 33% 이상

7 독일 학자 헤르만 지몬의 'Hidden Champion'에서 유래하였다. 한국거래소, 한국수출입은행 등도 한국의 히든챔피언 기업을 발굴·육성하는 사업을 진행하고 있다.

8 강소기업의 주요 특징은 문자 그대로 강한 분야가 무엇인지, 왜 그렇게 강한지 등을 고려한다. 또 작은 것은 무엇인지를 이해하여 정리해 두면 된다. 주로 높은 시장점유율, 높은 기술 수준, 적극적인 해외 진출, 오래된 역사와 독특한 기업문화, 지속적인 R&D 투자, 높은 이익 성장률, 종업원의 높은 만족도와 낮은 이직률, 기업가 정신이다.

(3) 시사점

- **전문화된 기술에 집중** : 기업 경영의 핵심역량 집중이 중시되고 있다. 전문화된 제품 생산에만 집중하기 때문에 독보적 기술을 보유하고 있으며, 이것이 기업장수의 비밀이다.
- **세계시장 중시** : 개방경제 체제하에서 세계화는 피할 수 없는 대세이다. 중소기업도 이제는 해외진출을 통한 한 단계 높은 성장을 추구하여야 한다. 히든 챔피언(Hidden Champion)기업의 경우 본사 직원이 수십 명에 불과해도 100개가 넘는 해외지사를 거느린 사례도 많은 점은 시사하는 바가 매우 크다.
- **독특한 기업문화** : 유연하고 개방적이며, 전문 인재들이 일할 수 있는 기업 문화를 갖고 있다. VOC(고객의 소리 ; Voice of Customer)를 경영에 신속하게 반영하는 내부 프로세스 등도 주요한 특징이다.
- **높은 연구개발(R&D) 투자비율** : 히든 챔피언의 공통적 DNA의 하나가 높은 R&D 투자비율이다. R&D 투자비율이 매출액 대비 중소기업은 3%, 대기업은 5% 내외인 반면 독일 히든 챔피언은 7% 이상을 투자한다고 알려져 있다.

(4) 결어

중소기업의 경우 개방화가 가속화되면서 경쟁이 격화되고 있다. 경쟁이 격화됨에도 불구하고 시장을 지배하고 지속적으로 성장하는 강소기업의 강점과 특징을 배울 필요가 있다. 기업가 정신, 선택과 집중, 고객 중시, 개방적 기업문화가 그것이다.

특히 저성장 국면의 한국경제에 새로운 성장동력을 확보하기 위해서는 글로벌 역량을 갖춘 혁신적인 강소기업의 육성이 반드시 필요하다.

17

논술형 문제

중소 · 중견기업의 해외진출

약술형 문제 ▶ 중소 · 중견기업과 해외진출

- 빈도와 난이도 : 논술 / 빈도 ★, 난이도 ★★
- 기출문제
  - 시중자금이 많지만 질적으로 악화되고 있는 상황이다. 기술금융의 개념 및 필요성을 말하고, 은행 및 정부의 역할을 서술하시오(IBK기업은행, 2014 하반기).
  - 급변하는 국내외 경제환경 변화에 따라 향후 몇 년간 중소기업이 처하게 될 위험요인에 대하여 본인의 생각을 간략히 서술하시오[핵심 Key word를 먼저 제시하고, 부연설명은 개조식으로 간략하게(핵심 key word는 3개 이상)](신용보증기금 온라인 평가, 2015).

문제 ▶ 한국 경제의 신성장 동력의 하나로 중소기업이 해외진출을 해야 할 필요성과 해외진출 시 직면할 애로점과 해결방안을 논하라.

1 논제해법

저성장이 지속되면서 대기업 중심의 수출은 불균형을 심화시키는 문제점이 제기되고 있다. 중소기업의 수출은 우리경제의 활성화는 물론 일자리 창출에 버팀목 역할을 하고 있다. 이들 중소 중견기업이 직면하는 애로는 매우 다양하게 나타나지만, 그중 최근 나타나는 이슈를 중요 순으로 뽑고, 해결 방안을 언급한다.

금융회사의 경우 금융지원과 중소기업에 대한 다양한 컨설팅, 지원에 따른 리스크 요인을 포함한다. 거시적인 관점에서는 중소기업이 수출시장에 도전하기 위해서는 기업가 정신, 제품과 서비스 혁신 노력, 정부의 실질적인 지원 방안 등을 추가하여도 좋다.

추가읽기 **중소 중견기업이 느끼는 애로사항**

전형적인 애로	경영전략, 자금, 판매 네트워크, 연구개발 능력과 신산업 진출 노하우 부족, 인력난에 직면하고 있다.
수출할 경우 애로	수출 경쟁국은 중국(응답 비율 59%), 일본(15%)이며, 환위험 관리, 마케팅, 해외바이어 정보, 수출자금 지원, 전문 인력, 마케팅 역량, 해외시장 제도 이해 부족 등이 문제로 나타나고 있다.

2 예시답안

Ⅰ. 문제 제기

압축성장의 성공 사례인 한국 경제가 저성장의 고민을 안고 있다. 이를 극복하기 위한 전략의 하나로 중소 중견기업의 해외진출은 매우 중요한 과제이다. 따라서 현재 한국의 대내외 여건을 고려하여 이들 기업의 해외진출 지원방안을 논하고자 한다.

Ⅱ. 해외진출의 필요성

① 대외적으로 중국발 저성장 쇼크, 미국의 출구전략으로 대외환경이 악화되는 가운데, 99-88('99%의 노동자, 88%의 GDP'를 의미하는 말로 우리나라 중소기업을 의미한다.) 우리나라의 경제성장과 고용을 담당하는 중소기업의 수출을 통한 일자리 창출이 절실한 시점에 왔다.

② 내수 시장의 부진을 고려할 때 더욱 그러하다. 한국 사회는, 저출산 · 고령화로 생산가능 인구의 부족과 실업률의 증가로 이들이 일자리조차 쉽게 찾지 못하는 상황이다. 중소기업의 성장 동력을 수출을 통해 확보한다면, 산업 간 양극화를 완화하고 중산층을 복원하여 보다 건전한 사회를 만드는 데 기여할 수 있을 것이다. 특히, 중소 · 중견기업의 성장은 사회 중간계층의 복원이라고 생각한다. 이를 통해 성장과 상생의 가치를 찾을 수 있고 현재 대두되고 있는 가계부채, 실업, 양극화 등 사회 문제의 많은 부분을 해결할 수 있을 것이다.

Ⅲ. 해외진출의 애로점과 지원방안

(1) 해외진출 채널 확보

중소기업은 해외진출의 경험, 조직, 네트워크가 부족한 것이 가장 큰 애로이다. 이를 극복하기 위해서는 중소기업청, 코트라, 수출입은행, 산업은행, 기업은행, 중소기업진흥공단, 무역보험공사 등을 활용하는 것이 가장 바람직하다.

(2) 대기업과의 상생 협력(동반 진출)

우리 경제가 저성장 국면을 탈피하고 재도약하기 위해서는 중소 · 중견기업이 대기업과 균형 있게 상생, 발전하는 경제구조로의 전환이 중요하다. 특히, 중소 기업의 수출 시장확대를 위해서는 중소기업과 대기업의 상생전략이 경쟁력을 키우는 데 중요한 요인의 하나이다. 해외 동반 진출, 대기업의 수출 주도 품목을 중소기업의 국내 제품으로 바꾸는 노력도 예가 될 수 있다.

(3) 기술개발과 금융 지원

치열한 수출시장에서 경쟁국인 중국의 소위 '차이나 인사이드(China Inside)현상'이 심화되는 것은 한국 중소 기업에게는 큰 위기이다. 대중국 수출 비중이 높은 국내 중소, 중견 기업이 기술력을 갖추고 해외시장에 경쟁력 있는 제품을 내놓을 수 있는 히든 챔피언(Hidden Champion)의 육성이 절실한 상황이다.

이를 위해서 장기적인 관점에서 R&D 투자를 통한 품질혁신과 기술개발 등이 절실하다. 나아가 미래 성장 동력 기업이 자금 애로를 겪지 않게 하기 위해서는 장기 안정적인 자금의 융통과 이들 기업에 대한 컨설팅이 제공되어야 할 것이다.

(4) 전문 인재가 일할 수 있는 환경

중소기업에 대한 인식을 바꾸고, 젊은 인력의 근무 여건을 개선하는 노력과 함께 해외 진출을 위해서는 무역 또는 해외 경험이 있는 전문인력이 필요하다.

(5) 기업의 도전과 혁신

개방경제 체제하에서 지원을 통한 성장에는 한계가 있다. 중소 중견 기업이 수출 기업으로 성장하기 위해 가장 중요한 것은 기업의 지속적인 제품 혁신과 도전 정신이다.

Ⅳ. 결론

자원이 부족하고, 내수시장이 작은 한국의 특성상 해외진출은 선택이 아니라 필수이다. 개방화 추세와 함께 중소기업은 중국 쇼크, 엔저원고, 그리고 미국의 출구전략으로 인한 부정적인 영향을 가장 많이 받는다. 중소기업을 통한 새로운 성장동력을 확보하기 위해서는 대기업과의 상생, 체계적인 금융과 컨설팅 등이 종합적으로 제공되어야 성공할 수 있다.

18

논술형 문제

농수협(Ⅰ) 존재이유 : 시장실패와 조합

논술형 문제 ▶ 농업부분의 시장실패의 예와 농협의 역할을 논하라.

- **빈도와 난이도** : 약술 / 면접 / 빈도 ★★, 난이도 ★★★
- **출제유형**
  - (신협)조합의 등장이유 경제적, 사회적 영향 4가지를 쓰시오(신협중앙회, 2016).
  - 아담 스미스의 국부론에 따르면 사적 이익을 추구하면 사회적 이익을 달성한다고 보았다. 그러나, 현대사회에서는 이런 사적 이익과 사회적 이익의 갈등이 있다. 농업 및 농협에서 이러한 사례와 해결방안에 대하여 논하라(농협은행, 보험, 경제지주 공통, 2015).
  - 농협의 소비자, 생산자, 기업의 상생협력 마케팅을 통한 지속적 발전방안을 논하라(농협은행, 보험, 경제지주, 2014).

1 논제해법

농업의 환경 변화가 매우 빠른 속도로 진행된다. 그러나, 농산물의 경우 유통의 비효율성과 가격의 불안정성이 문제로 대두되고 있다. 이러한 문제점이 발생하는 원인을 시장실패라는 관점에서 이해하고, 농협 경제지주 관점에서 해결방안을 제시하여야 한다.

2 예상풀이

Ⅰ. 서론

수십 년 동안 정부에서 많은 예산과 인력을 투자하여 다각적이고 지속적인 농산물 유통정책과 지원 정책을 펼쳐왔지만 그 성과는 크게 나타나지 않고 있다. 그 이유는 산업화 과정에서 농업의 소외, 시장개방 등 요인과 함께 유통시장에서 발생하는 시장실패도 영향을 미쳤기 때문이다.

Ⅱ. 시장실패와 사례

시장실패는 아담 스미스의 보이지 않는 손(Invisible hand)인 가격이 제대로 작동하지 않아 발생하며, 자원배분의 왜곡을 초래한다. 농업부분의 사례는 다음과 같다. 농산물의 공급자인 농업인은 다수이지만, 수요자는 소수인 대형 유통업자이다. 대형 유통업체가 수요독과점적 위치에서 유리한 가격으로 농산물을 구매하여, 초과이윤을 남기는 현상이 그것이다. 이러한 농업부분의 시장 실패를 보완하기 위해 농협 경제지주의 역할이 매우 크다.

> **시장실패** 시장의 불완전성(Market imperfection)과 시장의 불완비성(Market incompleteness)에서 발생된다. 시장의 불완전성은 독점, 과점, 독점적 경쟁과 같이 완전경쟁 상태에 있지 않는 것을 의미한다.

Ⅲ. 시장실패와 협동조합의 존재이유(농협경제연구소, '시장실패와 농협의 판매사업', 2013. 7 인용)

협동조합은 조합원의 공동이익을 추구한다. 시장 경제 체제하에서 시장실패(Market failure)는 독과점에 의하여도 발생하는데, 협동조합(농협)을 통하여 거래교섭력을 발휘

함으로써 이러한 시장실패를 보완하고 있는 것이다.

시장실패는 자원이 효율적으로 배분되지 않는 상태를 의미한다. 농업 경제지주의 경우, 판매사업을 통하여 농산물 유통시장에서 나타나는 시장실패를 완화하고, 이를 통해 조합원의 편익 증대와 시장의 효율화에도 기여할 수 있다. 예를 들면, 농산물의 유통시장은 판매자인 농업인은 많고 조직화가 되지 않은 반면, 농산물을 구매하여 판매하는 독과점적인 유통업자는 소수라는 특징이 있다. 즉, 수요과점(需要寡占)이 나타나 시장실패를 초래한다. 특히, 최근 대형 유통업체의 급부상으로 농산물 유통시장이 구조적으로 크게 변화되었다. 이들은 산지에서 직접 구매하면서 대형 유통업체의 농산물 산지 지배력은 더욱 높아지고 있는 것이다.

즉, 수요과점의 지위를 활용, 낮은 가격으로 매입한 결과 유통업체의 초과이윤이 발생하는 것이다. 조합은 이러한 시장실패를 완화하고, 농업인 조합원의 편익 증대, 시장 효율성 제고에 기여하기 위하여 존재한다.

Ⅳ. 농협의 역할

(1) 유통혁신

농협(수협)법 개정에 따라 경제지주의 역할이 더욱 중요해졌다. 생산, 유통, 배송 등을 체계화하여 경쟁력을 높여야 한다. 특히, 하나로마트는 농업인이 생산한 우리 농산물의 50% 이상을 판매해 농업인의 소득을 높이는 데 기여해야 한다.

(2) 경제지주와 금융지주의 시너지 효과

금융지주(신용부분)는 수익센터로서의 역할을 하면서, 오프라인 유통망을 활용하여 경제지주와의 시너지를 높일 수 있는 방안을 찾아야 한다.

(3) 상생협력 노력 지속

하나로 마트가 경제지주의 영리법인으로 전환하는 것에 대해 우려가 제기되고 있다.

그러나, 영리추구에 앞서, 지역농협과의 상생 방안을 지속적으로 찾고, 지역 발전을 위한 동반성장 전략을 찾아야 할 것이다.

(4) 수출 확대 조합원 이익 추구

FTA, TPP 등 경쟁 심화에 선제적인 대응이 필요하다. 농협경제지주를 통하여 농산물 수출판로를 확대하고 새로운 부가가치를 창출할 수 있는 실익사업 발굴에도 집중하여야 한다. 한식의 해외진출, 김치 등 가공식품의 수출 확대, 일본, 중국 외 중동과 동남아시아 할랄 시장으로 지역을 다변화하는 노력이 시급하다.

19

논술형 문제

농수협(II) : 위기와 기회

농업혁신과 해외진출

1 개요

무한 경쟁시대에 진입한 농업은 정책적 지원에 의존하여서는 대내외 위기 요인을 극복하기 어렵다. 오늘날 농업은 정보통신기술(ICT) · 바이오(BT) 등의 첨단기술과 접목되면서 부가가치가 높은 융복합 산업으로 부각되고 있다. 이런 농업과 첨단기술의 융합은 농산물의 생산 · 유통 · 소비 과정에서 발생하는 문제들을 해결하는 방안이 될 수 있다.

2 예상풀이

Ⅰ. 위기요인과 기회요인

산업화 과정을 거치면서 농촌과 농업분야가 한국경제에서 차지하는 비중은 매우 미약하다(GDP 기여도 2% 내외). 농업이 직면한 위기와 기회요인은 다음과 같다.

위기요인	기회요인
• 농업 부분의 절대 인구 감소 • 농촌의 급속한 고령화 • FTA 등으로 시장 개방 가속화 • 민간자본 투입 미흡(영세한 규모) • 노동 집약적 경영	• 귀농 귀촌 증가(농업과 농촌에 관한 관심 증가) • 스마트 팜, ICT 융합형 농업 확산 • 고품질 농산물에 대한 수요 증가 • 해외수출 기회 확대

II. 새로운 농업을 위한 성공요인

(1) 청장년 인구의 유입

농촌의 심각한 인구절벽 현상은 노동력의 부족, 새로운 기술변화에 대한 적응력 하락, 궁극적으로 농업의 생산성 하락으로 이어질 것이다. 이를 극복하기 위해서는 청장년의 귀농 · 귀촌에 대한 인센티브 부여가 필요하다. 또한 농업의 생산성을 높일 수 있는 전문인을 키우고, 이들을 통하여 기술 농업이 확산될 수 있는 환경이 만들어져야 할 것이다.

(2) 해외진출 확대

FTA로 개방이 가속화되는 점을 고려할 때, 수출을 통한 경쟁력의 확보가 절실하다. 한중 FTA를 비롯하여 TPP 등의 위기를 기회로 삼아 친환경농산물과 같은 고품질 농산물 육성을 통해 비가격적 측면의 경쟁력을 길러 수출을 증대시켜야 한다.

농협은 '쌀시장 개방' '농업선진국과의 FTA타결'에 대응하여 농산물 수출판로를 확대하고, 해외시장 진출을 통하여 수익성을 높이는 방안을 찾아야 한다. 농산물의 수출은 주로 일본, 중국, 미국이며, 최근 한류의 영향으로 아시아, 중동 지역으로 확대되고 있다. 또한 고객층을 현지인으로 확대할 수 있게 체계적인 유통, 마케팅, 농산품 브랜드를 구축해야 한다.

(3) 농업혁신

전통적인 농업의 틀에서 벗어나, 인구구조와 기술환경변화에 대응하는 새로운 농업방식(스마트 팜)이 도입되어야 한다. 비용 절감, 농산물 가격 변동성 위험 관리, 유통 혁신 노력이 병행되어야 한다.

(4) 금융 지원

농협은행은 IP금융, 기술금융분야를 확대할 필요가 있다. 기술성과 혁신성을 평가할 수 있는 체계적인 시스템과 조직 및 전문인력의 육성이 필요하다. 나아가 기술금융에 따른 리스크를 최소화하기 위한 노력도 추진되어야 한다.

(5) 농업인의 변화

고령화로 새로운 기술의 도입과 투자, 이를 위한 혁신적인 변화가 매우 어렵다. 농협과 농업인의 변화를 이끌 성공사례의 공유를 통하여 농업에 대한 인식을 전환시켜야 할 것이다.

Ⅲ. 맺음말

농업도 이제 무한 경쟁시대에 진입하였다. 정부의 정책적 지원과 함께 기술농업을 육성하고 이를 위해 전문인력을 육성해야 할 것이다. 특히, FTA, TPP 등 개방화에 따라 농업의 경쟁력을 높이기 위해서는 농업을 보는 새로운 시각이 절실하다.

추가읽기 **할랄(Halal) 식품**

할랄은 '허용된 것'이라는 뜻의 아랍어로, 이슬람 율법상 무슬림에게 허용된 식품 · 의약품 · 화장품 등에 인증이 붙여진다. 할랄 식품은 이슬람 교도가 먹을 수 있는 것으로 육류 중에서는 단칼에 정맥을 끊는 방식으로 도축된 소, 닭고기 등을 할랄 식품으로 인정한다.

이슬람교도들에게는 이 인증 마크가 '유기농' 등 다른 기준보다 더 중요하다. 최근 할랄 인증이 관심을 받고 있는 것은 이슬람 인구가 차지하는 비중이 높고, 이들 국가로 식품산업이 해외 진출하기 위해서이다.

20

논술형 문제

로컬푸드와 농업

논술형 문제 ▶ 로컬푸드와 농업
● **빈도와 난이도** : 약술 / 면접 / 빈도 ★★, 난이도 ★★★ ● **출제 유형** – 로컬푸드(local food)의 정의와 필요성에 대하여 나의 생각을 논하시오(농협, 2019).

1 문제 제기

최근 농업 분야에서 새로운 유통 체계의 하나로 로컬푸드가 주목받고 있다. 로컬푸드 매장의 숫자는 물론 매장의 매출액도 급격하게 증가하고 있다. 이 장에서는 로컬푸드의 정의, 필요성, 그리고 농협의 역할에 대하여 논하기로 한다.

2 로컬푸드의 정의

로컬푸드(Local food)는 지역 농산물을 의미하며, 생산지의 농민과 소비자 간 지리적 거리가 50km 이내로 운송되는 농산물이다.

(풀이) 로컬푸드는 농가가 안정적인 소득을 창출할 수 있게 생산지에 인접한 곳에 유통 채널을 두고 있으며, 농가는 신선하고 안전한 농산물을 소비자에게 빠르게 공급할 수 있다. 로컬푸드는 생산 지역과 생산자를 표시하여 소비자와의 신뢰를 형성하게 되며, 이를 통하여 유통 단계를 줄일 수 있고 농가 소득을 제고하는 데 긍정적인 역할을 한다.

3 필요성

유통 혁신을 통한 농가 소득 제고	농가 소득이 증가하지 않는 이유 중의 하나가 복잡한 유통 과정이다. 로컬푸드 운동은 유통 단계를 줄여, 농가 소득 5,000만 원을 이루는 데 기여할 수 있다. • 유통의 효율화 : 농가가 직접 생산, 집하, 매장 진열하기 때문에 복잡한 유통 단계를 대폭 축소
도농 상생	도시 소비자 : 농산물 안전 우려가 높아지고 있는 시점에서 인접 지역의 농산물을 저렴한 가격으로 구입 → 농산물 만족도를 높일 수 있으며, 우리 농산물 구매를 통하여 농업, 농촌 지역 활성화에 도움
수입 농산물과 차별화	수입 농산물은 물론, 대량 유통되는 기존 농산물(최소 1~2일)과 달리 로컬푸드는 수확 후 몇 시간 만에 판매되어 신선도와 다양성 면에서 차별화할 수 있음. → 지역 농산물의 경쟁력 강화
6차 산업으로 도농 교류	로컬푸드 판매 장소와 농업의 6차 산업을 접목해 도농 교류 활성화 기회 가능 → 도시 소비자의 농산물 생산 · 체험 프로그램 연계

4 활성화를 위한 농협의 역할

로컬푸드는 중소농 중심으로 다품종 소량 생산 방식으로 진행되고 있다. 규모의 경제 효과가 발휘될 수 있는 영농 규모를 확보할 수 있도록 농협의 역할이 필요하다.

로컬푸드를 활용한 다양한 가공품 생산이 가능하도록 관련 규제의 완화 건의, 농민들에 대한 교육, 농가에 필요한 자금의 융통 등의 역할을 농협이 할 수 있다.

논술 point

저성장과 양극화, 인구절벽과 지방도시 소멸, 4차 산업혁명 시대의 농업, 농가 소득, 귀농귀촌, 미래 농업을 향한 과제, 개방화와 수출 농업, 농업과 유통 등 농업 이슈는 별도로 정리해 두고, 농업, 농민, 농업 경제라는 관점에서 접근하는 것이 답안을 차별화하는 데 매우 중요한 포인트이다.

PART

04

금융논술

사회 · 문화 · IT

01

논술형 문제

4차 산업혁명과 인공지능 (AI, Big Data, Block Chain 기술)

논술형 문제 ▶ 4차 산업혁명과 인공지능

- **빈도와 난이도** : 약술 / 면접 / 빈도 ★★, 난이도 상 ★★★
- **출제유형**
  - 경쟁의 심화로 초과이윤을 내기가 매우 어려운 경영 여건이다. 그러나 극심한 경쟁이라는 경영 환경하에서도 경제적 지대(Economic rent)를 통해 공정한 경쟁에서도 초과이윤을 내는 경우도 있다. 그 예로는 Facebook, Youtube, Google, Amazone 등이 있다(기술보증기금 2017).
    ① 4차 산업혁명이 다가오고 있는 상황에서 중소기업, 벤처기업이 생산적인 경제적 지대를 거두기 위한 역할과 자세에 대하여 논하시오.
    ② 위 ①번에 대하여 플랫폼으로서 기보의 역할을 논하시오.
  - '4차 산업혁명이 가져올 변화와 도전'에 관하여 논하라(한국은행 2016).
  - 산업 간의 경계가 없어지는 현상이 나타나는 4차 산업혁명 시대가 도래하고 있다. 삶의 질–일과 가정의 양립에 관하여 논하라(기업은행 2016).
  - 4차 산업혁명(Industry 4.0)의 등장 배경과 선진국에서 강조되는 이유를 논하라(기업은행 약술, 2015).
  - (자료제시 : 사물인터넷의 정의와 환경, 사물인터넷이 인간을 풍요롭게 하는가에 대한 의견과 사물인터넷이 인간을 풍요롭게 하지 않는다는 의견 등 세 가지에 대한 내용이 제시된 후) 다음 3가지를 논하시오.
    ① 사물인터넷의 중요성과 이용 환경(5줄 이내)

② 사물인터넷으로 연결되는 기기에 관련된 소프트웨어, 하드웨어적 기술에 대한 기능적 정의를 서술하시오(10줄 내외).
③ 사물인터넷이 앞으로의 환경에 미칠 영향과 그것을 지지하는 의견을 논술하시오(20줄 이내)(무역보험공사 IT 논술 2014. 3).

1 문제 제기

최근 4차 산업의 대표기술의 하나인 인공지능(AI), 빅 데이터, 블록 체인 기술, 클라우드 등이 소개되면서 한국 산업과 금융 부분의 미래에 큰 변화를 가져올 것으로 예상된다.

일반적으로 기술 혁신은 한국경제에는 신성장 동력을, 기업에는 위기이면서 사업 기회를 제공할 것이다. 따라서 새롭게 부각되는 기술에 대한 기본적인 이해와 신기술로 인한 기회요인과 위험요인을 정리해 두기로 한다.

2 4차 산업혁명

다보스 포럼은 '4차 산업혁명'을 디지털, 물리적, 생물학적 영역의 경계가 없어지면서 기술이 융합되는 것이며, 인류가 한 번도 경험하지 못한 새로운 시대로 소개하고 있다.

구분	특징	대표 기술
1차 산업혁명	기계적 혁명	증기기관, 철도, 면사 방적기
2차 산업혁명	대량생산	조립라인과 전기를 통한 대량생산
3차 산업혁명	정보기술	컴퓨터, 인터넷 등을 통한 정보기술 혁명
4차 산업혁명	탈경계와 융합	인공지능(AI), 로봇, 사물인터넷(IoT), 무인자동차, 3D

기술 변화는 삶의 질(QoL: Quality of Life)을 향상시킨다. 인공지능(AI), 로봇, 스마트 카 등으로 새로운 산업이 발생하고, 노동을 대체하면서 개인의 소득 증가와 함께 삶의 질 향상이라는 긍정적 효과를 가져올 것이라는 주장이다.

반대로 새로운 기술 혁명은 사회적 불평등, 빈부차뿐만 아니라 로봇 등이 사람을 대체하면서 우려되는 수많은 일자리의 상실과 대량 실업으로 이어질 수 있다는 견해도 있다. 특히, 보통 수준의 기술을 보유한 사회 계층의 경우 새로운 기술로 무장된 고임금 전문가와의 소득 격차가 더 벌어질 것으로 전망된다. 또 로봇과 인공지능 등이 진화되면서 종교와 윤리문제 등으로 논쟁이 확산될 가능성이 더욱 커지고 있다.

3 4차 산업혁명과 주요 기술

(1) 인공지능(AI)

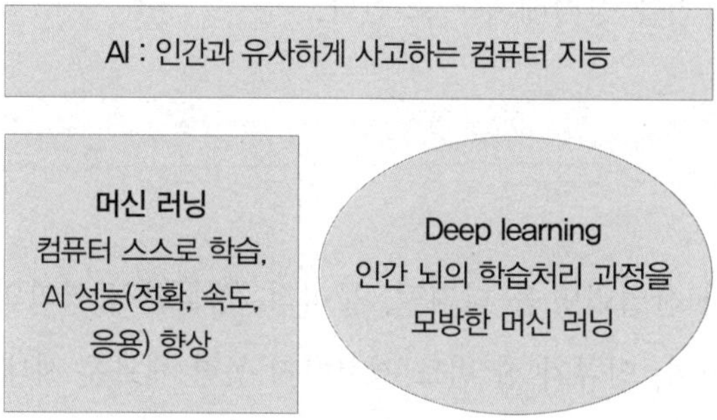

① **개념** : 인간과 유사하게 사고(인지, 추론, 학습)하는 컴퓨터 지능

- 알파고로 주목을 받게 되었다. 4차 산업혁명의 핵심 기술로 부각되고 있으며, 특히 Big Data 기술의 급격한 발전 등으로 각 산업에서 재조명되고 있다. 인공지능은 정부, 산업계, 금융권에서 신성장동력으로 주목받으면서 AI 관련 R&D, M&A 등 투자 확대가 기대된다.

• 최근 은행, 보험 등 금융업무에 인공지능을 도입하려는 시도가 확대되고 있다.

② 미래 금융업무 활용 예상

• 금융업에서 AI 적용은 문서작성, 고객응대, 준법감시, 신용평가, 투자 등으로 다양하게 예상되며, 최근에는 챗봇, 인공지능 비서, AI 애널리스트, 로보 어드바이저 등에도 인공지능의 기법이 응용될 수 있다.

사례로는 ① (고객데이터 분석–골드만삭스) 인공지능 기반 금융데이터 분석 업체 '켄쇼' 활용, ② (CS – 미즈호은행) 인공지능 기반의 로봇은행원을 주요 지점에 배치(안내원 수준), ③ (고객상담–웰스파고) 고객상담에 인공지능 및 로봇 기술을 활용할 방침, ④ (트레이딩 및 투자) 시스템 트레이딩, 미국 로보 어드바이저 운용자산 규모 확대, ⑤ (금융범죄 파악) 이상 금융거래 탐지 시스템(FDS)에 딥 러닝 기술이 알려져 있다.

(2) 빅데이터(Big Data)

① 개념 – 3V

방대한 양(Volume), 다양성(Variety), 빠른 처리 속도(Velocity)를 특징으로 하는 데이터 수집, 저장, 분석, 활용 기술이다. SNS, 스마트 기기 발전, 빠른 통신 속도, 저렴한 하드웨어, Cloud 기반 플랫폼 등 ICT 인프라가 급격히 변화·발전하고 있다.

빅 데이터란 빠르게 변화하고 용량이 매우 큰 다양한 정보를 뜻한다. 최근 스마트폰 사용 급증에 따라 SNS 산업 고도화, 미디어 콘텐츠의 폭발적 증가가 나타나고 있다. 기업들도 빅 데이터를 활용하여 새로운 비즈니스 모델을 찾고 있다.

② 금융업에서의 활용

주로 위험 관리, 상품 개발, 마케팅, 고객 관리 분야에 주로 활용되고 있다. 개인 성향을 파악하여 상품 개발은 물론, Risk 방지-조기경보체계에도 활용, 보험사기 방지, 주가 등 투자 예측에 응용되고 있다.

(3) 블록체인(Block Chain)

① 개념 – 공공 거래 장부

비트 코인 거래의 핵심기술로 '공공 거래 장부'라 부른다. 이는 거래 장부를 네트워크 참여자 간 공동으로 기록 · 저장(공개, 관리)하기 때문에 붙여진 이름이다. '디지털 가상화폐' 거래 시 해킹 방지의 기술로 주목 받고 있다. 블록체인은 분산처리와 암호화 기술을 동시 적용하여 높은 보안성을 확보하는 한편 거래 과정의 신속성과 투명성을 특징으로 한다.

② 주요 특징

투명성, 보안성, 저비용으로 대변된다. 특히, ICT 발전에 따라 더 높은 보안수준 요구, 시스템 구축 및 관리 비용 증가, 핀테크 등에 결제비용 절감 요구가 증가함에 따라 블록체인 기술 적용에 대한 요구가 확대되었다.

③ 블록체인(Block Chain) 기술효과와 금융

- 분산처리구조 기술은 기존의 금융회사의 중앙집중형 거래시스템을 대체함으로써 거래단계에 내재되어 있는 비효율성을 축소할 수 있다.
- 금융회사(은행)는 블록체인을 실제 금융거래에 적용하면 제3의 기관이 필요없어 수수료 등 금융거래비용을 낮추고 서비스 처리시간이 빨라질 것으로 기대한다. 수수료 등 비용을 줄이고, 고객에게 돌아갈 혜택도 커질 것이다.
  - 향후 외화 송금 서비스 개발, 주식(장외) · 채권 · 마일리지 등 거래, 전자화폐 발행 및 이체서비스 등에 다양하게 활용될 전망이다.

02

논술형 문제

4차 산업혁명이 한국경제 · 사회에 미칠 영향과 대응

논술형 문제 ▶ 4차 산업혁명이 한국경제 · 사회에 미칠 영향과 대응

- **빈도와 난이도** : 약술/면접/빈도 ★★, 난이도 상 ★★★
- **출제유형**
  - 경쟁의 심화로 초과이윤을 내기가 매우 어려운 경영 여건이다. 그러나 극심한 경쟁이라는 경영 환경하에서도 경제적 지대(Economic rent)를 통해 공정한 경쟁에서도 초과이윤을 내는 경우도 있다. 그 예로는 Facebook, Youtube, Google, Amazone 등이 있다(기술보증기금 2017).
    - ① 4차 산업혁명이 다가오고 있는 상황에서 중소기업, 벤처기업이 생산적인 경제적 지대를 거두기 위한 역할과 자세에 대하여 논하시오.
    - ② 위 ①번에 대하여 플랫폼으로서 기보의 역할을 논하시오.
  - '4차 산업혁명이 가져올 변화와 도전'에 관하여 논하라(한국은행 2016).
  - 미래 농업의 경쟁력을 높이는 방안으로 4차 산업혁명이 어떤 기회와 위기 요인이 있는지에 대하여 나의 생각을 논하시오(농협 은행).
  - 4차 산업혁명으로 인해 은행이 갖는 기회요인과 위험요인은 무엇이고 은행의 대응방안은 무엇인가?(기업은행 2016)
  - (클라우스 슈밥의 4차 산업혁명 예문 제시) 문제: 핀테크 발전과 금융산업의 발전방향에 대해 서술하시오(산업은행 2016).

1 논제해법

4차 산업혁명은 한국경제의 희망처럼 회자되고 있다. 이것은 J노믹스의 일자리 창출, 산업의 생산성 제고, 고령사회의 노동력 부족 문제, 벤처 기업과 중소기업의 도전과제, 삶의 양식과 조직운영 방식을 바꿀 새로운 패러다임으로 금융논술에서 매우 높은 시사점을 지니고 있다.

또한, 4차 산업혁명의 시대가 도래하기 위해서는 정부의 기술변화에 따른 생태계와 제도의 구축, 기술력과 혁신성을 갖춘 기업에 대한 장기적이고 체계적인 지원, 기술과 기업가 정신을 가진 기업이 금융을 통하여 성장할 수 있도록 생산적 금융활동이 지속되어야 한다는 점을 답안에 반드시 반영하도록 한다.

나아가, 4차 산업혁명의 부정적인 면, 일자리 다툼(대량 실업), 기술 혁신에 따른 빈부차 확대(일종의 Digital Divide 현상), 윤리적인 문제와 기준 제정의 필요성 등에 대하여도 언급하도록 한다.

아래는 빈도가 높은 '4차 산업혁명의 영향과 대응 방안'에 응용할 수 있는 소재를 중심으로 개조식 답안을 구성한 것이다.

2 문제 제기

- 세계 경제의 저성장 국면 진입으로 신성장 동력에 대한 필요성 대두
- 한국경제의 경우, J노믹스에서 강조되는 저성장 극복, 미래 일자리 창출 등으로 관심 부각
- 고령화로 생산가능인구 감소, 노동력 약화에 대비하여 4차 산업혁명에 관한 관심이 증가

3 경제사회 영향(효과)[1]

경제	• 소비자 효용 증가–4차 산업혁명 기술은 비용 효율적인 제품이 출시되어 일반 소비자의 만족은 높아질 수 있음. • 특히, 상품과 서비스의 다양화, 개별화 추세가 심화됨. – 맞춤형 상품 · 서비스 제공으로 소비자 효용이 비약적으로 증가 – ICT 융합 등으로 생산성 향상, 직접거래 증가에 따른 유통비용 축소 등으로 공급효율화 가능
경제–고용	• 일자리 감소 : 단순업무에서부터 전문영역까지 미래 일자리 감소 전망 – 법률, 회계, 의료, 투자 등 전문직의 경우도 AI, Big data 등의 발달로 소멸 우려 • Gig 이코노미 현상 심화 – 4차 산업, AI 관련 전문 기술직에 대한 수요 증가, 단순 노동직(사무, 단순 노무 등)은 대체 → 새로운 인간형, 교육 시스템 변화로 창의적인 인재가 필요 → 노동집약적 중소기업의 경우 경쟁력 약화 우려
사회	• 육체노동은 물론 전문적인 일을 AI 기술을 통하여 처리할 수 있게 됨에 따라 인간의 삶의 여유, 새로운 산업의 발견 등 긍정적인 점이 있음. • 반면, 기술격차로 인한 양극화 고착화, 심화가 우려됨. – 빈부차 = 기술격차(大小) → 4차 산업 혁명의 주요기술인 인공지능(AI) 로봇의 승자가 미래 사회의 부를 독식[1] 할 수 있는 위험이 있음. • 따라서, 일부 학자들은 미래 사회에는 계층이동을 위한 제도 보완 필요성 제기 + 기본소득제 + Robot 세 논란 대두
산업	• 새로운 혁신형(융합형) 기업의 탄생 – 기존 산업 간 경계(x), 혁신적인 신규 산업 · 서비스 등장 촉진 → 이종(異種)산업의 등장 – 핀테크 기업, 제조업과 서비스 융합, 이종산업 진출 · 제휴 등 – 온라인과 오프라인, 수요와 공급 등 실시간으로 양방향을 연결하는 O2O, 공유경제, 온디맨드 등 신규 서비스 부상

1 인공지능(AI) 산업(로봇)의 문제 : 승자독식(Winner takes all) 현상 우려
AI의 발전으로 세계 경제 성장이 촉진될 전망. 특히 중국, 미국이 AI 투자에 집중한 결과 성장할 전망 → 궁극적으로 중국과 미국이 인공지능으로 인한 경제적 혜택의 70%를 가져갈 전망. AI로 인한 경제적 부가가치는 (1) 노동생산성 향상 (2) AI가 만들어 내는 제품의 혁신 때문에 창출될 것이라고 PwC는 가정
* 시사점 : 인공지능이 기존 기업들에 사무자동화 이외에 많은 가치를 전달할 수 있음. 인공지능이 가져올 개개인의 생활양식 변화는 물론 사회적 경제적 변화는 매우 클 것(매경기사 요약, 2017. 6)

금융	• 금융 디지털화와(현금 없는 사회, 지점 없는 은행 등) 탈중개화(금융서비스의 수요자와 공급자 간 직접 거래로 기존 중개기관에 대한 의존도 감소) 현상 심화 – 금융의 디지털화로 금융서비스를 받지 못하거나 오히려 불편해지는 금융소비자가 증가하는 금융소외 현상이 심화될 수 있음 – 또한 금융사기, 금융범죄는 물론 금융에 AI 기술을 응용하여 제공한 상품과 서비스에서 발생하는 새로운 형태의 금융소비자 피해가 예상됨
윤리–법적 문제	• Big Brother 문제 • 로봇 범죄(Killer robot), 개인사생활 침해, 자율 주행차 사고, 챗봇 잘못된 안내 등 책임소재, 윤리적 기준 등이 과제 – 개발자의 윤리, 사회적 기준(예 AI 윤리헌장) 제정 → 사회적 공론화를 위한 노력(토론)

4 대응과 시사점(아이디어)

(1) 정부

① 역할 및 정책 추진의 일관성

- 한국의 신성장 동력을 확보하기 위한 미래를 준비하는 정책으로, 정부의 장기적인 시각과 전략, 구체적인 실행방안 등이 중요
- 특히 기업, 산업 간 갈등의 조정 역할, 일관성 있는 정책추진이 절실
- 변화와 혁신에는 이해관계 갈등, 정책 혼란 등이 발생

② 생태계의 조성 – 제도와 규칙의 제정, 변경, 규제완화 등

- 4차 산업혁명의 주체는 기업. 기업의 혁신, 새로운 도전 기업의 출현을 돕는 역할을 하는 것은 정부

  ☞ (장기적으로) 4차 산업혁명 시대 혁신은 기존의 제조업의 틀을 벗어나, 혁신적 기술(AI, Big Data, IoT 등 디지털기술 등), 혁신적 사업(맞춤형 소량생산, 스마트 공장 등의 형태로 진화)은 기업가 정신이 발휘될 수 있는 생태계에서 가능
- 기술 혁신형 기업에 대한 체계적인 지원

③ 4차 산업혁명시대 인재 양성, 새로운 제도와 규범의 정비

(2) 기업

① 변화와 혁신 – 강점 있는 분야에 집중

- 제조업의 스마트화가 진전되면서 전통적인 제조업의 영역에 ICT 기반의 서비스가 융합되는 추세
- 4차 산업혁명 시대를 맞아 기업 간의 물리적 경계가 약화되고 생산자와 소비자의 엄격한 구분이 사라지며, 異업종의 진출 등 전통적인 경영환경의 큰 변화
- 기술경쟁력이 생존의 조건. 이를 위한 투자, 인재육성, 제휴 등 필요

② 전통적 조직 운영방식의 변화

- 이전 산업혁명 시대의 조직 운영방식인 '분업화', '계층제' 등 경직된 조직구조가 유연해지고, 기업 간 물리경계가 완화될 전망
- 전통적 위계질서를 대등한 권한의 수평적 조직구조가 대체하는 현상이 나타날 수 있음
- 조직 근무환경도 가상공간 등이 활용될 수 있어, 조직 운영 방식과 인식의 변화 필요

③ 중소 · 중견(벤처)기업의 역할

- 4차 산업혁명을 통한 J노믹스의 공공부문 일자리가 마중물이 되어 기업부문 일자리를 창출하기 위해서 중소기업 기여가 매우 중요
- 미래 기업의 신성장동력 확보를 위해서는 미, 일 등과 경쟁이 필요하며, 이를 위해서는 도전적이고 혁신성을 갖춘 중소 벤처기업의 역할이 매우 중요
- 인력, 기술력, 자금조달 등 취약 → 4차 산업혁명 대응이 대기업에 비해 불리(정책자금, 기술금융)
- 정부의 정책적 지원, 대기업과의 상생 경영

• 중소기업 임직원의 도전정신

④ 4차 산업혁명 관련 홍보 및 교육을 강화, 인력 양성(인식전환)

• 중소기업이 특히 민감하게 받아들이는 정보유출 문제 해결을 위한 법적 · 제도적 장치 마련

• 예 smart factory–기업 간 시스템 연결이 필수적, 보안시스템이 취약한 중소기업에서 정보유출로 인한 영업력 약화 등의 문제로 기피

(3) 금융

① J노믹스 정부 체제에서 강조하는 생산적 금융 강화를 통하여 기술 혁신성을 갖춘 기업에 대한 기술금융 지원 필요

② 또, IT 기반의 이업종의 금융업 진출에 대비하여 금융회사는 본업에 충실 – 고객의 니즈 변화에 대응하는 상품과 서비스, Risk의 관리

③ 특히 소비자금융, 채널의 혁신에 따라 대비해야 할 것임

5 결론

• 4차 산업혁명은 한국 경제(금융회사)의 위기이면서 기회

• 위기를 기회로 전환하기 위한 정부, 기업, 금융기업의 역할이 매우 중요

03

논술형 논제

4차 산업혁명과 정책 기관의 역할

논술형 논제 ▶ **4차 산업혁명과 정책 기관의 역할**

첨삭예시

문제 ▶ **제4차 산업혁명이 한국 사회에 미칠 영향과 대응책을 한국과학창의재단의 역할을 포함하여 논하시오.**

첨삭답안

I. 서론

인공지능 '알파고'가 바둑기사 커제와 대국에서 창의적 대응을 보이며 다보스 포럼에서 클라우스 슈밥 회장이 화두를 던진 제4차 산업혁명의 단면을 보여줬다. 사물인터넷, 인공지능[1], 로봇기술, 생명공학이 주도하는 제4차 산업혁명은 시공간을 초월한

[1] AI. 영어로 표기하는 것이 가독성이 높다.

초연결성을 갖는다. 혁명적 사회 변화를 앞두고 한국의 준비도는 139개국 중 25위로 평가받고 있어 대응책 마련이 시급하다.

❷ 1) 소제목 : 4차 산업 활성화를 위한 우리나라의 과제
2) 내용–문제점은 대응책에 나오는 소제목(교육, 경제, 문화)과 관련성을 갖추는 것이 좋다.

Ⅱ. 본론

(1) 우리나라의 상황(문제점)❷

제4차 산업혁명으로 도래하는 초연결사회는 습득한 지식을 활용하여 *❸ 문제를 해결하는 창의적인 문제 해결력을 갖춘 인재를 요구한다. 그러나 우리의 주입식 교육은 융합 사고력을 갖춘 창의적 인재를 양성하는 데 부적합하다. 경제 구조도 하드웨어 제조업 중심으로 미래 가치 창출의 원동력인 소프트웨어 산업의 경쟁력이 낮고 노동시장의 유연성도 적어❹ 제4차 산업혁명 속에서 일자리 문제를 심화시킬 가능성이 높다. 새로운 지식을 습득한 대중이 지식을 활용해 볼 수 있는 공간도 부족해서 민간에서 시작되는 혁신의 모습을 찾기 힘들고 이는 결국 민간의 과학기술에 대한 관심을 낮춰 부정적인 뫼비우스의 띠를 만들어 낸다.

❸ 융합적 사고로 또는 학제 간 접근(interdisplinary approach)을 통하여

❹ 새로운 기술 환경에 대응하지 못할 경우

(2) 대응책

1) 교육❺

❺ 잘 정리된 내용이다.

창의적 인재를 육성할 수 있는 교육 체계를 운영해야 한다. 교사 중심의 강의식 수업을 벗어나 학생 중심의 선택형 토론식 수업을 진행해야 한다. 교사는 안내자가 되어 학생들이 토론을 통해 문제의 원인과 해결책을 찾으면서 창의력을 신장시킬 수 있는 환경을 만들어야 한다. 단편적 지식의 한계를 벗어나기 위해 교과 간 연계를 통한 융합 수업도 이루어져야 한다. 중요성이 부각

된 소프트웨어 교육은 비중을 늘리고 전문 인력과 인프라를 확보해야 한다. 소프트웨어 교육도 과학이나 진로 교육과 연계한 융합 수업을 진행한다면 높은 효과를 볼 수 있을 것이다. 고령화 사회가 요하는 평생교육 기회를 확대하면 일자리 시장의 유연성을 확보할 수 있을 것이고 중장년층의 사회 적응력을 높이고 불안감은 완화될 수 있을 것이다.

2) 경제

경제 분야에서는 *[6] 혁신과 자율성을 강조해야 한다. 우선 청년의 혁신 역량 강화를 위해 우수인재를 대상으로 스타트업 캠프를 운영하여 아이디어가 사업 아이템이 될 수 있는 환경을 제공해야 한다. 그리고 대학과 기업이 보유하고 있는 정보를 활용할 수 있게 규제를 완화해야 한다. 패러다임은 변해서 정보의 가치는 올라갔는데 활용을 막는 규제가 존재한다면 우리나라 기업의 시장 지배력은 악화될 것이고 결국 일자리 문제까지 영향을 미칠 것이다. 정보를 악용하는 사례를 막기 위해 제도를 정비하고 정보의 개방성을 확대한다면 기업의 시장 지배력은 물론이고 창업은 더욱 탄력을 받을 것이다.

또한 경쟁적이고 창의적인 시장 구조를 만들기 위해 대기업 중심의 경제 구조를 벗어나야 한다. 이를 위해 *[7] 중소기업 중심으로 미래 기술 R&D를 정부 차원에서 지원해 신사업의 경쟁력을 강화해야 한다. 기술 혁신형 중소기업이 발전할 수 있는 경제 구조를 통해 우리나라는 다양한 혁신을 만날 수 있을 것[8]이다.

[6] 정부 역할이 중요하다. 4차 산업혁명에 따른 환경의 변화는 기존 산업 기업 단위의 경계를 초월한 융합적 전략 제시가 필요하다. 정부가 비전하에 정책을 추진하고 조율하는 일관성이 무엇보다 중요하다.

[7] 중소기업은 인력, 기술력, 자금 등에서 취약하여 4차 산업혁명 대응이 대기업에 비해 느릴 수 있다. 하지만 중소기업이 우리나라 경제에서 차지하는 비중이 크고, 특히 4차 산업혁명으로 인한 변화 양상은 과거보다 속도가 빨라지고 있음을 감안할 때, 중소기업의 4차 산업혁명 대응을 지금부터 적극 추진하는 것이 필요하다.

[8] 만날 수 있도록 R&D에 필요한 금융 지원, 전문 인력의 양성이 필요할 것

금공 논술 Tip 4차 산업혁명과 한국에의 시사점 : 정부의 주도적 역할 및 정책 추진의 일관성

독일과 일본은 4차 산업혁명 시대를 대비할 때 나타날 각종 규제, 산업 생태계 조성, 인재 육성, 사회 인프라 재구축을 위해 국가적 대응 문제로 인식하고 대응 전략을 수립했다. 특히, 4차 산업혁명에 따른 환경 변화는 기존 산업 기업 단위의 경계를 초월한 융합적 전략 제시가 필요한 문제로, 정부가 명확한 중장기 비전을 제시하고, 관련 부처 및 협의체의 단기 시행 정책 추진을 관할 및 조율하면서 정책의 진행 경과를 점검해 나가는 등 정책 추진의 일관성이 무엇보다 중요하다.

3) 문화

초연결성은 대중의 문화도 변화시킨다. 정보의 초연결성으로 인해 맞춤형 소비문화가 일어나며 개인 콘텐츠를 통해 가치를 창출하기도 한다. 정부는 대중의 활발한 활동을 위해 새로운 과학기술을 접할 수 있는 기회를 제공하고 직접 활용할 수 있는 공간도 확보해야 한다. 어디나 혁신의 시작점이 될 수 있는 사회에서 대중의 과학기술에 대한 관심을 높이는 일은 매우 중요하다. 개인은 새로운 지식을 습득하고 발전시키며 자신만의 존재 가치를 찾아야 한다. 이는 단순 업무를 기계가 대체하는 세상 속에서 경쟁력이 될 수 있다. 기업은 제품을 판매하는 것에 그치지 않고 서비스업을 융합해 제공한다면[9] 소비자가 더 만족하는 즐거운 소비문화를 만들 수 있을 것이다. 이러한 변화로 기계가 아닌 인간 중심의 문화와 *[10] 사회를 맞이할 수 있다.

[9] Big data와 AI의 기술을 활용하여 상품과 서비스를 맞춤으로 제공한다면.

[10] 삶의 질(QoL)이 높아지는

(3) 창의재단의 역할

제4차 산업혁명의 시대를 맞아 재단의 역할이 중요하다. 먼저 창의적 인재 양성을 위한 교육 체계를 개발하여 현장에 확산시켜야 한다. 창의력 개발 수업과 융합 수업(STEAM)에 관련된 수많은 프로그램을 확산시키기 위해 현장 책임자를 대상으로 지역별 워크숍을 개최해 보유한 프로그램을 소개하고 창의적 인재 양성의 중요성을 강조해야 한다. 그리고 보급된 프로그램을 통해 현장 의견을 통해 대한민국형 창의인재교육법을 확립해야 한다. 기초 단계인 소프트웨어 교육은 해외 사례를 기반으로 기본 체계를 확립하고 원격연수를 통해 현장 교원을 전문 인력으로 양성해야 한다. 또한 현재 운영 중인 무한상상실의 활용도를 높여야 한다. 우선 역할을 확대하여 소프트웨어 교육을 위한 장소로 제공을 하고 전국적으로 활용사례를 홍보하여 메이커 문화의 구심점으로 삼아야 한다.

3D 프린터 같은 신기술 관련 전문 인력을 배치하여 기술 활용의 진입 장벽을 낮춘다면 대중의 관심은 더욱 높아질 것이다. 대중의 높아진 관심 속에 해외 유관기관과 연계하여 혁신역량 강화를 위한 해외연수의 기회와 해외 스타트업 캠프에 참여할 기회를 제공한다면 대중은 높은 참여도를 보일 것이고 혁신과 창업은 활기를 띨 것이다.

그리고 대한민국과학창의축전과 같은 행사를 지역별로 주최하여 해외연수에서 습득한 기술이나 국내의 혁신 기술을 소개하고 체험할 수 있는 기회를 마련한다면 우리나라는 제4차 산업혁명의 구성원이 될 수 있는 기반을 마련할 수 있을 것이다. 그리고 이 기반은 다시 혁신을 향한 새로운 길을 만들 수 있을 것이다. +⑪

⑪ 추가한다면, 창의재단 직원의 임무, 역할 등을 간략히 보완하는 것도 좋다.

Ⅲ. 결론

4차 산업혁명 시대로의 변화는 피할 수 없다. 변화에 있어 재단의 역할은 매우 중요하다. 4차 산업혁명이 성장을 위한 원동력이 되는 것은 재단이 보유한 경험과 성과물을 사회 발전을 위해 성공적으로 확산하는 것이다. 이를 통하여 한국과학창의재단은 대한민국 제4차 산업혁명의 중심이 될 수 있을 것이다.

04

논술형 문제

자본주의 4.0, 따뜻한 자본주의, 새로운 자본주의

약술형 논제 ▶ 자본주의 4.0, 따뜻한 자본주의, 새로운 자본주의

- **빈도와 난이도** : 논술 / 면접 / 빈도 ★★★, 난이도 ★★★
- **출제유형**
  - 자본주의 4.0과 창조적 자본주의와 관련하여 기업의 사회적 책임을 논하시오(기업은행 논술, 2012 상반기).
  - 월가 시위와 관련하여 금융회사의 사회적 책임을 논하라(금융감독원, 2012).
- **연습문제**
  - 미소금융
  - 은행의 사회공헌활동

1 논제해법

최근 사회적 이슈가 되고 있는 사회양극화의 원인은 우리 사회만의 문제가 아니라 세계적 현상이다. 양극화의 원인을 무엇으로 볼 것인가에 대한 입장을 정리해야 한다.

다음은 소위 따뜻한 자본주의라 불리는 자본주의 4.0(Capitalism 4.0)이란 무엇이며, 이전의 자본주의 체제에서 발생했던 문제와 그 대안으로 제시된 자본주의 4.0시대에서 강조되는 정부의 개입과 기업의 사회공헌 활동을 언급한다.

사회적 공헌활동을 해당 금융기관별 예로 간략히 들어주면 더욱 좋다.

2 개요잡기

칼레츠키의 책 '자본주의 4.0'에서 제시한 자본주의 발전단계를 요약하면 다음과 같다.

단계	주요 내용
자본주의 1.0	**아담 스미스의 국부론 출간부터 1932년까지로 자유방임주의 시기** • 국가는 야경국가로, 복지정책이나, 실업 등에는 간여하지 않으며, 보이지 않는 손의 역할 강조 • 빈부 격차 확대, 실업 문제와 사회 갈등이 심화되어, 자유방임주의의 한계 봉착
자본주의 2.0	**대공황을 거치면서 대규모 실업과 전체주의 체제의 출현에 대응하기 위해 정부의 정책 개입(케인즈의 수정자본주의 시기)** • 총수요관리정책으로 대공황을 극복하고 호황기를 맞이하였으나, 70년대 오일쇼크로 촉발된 스태그플레이션으로 위기 봉착
자본주의 3.0	**신고전학파의 시장근본주의 시기(신자유주의 시기)** • 공산주의 몰락, 세계화의 진전 등으로 경제가 안정되고, 규제완화와 IT발전으로 금융혁신을 통한 금융산업이 급성장하게 환경이 조성됨 • 금융자율화, 상품자율화 등이 진행되면서 금융기관이 부채를 활용한 레버리지를 과도하게 확대하였으나, 규제당국(정부)은 이를 미리 제어하지 못하여 글로벌 경제위기가 발생하는 원인을 제공하게 하였음 • 결과적으로, 금융기관의 파산과 대규모 정부의 공적 자금 투입, Casino Capitalism의 본산으로 비유되는 Wall Street 탐욕을 비판하는 시위가 발발하는 계기가 되었음
자본주의 4.0	**글로벌 금융위기(2007~09) 이후 새로운 자본주의 체제** **시장과 정부 모두 불완전하며 오류를 저지르기 쉬움을 인정하고 유능하고 적극적인 정부(통화/재정)정책은 시장경제 존립에 필수** • 글로벌 금융위기로 정부는 금융시장 개입과 금융시장에 대한 규제 강화 방안을 집중 논의 • 자본주의 3.0단계의 신자유주의 시기에 개인의 근로 의욕을 고취시키고 기업 혁신을 이끌었지만, 자본권력의 비대화와 경제 양극화, 승자 독식이라는 자본주의 체제의 부작용이 나타나게 되었으며, 그 원인과 해소 방안에 대한 논의가 전개되고 있음

3 시사점

정부의 불간섭과 효율적인 시장이 모든 문제를 해결할 수 있다는 신고전학파 경제학의 이론적 가정이 시장근본주의 이데올로기를 자극하여 금융위기와 자본주의 위기를 확대시키는 요인으로 작용했다고 보고 있다. 이러한 점에서 최근 경제 집중과 양극화 등의 사회현상을 이해하기 위해서는 경제현상에 대한 접근방식을 변경하여야 한다. 정치와 경제, 정부와 시장의 관계를 새롭게 정의해 자본주의 시스템의 구조적 전환을 이루어야 한다는 것이 그가 주장하는 내용이다.

특히, 신자유주의가 개인의 근로의욕을 고취시키고 기업 혁신을 이끌었지만, 경제 집중화를 통한 경제 양극화의 심화, 자본 권력의 비대화, 승자 독식이라는 자본주의 체제의 부작용을 나타나게 하는 원인이 되었다고 본다. 그 원인과 해소방안에 대한 새로운 관점의 접근이 필요하다는 점에서 자본주의 4.0이 제시된 것이다.

자본주의는 고정된 제도가 아니라 위기를 통해 새롭게 해석되고 진화하는 시스템이라는 사실을 인식시켜 주고 있다. 자본주의는 위기를 극복하고 다시 따뜻한 자본주의, 이른바 자본주의 4.0으로 발전될 것으로 전망된다.

05

논술형 문제

우리 사회 양극화의 원인과 대책

논술형 문제 ▶ 우리 사회 양극화의 원인과 대책

- 빈도와 난이도 : 논술 / 면접 / 빈도 ★★★, 난이도 ★★★
- 출제유형
  - 소득불균형의 문제점과 해결방안(금융감독원, 2015)
  - 흙수저와 금수저 논란에 대한 본인의 생각(대투증권, 2016)
  - 대기업 규제를 통한 상생경영의 장단점을 바탕으로 본인의 생각을 논하시오(산업은행, 2014).
  - 최근 '초과이익 공유제'로 인해 동반성장위원회와 기업 간에 마찰이 심해지고 있는데 이에 대한 자신의 의견을 논하시오(IBK기업은행 논술 2011, 상반기).
  - 상생경영(우리은행, 2010)
  - 대기업과 중소기업의 동반상생 방안에 대하여 논하시오(IBK기업은행 논술, 2010).
  - SSM(기업형 슈퍼마켓)의 찬/반에 대한 자신의 견해를 논하시오(IBK기업은행 약술, 2009).
  - 잡셰어링에 고통분담을 핑계로 임금삭감을 해서 비판이 제기되고 있다. 잡셰어링이 우리사회에 미칠 영향에 대해 논하라(하나은행 논술, 2009).

1 논제해법

우리나라의 사회양극화는 다양한 양태로 나타난다. 그중 소득기준으로 계층 간, 산업 간 양극화가 주요 쟁점이 된다. 그러나 양극화의 두 양태는 상호밀접한 관련성을 갖고 있다는 점을 인식하고 답안을 작성한다.

특히, 정부가 추진하는 중산층 70% 복원이란 주제는 중소기업과 대기업, 수출기업과 내수기업의 상생과 동반 성장과 관련되어 답안을 정리한다.

양극화 완화를 위해서 정부의 역할이 매우 중요하다는 점을 강조한다. 그리고 질 높은 일자리를 만들기 위한 정부의 정책적인 노력과 더불어, 중소기업, 내수기업의 혁신과 노력이 필요하다는 점도 언급하는 것이 바람직하다.

금융권에 따라 경쟁력 있는 중소기업, 농업기업에 대한 금융 지원, 제도개선 등 환경 조성, 컨설팅 등도 고려하여 답안 작성에 반영할 수 있다.

2 개요잡기

(1) 양극화란?

소득기준으로 중산층이 점차 축소되고(Disappearing Middle Class) 고소득층과 저소득층으로 쏠림(Bi-polarization) 현상이 심화되면서 나타나는 정치 · 사회적 현상을 말한다.

① 세계적으로 사회양극화(Social polarization)현상[2]이 진행되고 있으며, 이에 대한 원인 분석과 완화방안에 대한 다양한 주장이 전개되고 있다.

---

2 소득양극화는 1980년대 후반부터 자주 사용되는 개념이다. 중산층이 줄고, 고소득층과 저소득층이 많아지는 현상을 말한다. 소득불평등이란 개인 간 소득 분포가 균등하지 못한 상태를 말한다. 즉, 소득불평등도의 악화에도 불구하고 소득양극화가 개선되거나 혹은 반대의 현상이 나타날 수 있다.

② 최근 국내 중산층 비중 하락, 지니계수 상승, 청년실업 증가, 정규직과 비정규직 간의 임금 격차 확대, 대기업과 중소기업 간의 수익성 격차 확대 등과 관련하여 양극화를 완화하기 위한 정책 개발이 활발히 진행되고 있다.

(2) 양극화의 영향

① 양극화는 정치 · 경제적 쟁점이 되어 사회갈등의 원인이 되며, 심한 경우 시스템의 불안정으로 이어지고, 사회 불안과 시스템 불안으로 인한 경제의 잠재성장률 잠식 현상이 나타날 수 있다.

② 양극화 문제는 객관적인 분석을 통하여 정책 대응이 필요하며, 그렇지 못할 경우 사회적 갈등과 불신을 확대할 수 있다.

③ 따라서 정부정책이 양극화를 완화하는 데(중산층을 지키고 확대하는 데) 초점이 맞춰져야 하며 금융기관에 대한 사회적 책임 강조와 중소기업과 대기업의 상생, 공정경쟁, 저소득층에 대한 지원정책 등도 양극화를 해소하고 사회 갈등을 최소화하며, 나아가 사회통합에 기여하기 위한 노력의 일환으로 이해하여야 한다.

3 예시답안

(1) 양극화의 원인

양극화는 각국의 산업화 과정과 정치 · 경제 체제 등에 따라 다르게 나타난다. 일반적으로 양극화의 원인을 자본주의 체제의 문제라기보다 조직 · 집단의 기술 변화와 경제적 환경 변화에 대한 적응능력의 문제로 인식한다.

||| 양극화의 모습[3] |||

양극화의 양태		
소득상위그룹	소득기준	소득하위그룹
노령층(Baby Boomer)	세대	젊은층
정규직	고용상태	비정규직
대기업(SSM)	규모	중소기업(슈퍼마켓)
수출기업	산업	내수기업

① 세계적으로 나타나는 양극화 현상

일반적으로 세계화, 급속한 정보화와 IT 기술의 발전, 경제적 민주주의 지체(신자유주의에 대한 비판) 등에 있다고 설명하고 있다.[4]

② 한국의 경우 소득양극화의 주원인은 다음과 같다.

- 산업화 과정에서의 국가 주도적 불균형 성장정책
- 대외 의존도 높은 경제 체제하에서 수출기업 대비 내수산업과 중소기업의 부진
- IMF 이후 지속된 소득 격차와 분배 구조의 악화
- 글로벌 금융위기 이후 실업과 가계부채로 인한 소득양극화가 주요 원인으로 분석됨.

---

3 SSM은 골목 수퍼에 대비한 기업형 수퍼마켓(Super Super Market)을 의미한다.

4 미국이 지난 30년간 빠른 소득 집중 원인으로 (1) 세계화와 숙련편향적인 기술 변화(Skill-biased Technical Change)로 인한 임금 격차의 확대, (2) 급여 격차 확대와 같은 노동시장의 변화, (3) 소득세 등 최고세율의 감소, (4) 기업임원이나 금융전문가의 성과급여의 확산 등을 들고 있다.

특히, 거시경제적 관점에서의 양극화 원인은 주로 경기침체에 따른 성장 부진과 산업구조를 내수와 수출부분을 나누어 볼 때 내수 부진으로 들 수 있다. 가계의 경우 저금리기 부동산 구입 후 은퇴와 급속한 고령화, 내수 부진 등이 양극화를 심화시킨 것으로 보고, 이를 해소하는 방안이 최근 중요 정책 과제로 대두되고 있다.

(2) 양극화 해소 방안

양극화 해소는 한 경제주체가 해결할 수 있는 것이 아니다. 사회양극화 현상은 중소기업과 대기업, 제조업과 서비스업, 내수와 수출 등 경제 각 부문에서 다양하게 나타나고 있기 때문이다. 이를 해소하기 위한 정부의 역할이 크다. 나아가 정부 정책뿐만 아니라, 각 경제 주체의 자발적인 노력이 요구된다. 양극화 해소는 단순히 "제로섬 배분"이 아닌 "성장"을 기반으로 한 상생과 협력이어야 한다.

① 정부와 기업의 질 높은 일자리 창출

본격적으로 저성장시대로 접어들고 있는 우리 경제사회가 무난한 발전을 이어나가기 위한 필수 전제요건이 질 높은 일자리 창출이다. 경제성장률을 잠재성장률 수준으로 최대한 높이기 위한 내수 확대 등 거시경제정책을 경기 탄력적으로 운용하고, 여성의 경제활동 참가율을 제고하는 등 인적 자본의 활용도도 높여야 한다.

② 산업양극화 완화

양극화 문제는 산업양극화에서 기인하는 바가 매우 크다. 근로자의 88%를 고용하는 중소기업이 경쟁력을 강화할 수 있도록 R&D 투자의 효율성을 높이고, 글로벌 경쟁력을 갖춘 중소기업을 육성할 수 있는 맞춤형 지원정책이 필요하다. 중소기업도 기업가 정신을 발휘하여 혁신을 통한 글로벌 경쟁력을 갖추는 노력이 매우 필요하다.

③ 일자리 나누기

근로시간 단축을 통한 일자리 나누기(Job Sharing) 등도 검토되어야 한다. Job

Sharing이 임금 하락, 노동생산성 하락 우려 등이 있음에도 불구하고, 실업문제를 완화하고 근무 여건을 개선하는 방안의 하나로 고려될 수 있다. 이는 노사 · 노노 간에도 상호 이해와 협조가 필수적이다. 다만, 지나친 근로시간 단축은 경제 활력을 떨어뜨릴 수 있는 우려가 있다는 점을 인식해야 한다.

④ 소득불균형 완화 정책

청년 실업, 노인 빈곤 등 소외 계층에 대한 복지, 소득 재배분 정책이 강화되어야 한다.

⑤ 교육격차 해소

저소득 계층이 빈곤의 악순환(Vicious cycle of poverty)을 벗어나게 하는 가장 유효한 정책적 수단이 균등한 교육 기회를 제공하는 것이다. 교육격차는 고용 격차를 초래하며, 이는 저소득층의 사회계층 이동을 어렵게 하는 가장 큰 장애 요인이기 때문이다.

4 맺음말

부의 양극화 현상은 세계적으로 나타나고 있다. 그러나, 건강한 사회로 발전하기 위해서는 양극화를 최소화하기 위한 노력을 지속해야 한다. 개천에서 용이 날 수 있도록 계층 이동(Social mobility) 사다리를 만드는 노력을 해야 할 때이다.

추가읽기 1 양극화와 관련된 쟁점

부유세 도입에 관한 상반된 입장	1980년대 이후 많은 국가들에서 소득과 부의 분배가 악화되고 있음을 보이는데, 이러한 불평등 해소를 위해서 최고 소득세율 인상과 글로벌 부유세 도입을 주장한다(피케티, '21세기 자본'). 이 주장의 핵심은 '자본에 대한 실질 수익률'이 '경제성장률'보다 높기 때문에 '전체 소득에서 자본에 분배되는 몫'이 계속 높아지고 있다는 것이다. 따라서, 부유세 도입을 통하여 불평등을 바로 잡아야 한다는 것이다. ☞ 비판하는 입장에서는 소득 불평등의 원인을 기업가의 혁신에 대한 보상, 신기술 발명에 대한 대가, 세계화 현상 등으로 다양하게 찾는 것이다. 따라서, 과격한 누진소득세율이나 상속세 강화 정책은 이러한 성장동력을 없앨 뿐이라고 비판한다.
성장과 분배 문제	성장이냐 분배냐는 영원한 논쟁거리이다. 성장을 중시하는 주장은 ① 시장경제의 우수성을 강조하며, ② 경제발전의 초기에는 불평등이 확대되지만, 사회가 성숙되면서 분배가 중시되기 때문에 불평등은 불가피한 과정이라고 주장한다. ☞ 반면, 분배가 필요하다는 입장은 ① 분배 왜곡은 불평등, 불공정을 야기하며, 소득불평등이 지속될 경우 정치 경제적 불안으로 성장의 원동력을 상실할 것이라고 본다. ② 저성장기에는 임금 인상을 통하여 내수를 활성화시키고, 이것이 성장과 고용 증대로 이어진다고 믿는다. 즉, 저소득층은 소비성향이 높기 때문에 최저임금 인상이 내수를 확대하고, 성장으로 선순환되게 한다는 것이다.
경제민주화 · 최저임금제 · 분수효과	한국의 경우, 산업화 과정에서 성장우선 정책을 펴 왔다. 수출을 통한 성장이 상위계층 또는 대기업의 소득을 증가시키고, 그 소득이 소비와 투자를 통하여 저소득층 또는 중소기업에 흘러 들어 분배문제를 해소할 수 있다는 주장(낙수효과)이 일반적으로 지지되고 있다. ☞ 그러나, 저성장과 양극화가 심화되면서 전통적 성장관념이 비판 받으면서 경제민주화, 중소기업의 지원, 최저임금제 인상(분수효과)이 부각되고 있다.
불평등은 성장통?	☞ 디 턴은 '불평등은 경제성장 과정의 결과물이다'는 말로 불평등과 성장 간의 관계를 정리했다. 즉, 불평등이 성장의 원동력이며, 필요악이라는 것이다. 한 국가가 성장을 하면 국가 내의 불평등은 늘어나겠지만 전반적으로 볼 때 가난에서 탈출하게 되고, 결국 빈곤이 줄어드는 결과를 보게 된다는 주장이다.

Step up

양극화로 인한 사회갈등과 금융기관의 모럴해저드

탐욕의 월가(街)를 없애자 – 우리는 가난한 99%이다(Attack the Wall Street – We are the 99%).

서브프라임 사태, 유로존 부채위기 등으로 자본주의에 대한 불신이 높아지는 가운데, 대마불사(大馬不死 ; Too Big To Fail)를 이유로 공적 자금(Public Money)이 대형 금융사에 투입되었다. 그러나 공적자금 투입 후 높은 급여와 성과급을 지급하자 이에 대한 반감이 확대되는 계기가 되었다.

특히, 2011년 9월 자본주의에 의한 불평등 심화를 개선하라는 슬로건을 내세운 월가 점령 시위가 시작되었다.

그 이후 정치화된 이 이슈는 주요국가와 도시에서 유사한 점령 시위로 확산되었다. 이를 계기로 실적급 성과급에 대한 비판과 금융기관의 모럴해저드 방지, 금융기관의 공공성이 더욱 강조되었다.

5 모의고사 첨삭사례와 평가[5]

(1) 글의 내용 : 보완이 필요하다. 평이한 주제일수록 주의하여야 한다. 주어진 논제인 '사회양극화'를 보다 적극적으로 읽고 해석하여야 한다. 본론 중 '원인과 대책'이 호응하도록 정리할 필요가 있다. 해소방안에 금융회사의 역할 등을 추가하는 것은 중요한 포인트이다.

(2) 평이한 주제일수록 '양보다는 질'이 중요하다. 논리 전개 방법, 균형 잡힌 가치관, 회사와의 관련성을 찾아 주제를 분석하는 습관을 가져야 한다.

첨삭예시

문제 ▶ 우리나라의 사회 양극화의 발생 원인과 해결 방안

첨삭답안

(1) 서론

최근 우리 사회의 중산층이 사라지면서 사회 양극화 현상이 심화되고 있다고 한다. 중산층이란 중간소득의 50%까지의 소득을 발생하는⑫ 계층이다. 사회 양극화 현상의 문제점이 대두되면서 정부 정책도 양극화 현상을 해결하기 위해 초점을 맞추고 있다. 그렇다면 우리나라 사회 양극화의 발생 원인과 이를 해결하는 방안을 논하고자 한다.

(2) 사회양극화 원인⑬

사회 양극화를 발생시키는 원인을 대외적 요인과 대내적 요인으로

⑫ 중간(중위)소득 기준 50~150% 사이의 소득 수준을 가진 계층을 말한다.

⑬ 원인은 ① 세계화, ② IT 기술 발달 등 환경요인, 정부주도 불균형 경제성장 ③ 아시아금융위기(IMF), 글로벌 위기 ④ 기타 부동산침체, 신자유주의 영향으로 인한 고용구조 등 원인을 찾을 수 있다.
양극화로 인한 문제–계층간 사회 갈등이 고조, 소비부진, 경제성장 동력 약화 등을 언급한다.

5 NH 농협손해보험 모의고사 예시 답안(상위권 대학 수학과 4학년, NH 농협손해보험 합격). 25분간 통제된 시험공간에서 작성한 글의 양임

분류하고자 한다.⑭ 대외적 요인으로는 전 세계가 글로벌 금융위기를 거치면서 저성장에 머물렀다. 저성장은 대내적으로 가계의 항상 소득을 줄여 가계 부채의 상환 능력을 감소시킨다. 이는 기업의 투자를 줄여 내수 중심의 중소기업의 여건을 더욱 악화시키게 된다. 또한 고령화라는 사회문제에 직면하고 있다. 의료기술의 발달로 수명이 연장하면서 노인층의 증가로 이어져 왔다. 이는 가난한 노인층을 증가시키면서 사회 양극화 현상을 발생시킨다.

⑭ 논술에서 분류는 중요하다. 대외적, 대내적 요인으로 분류하는 것은 좋은 방법이다.

(3) 해소 방안

양극화의 심화는 중산층을 약화시키고 사회 시스템을 불안하게 한다. 주요 원인별 해결방안을 살펴보고자 한다. 사람 중심의 경제를 표방하는 J노믹스의 소득 중심 정책을 적극적으로 추진하여 신성장동력을 발굴하여 중소기업과 농업을 성장시켜야 한다. 가계부채의 증가는 가계부채의 주원인인 부동산 정책의 개선과 지속적인 정책이 필요하다. 가계의 항상 소득의 증가를 위해 양질의 일자리 창출이 필요하다고 생각한다.⑮

⑮ 추가로 교육기회 확보와 정보격차 해소, 사회 안전망 확충을 위한 정부의 역할 추가필요.
나아가, 금융회사의 사회공헌활동, 미소금융, 행복기금 등 사회양극화 해소를 위한 역할과 노력이 추가로 필요하다.
위 내용이 보완되면 양극화의 원인과 해소방법이 논리적으로 호응하여 일관성을 유지할 수 있다.

(4) 결론

사회양극화의 심화는 우리나라의 성장을 저해하는 장애요인이다. 이 점에서 사회 양극화의 중심에 서 있는 중산층의 육성이 시급하다고 생각한다. 정부에서 추진 중인 성장사다리 만들기 정책, 재정정책을 통하여 양극화 현상을 막아야 한다.

06

논술형 문제

중산층의 역할과 복원

1 개요

중산층은 대부분의 국민이 속한 사회계층이다. 경기 침체와 저성장 시대에 진입하면서, 일반 국민의 행복지수 하락과 함께 중산층이라는 계층의식 또한 약화되고 있다. 금수저 · 흙수저, 빈부격차는 동서고금을 통하여 존재하는 사회 현상이지만, 최근 더 부각되는 것은 우리 사회의 계층이동이 더욱 어려워지는 것을 반증하는 것으로 해석된다.

2 누가 중산층인가?

일반적으로 '중산층(Middle class)은 사회계층적으로 중간층으로 분류되는 계층 또는 사회체제 유지를 위한 근간이 되는 계층'을 말한다. OECD기준은 '소득을 기준으로 중위소득의 50~150% 소득 계층'이다. 문화적 기준은 주택을 소유하고 자녀를 대학에 보낼 수 있으며, 의료보험과 퇴직연금에 가입하고 가족 휴가를 갈 수 있는 계층이다(미국기준. 표 참조).

중산층의 정의와 기준		
구분	정부(기관)	중산층 정의와 기준
소득 기준	한국(통계청)	중위소득 50~150%
	OECD	중위소득 50~150%
소득 외 기준 (문화 · 사회적)	미국(오바마 정부)	· 주택소유, 자녀 대학교육, 의료보험, 퇴직연금, 가족휴가 등으로 정의 · 사회적 약자에 대한 배려, 부정과 불법에 저항, 비평지의 정기적인 구독 등으로 정의
	프랑스(퐁피두 정부)	· 1개 이상의 외국어 구사능력, 스포츠 활동, 악기 연주 능력, 약자를 위한 봉사활동, 내가 만들 수 있는 나만의 별미음식 등으로 정의
	영국(옥스퍼드)	· 페어플레이 정신, 신념 소유, 약자를 두둔하고 강자에 대응, 불의와 불평, 불법에 대처하는 사람 등으로 정의

자료 현대경제연구원, NH투자증권 100세시대 연구소

3 역할과 인식

(1) 역할

중산층은 사회의 근간(Backbone)이다. 소비, 노동력 제공과 납세의 주체일 뿐만 아니라 정부 이데올로기를 지지하며, 국방의 의무를 부담하는 등 정치 경제적으로 매우 중요한 사회 계층인 것이다.

(2) 중산층 인식 약화

중산층을 소득기준을 적용할 경우, 인구의 일정 부분인 중위소득의 50~150%의 국민은 중산층에 자연스럽게 속하게 된다. 그러나, 소득기준으로는 당연히 중산층이지만, 중산층이라고 인식하지 않는 사람이 더 많다. 이는 미래 소득의 불확실성, 하우스 푸어의 증가, 교육 · 주거비 · 통신비 증가 등으로 중산층으로 삶을 유지하기 위한 안정적 소득 기반이 약화되면서, 계층의식이 낮아지고 있기 때문이다.

☞ 조사에 의하면, 중산층 중에서 빈곤층으로 인식하는 경우가 79%, 심지어 고소득층인 경우에도 자신을 중산층 또는 빈곤층으로 인식하는 경우가 대부분이다(그림 참조).

계층에 대한 자가인식

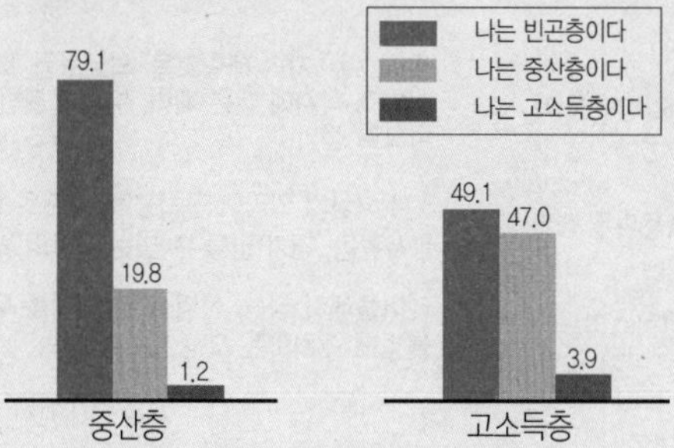

단위 : %, 자료 : NH투자증권 100세 시대 연구소

4 중산층 복원 방안

(1) 일자리 창출

질 높은 일자리를 만들어 소득 수준을 높이는 것이 가장 중요한 과제이다. 기업의 투자 활성화, 대기업과 중소기업의 상생에 더하여 임금 근로자의 88%가 고용된 중소기업에 대한 정책적 배려가 지속되어야 한다.

(2) 경제적 부담 경감

가계 부채 해소, 주거 · 교육 · 통신비 완화, 사회 안전망 보강 등이 필요하다. 정부의 '가계금융 복지조사'에 따르면, 가계의 평균소득이 소폭 증가하였지만, 부채로 인한 원리금 상환 부담이 높아지고 있다. 이에 따라 실제로 처분이 가능한 소득은 오히려 감소하고 있다. 여기다 저성장, 금리 인상의 우려가 더해질 경우 중산층 인식이 약화될 수밖에 없다.

||| 가계 소득과 빚의 영향 |||

(단위 : 만 원)

구분	가구소득 (A)	처분 가능소득 [B=(A)–세금, 국민연금]	빚으로 인한 원리금 상환(C)	원리금상환후 처분가능소득(B–C)
2013	4,658	3,819	830	2,989
2014	4,767	3,924	952	2,972
증감	+109	+105	+122	–17

(3) 계층이동의 희망

헬조선, 금수저 · 흙수저론, 사법시험 존치 여부 갈등은 중산층의 위기를 나타낸다. 따라서, 사회계층 이동의 사다리를 최대한 넓히고, 미래에 희망을 가질 수 있는 건전한 사회를 만드는 것이 중요하다. 이를 위해서 적극적인 소득 재배분 정책과 함께, 세대 간 일자리 나누기, 중소 중견기업의 상생, 고용 격차와 임금 격차를 완화하기 위한 정책적인 노력이 필요하다.

첨삭예시

문제 ▶ 한국 중산층을 복원하기 위한 과제에 대하여 논하시오.

첨삭답안

Ⅰ. 중산층은 사회계층적으로 중간에 위치하여 사회 갈등을 완충하는 역할로 사회 안정에 크게 기여하는 집단이다. 여기서는 최근 중산층 약화원인과 복원이 어떻게 이루어져야 하는지를 논하고자 한다.

> ⑯ (본론 전개 예시)
> 1) 중산층 약화 원인
> 2) 복원 대책
> 3) 금융회사 시사점(역할)

Ⅱ-1. 중산층 기반의 약화 원인[16]

중산층은 OECD기준으로 '소득 기준 중위 소득자의 50%~150%'에 속한 사람이다. 중산층은 90년대 후반 이후 크게 감소하였다.[17] 더 심각한 부분은 통계적으로 중산층에 속한 사람 중 과반수가 스스로를 중산층으로 인식하지 않는다는 점이다.[18]

비정규직, 자영업자인 경우, 노후 대비가 부족할수록, 무주택자는 스스로를 사회계층적으로 중산층 이하로 인식하는 경우가 많다고 한다. 즉 소득 안정성이 부족하고 미래소득이 불투명할수록 중산층이 아니라고 생각하는 것이다. 이는 실제소득과 체감 사이의 괴리를 일으켜 소비를 위축하고 경제활동을 저하시킬 수 있다.

⑰ 소득기준 중산층의 비율은 크게 악화된 것은 아님

⑱ 중산층의 소속감 결여는 상대적 박탈감과 사회계층간 갈등을 유발하여 사회의 건전성(sane society)을 떨어뜨리는 부정적인 효과를 초래한다.

Ⅱ-2. 중산층의 복원방안

중산층이라는 소속감을 느낄 수 있는 체감 중산층을 늘리는 데 초점을 맞춰야 한다. 이를 위해서는 '삶의 질'을 높일 수 있는 안정적인 일자리를 공급하는 정책이 가장 우선되어야 한다. 거대한 문제를 해결할 거대한 해법은[19] 없겠지만, 다양한 정책은 일자리 창출과 고용의 질 개선에 초점을 맞춰야 한다. 중산층 및 체감 중산층이 줄어드는 이유는 중산층에서 저소득층으로 가는 경우는[20] 많지만 저소득층이 중산층이 되는 경우가 적고, 중산층에 머물러 있지만 체감이 악화되는 경우가 있기 때문이다.

⑲ 만병통치약은 없지만.

⑳ 추락, 이동하는 경우는

일자리 창출과 함께 추진해야 하는 것은 안정적인 가처분 소득의 증대이다.[21]

중산층의 대부분 가구는 저금리시기에 차입을 통한 부동산 자산을 취득하였으며, 이 결과 부채의 늪에서 벗어나지 못하고 있는 것이다. 이 문제를 일시에 해소할 수는 없지만, 부동산 시장의 수급 조절, 시장규제 완화 등을 통하여 부동산 활성화 정책이 매우 필요하다고 판단된다.

㉑ 압축 필요. (예) 다음은 안정적 가처분 소득의 증대이다.

저신용자 지원 정책이 적극적으로 추진되어야 한다.[22] 바꿔드림론, 행복기금 등이 좋은 예이다. 이 과정에서 일부에서 제기되는 저신용자의 모럴해저드(Moral hazard)문제가 최소화될 수 있도록 관리되어야 할 것이다.

[22] 정부의 소득재분배 정책, 금융기업의 역할(캠코–행복기금, 주금공–적격대출 · 주택연금, 중소기업 등 IP 금융 지원) 등 관련된 시사내용을 추가하면 차별화된다.

장기적으로 사회계층 이동이 가능한 사회 제도도 보완되어야 한다. 특히, 장기적으로 사회 양극화를 완화하고 빈곤에서 탈출할 수 있도록 교육 기회를 제공하는 것이 중산층의 급격한 붕괴를 막는 방법이라 생각한다.

Ⅲ. 중산층 복원은 국가경제의 주체인 가계의 기능 회복이란 점에서 매우 절실하다. 중산층 복원은 단기에 큰 성과를 기대하지 말고 꾸준히 일궈 내야 한다. 이를 위해서는 공감대와 신뢰가 형성되어야 한다. 최근 정부의 중소기업 금융지원활동, 기업의 사회공헌 활동 등도 중산층 복원에 중요한 역할을 할 것으로 생각한다.

07

논술형 문제

한국, 일본화(日本化)가 될까

논술형 주제 ▶ 한국, 일본의 잃어버린 20년을 닮을 것인가?

- **빈도와 난이도** : 논술 / 면접 / 빈도 ★, 난이도 ★★★
- **출제유형**
  - 우리나라의 일본화 경향에 대하여 다음 순서로 논하라. 1. 의미와 정의 2. 일본을 닮아가는 이유 3. 대책(SGI서울보증, 2014)
  - 일본, 중국, 한국경제의 특징을 비교하고 한국의 발전방향을 논하시오(신협중앙회PT면접, 2014).

1 논제해법

일본화 현상이란, 미국 유럽이 부러울 정도로 성장하던 일본 경제가 부동산 자산 버블이 붕괴된 이후 저성장, 장기 불황(Japan-style recession)에 빠지는 현상을 말한다.

미국 등 선진국이 일본화될 것이란 우려로 제기되었으나, 이 용어가 관심을 얻게 된 것은 우리 경제가 일본 경제를 답습할 수 있다는 걱정 때문이다. 한국경제가 저성장, 저물가, 경상수지 흑자 확대 등으로 일본의 '잃어버린 20년(장기불황)'을 답습할 우려가 있다면서 확장적 재정 정책과 금융 지원, 부동산 규제 완화 등 경기 부양책이 필요하다고 주장되는 논거로 인용된다.

최근에는 경제적으로 닮아가는 현상뿐만 아니라, 사회문화적인 면에서 닮아가는 모습도 주목을 받고 있다. 즉, 경제적으로는 디플레이션 우려와 저물가-저성장 · 축소균형, 사회적으로는 전통적 가치관의 변화, 1인가구 대두, 노인 소외, 무연(無緣)사회, 세대(世代)갈등 등이 부각되고 있다. 이 주제는 정치, 경제, 사회, 문화적 소재를 활용하여 다양하게 전개할 수 있다.

일본의 '잃어버린 20년'

일본식 장기불황은 1991년 일본의 자산 버블이 붕괴되어 부실채권이 증가하면서 시작되었다. 80년대 중반 엔고 현상으로 수출 중심의 일본경제가 급격히 위축되었다. 또, 경기회복을 위해 금리를 인하했지만 오히려 자산 버블이 더 심화되었다. 결국 이때부터 급속한 버블붕괴가 시작되면서 금융부실과 내수부진으로 장기불황에 빠지게 되었다.

또, 고령화가 고착화되면서 일본의 정책 효과는 나타나지 않았다. 내수 의존형 일본 경제가 내수부진을 겪으며 신성장 동력을 찾지 못한 점, 문제해결 과정에서의 정치 리더십과 정책적 결단력 부족으로 골든 타임을 놓친 점 등이 복합적으로 작용하면서 일본경제는 저성장이 구조화되었다.

문제 ▶ 일본의 '잃어버린 20년'과 한국경제 저성장현상 간의 유사점과 차이점, 그리고 대응방안에 대하여 논하시오.

2 예상풀이

I. 한국의 '일본화 현상'

한국경제의 저성장 현상이 '일본의 잃어버린 20년을 닮지 않을까?'란 우려가 제기되고 있다. 글로벌 금융위기 이후 한국경제는 구조적인 저성장 추세로 돌입하는 현상을 보이고 있다. 일본의 '잃어버린 20년'의 주요 원인들로는 자산 버블, 인구구조 변화, 내수 침체, 정책 실패 등이 있다. 이 중 한국 경제에 재연될 가능성을 꼽자면, 자산버블과 가계부채, 인구의 급속한 고령화, 인구절벽현상, 그리고 그에 따른 내수침체 및 투자부진 등이다.

(1) 유사점

① 부동산 버블 붕괴 우려	일본의 경우 고도 성장 과정에서 생산을 위한 인프라, 상업 및 공업용 건설투자를 빠르게 늘렸지만 성장률이 급격하게 둔화되자 부동산의 버블이 붕괴되었다. 우리나라도 부동산 버블 우려가 증가되고 있다. 부동산 버블이 붕괴될 경우 가계 소비 위축과 내수 위축으로 인한 경기 부진 가능성이 매우 높다.
② 인구구조	1990년대 일본의 고령화 비율은 12%, 최근 한국은 10%를 넘어 서로 유사하다. 특히 한국의 고령화가 더욱 빨라지고 있어 경제활동인구의 감소로 인한 인구절벽 우려가 큰 위험요인이다. 고령화는 생산가능인구의 감소, 근로시간 축소 등을 지속적인 잠재성장률 하락 요인이 될 수 있다. 고령화로 인한 재정적자 심화, 전통적 가치관의 붕괴 등 현상 또한 유사하다. **단카이 세대와 58년 개띠의 퇴장** 일본 단카이(덩어리=전후 베이비붐) 세대는 부동산 버블 경제를 일으켜 20년의 장기불황의 주범으로 비판받고 있다. 한국도 베이비부머 세대의 은퇴 급증과 저출산으로 생산가능인구가 급감하며 이로 인해 부동산 침체, 내수부진 등으로 저성장과 실업문제가 심화될 수 있다는 전망이다.
③ 기업 투자비율 하락	한국의 경우 외환위기 이후 기업들의 투자 기피와 현금 보유 성향이 더욱 강해지면서 시장의 장기 투자 감소가 지속되고 있다. 이는 일본 경제가 경기침체 단계로 넘어가기 이전 투자 부진과 내수침체를 겪었던 단계와 매우 유사하다.

(2) 차이점

① 부동산 버블의 성격과 규모	일본은 상업단지 위주이지만, 한국은 주택시장 위주로 버블이 형성되고 있다. 이는 일본의 가계는 건전성이 높았지만, 한국의 가계는 부채 규모가 지속적으로 증가하고, 순저축률 또한 낮아 가계발 소비 급감 위험을 안고 있다. 이러한 문제에 대응하기 위해 DTI, LTV 규제, 고정금리로 전환 등 정책적 노력을 추진하고 있어 일본과 다르다.
② 서로 다른 경제 구조	한국은 수출 의존도가 일본에 비하여 매우 높다. 일본은 GDP 대비 수출 비중이 약 15%에 불과한 반면 한국의 경우 52%에 이를 만큼 수출이 중요한 비중을 차지하고 있다. 때문에 일본이 경기 침체를 겪고 있을 때에도 타 선진국들은 경기 호황을 누렸으며 한국 또한 선진국 경제와 긴밀한 연결 관계 덕분에 한국경제가 내수부진을 원인으로 경기불황을 겪을 가능성은 매우 낮다.
③ 다른 대외 여건 – 뉴 노멀 시대	대 중국 의존도가 높은 한국 경제는 중국의 저성장이 지속되고 차이나 인사이드 현상이 심화될 경우, 경기 부진이 심화될 수 있다.

(3) 대응 방안

① **재정확대를 통한 적극적 경기 부양** : 재정 건전성을 일부 포기하더라도 경제를 선순환 구조로 전환하여야 한다. 가계부채, 실업 등의 문제를 해결할 수 있는 재정적 여건이 일본에 비하여 유리하다. 이 점에서 정부의 적극적인 정책과 선제적인 대응이 필요하다

② **저출산 극복** : 인구구조를 개선하기 위한 보다 적극적인 출산 장려 정책과 시행, 젊은 층의 주거 문제 해소와 교육 여건 개선, 일자리 만들기가 가장 시급하다.

③ **기업 경쟁력 강화** : 기업혁신과 지식기반 산업 확대가 필요하다. 제조업 중 중국과 중첩되는 산업의 수출경쟁력이 약화되고 있다. 적극적으로 MICE산업, 핀테크, 의료, 로봇 산업 등 신성장 동력을 찾는 노력을 병행해야 한다. 또한 일본의 기술, 중국의 가격 경쟁력을 극복하기 위해서는 수출 기업의 혁신이 필요하다. 이를 위해 기술금융, IP 금융을 통한 중소 중견기업의 해외진출을 지원해야 할 것이다.

금공 논술 Tip **금융 공기업의 설립 목적에 따른 역할 반영**

금공의 경우 설립 목적에 따른 역할을 인용하여 한국의 일본화를 사전적으로 예방하는 역할을 강조할 수 있다. 기보/신보–혁신 기업의 발굴과 정책금융 지원을 통한 성장 동력 제고, 금융감독원–생산적 금융의 필요성 강조, 주금공–역모기지 상품을 활용한 은퇴 세대의 소득 보완 등이 있다.

④ **가장 중요한 것은 정책자의 결단** : 문제가 20년간 누적된 것은 리더십과 의사결정력 부족이다. 정책 실기(失機)를 피하기 위해서는 의사결정 결정과정에 참여의 폭을 넓히되, 위기 상황일수록 문제를 주도적으로 해결하는 리더십의 회복이 가장 중요한 과제이다.

금공 논술 반영 Tip **무의사결정(non–decision making) 행태 극복**

잃어버린 20년이 지속되는 것은 변화를 기피하는 의사결정 행태에서 찾을 수 있다. 본질적이고 거대한 변화를 필요로 하는 정책에 대하여 무의사결정(non–decision making)이 조직의 속성에서 나타나기 때문에 이를 극복하기 위해서는 정책 결정에 주도적인 영향을 행사하는 집단(금융 공기업 포함)의 적극적인 문제 해결 의지가 필요하다.

(4) 결어

한국 경제가 가계부채 문제와 세계 경기침체 상황이 결합되어 일본화될 우려가 있다. 지금이야말로 아베노믹스를 반면교사로 삼아 일본의 전철을 밟지 않도록 선제적으로 대응할 때이다.

08

논술형 문제

인구절벽 : 저출산과 한국사회

논술형 주제 ▶ 인구절벽! 저출산과 한국사회

- **빈도와 난이도** : 논술 / 면접 / 빈도 ★★, 난이도 ★★
- **출제유형**
  - 외국인 노동력 유입에 관한 찬반 입장이 있다. 이에 대한 본인의 의견을 논하라(산업은행, 2005).
  - (1) 미국 금리인상, (2) 지폐 위 쓰러져가는 주택 그림, (3) 『2018 인구절벽』이라는 책 표지 등 3개의 제시된 그림을 보고… '미래 변화될 환경 변화에 대비하기 위한 KB국민은행의 경영전략을 기획하라'(국민은행, 2015).
  - 우리나라 인구절벽 현상에 대하여 논하라(수협중앙회, 2015).
  - 우리나라 저출산 문제의 원인과 대책(주택금융공사 경력, 2014).
  - 저출산의 원인과 그로 인해 발생하는 사회 경제적 문제점은 무엇인가? 그리고 이러한 문제를 해결하기 위한 정부 기업, 금융기관간의 해결방안을 논하라(금융감독원, 2014).
  - 저출산 문제의 원인과 해결책에 대하여 논하시오(IBK기업은행, 2010).

1 논제해법

한국 사회는 유례 없는 저출산 문제에 부딪히고 있다. 저출산 문제의 원인을 경제 · 사회문화적으로 구분하여 나열하고, 경제 사회적 문제를 제시한다.

저출산 문제는 고령화의 주요 원인이기 때문에, 대책을 논할 때는 (1) 적극적으로는 출산율을 높이기 위한 방안, (2) 소극적으로는 고령화 대비 방안을 논지에 포함할 수도 있다. 또한 이 주제와 관련하여 미래사회의 불확실성, 청년의 취업, 결혼문제, 여성의 사회진출, 양성 평등, 행복지수 등도 언급할 수 있다.

Tips!

인구쇼크!

1. 인구절벽 현상

생산가능인구(15–64세에 해당하는 인구)가 정점을 찍은 후 급격하게 줄어드는 현상이다. 인구절벽은 특정 연령층의 인구 감소가 소비, 투자, 경제성장에 미치는 부정적인 영향을 말한다.

2. 저출산 경고 : '인구소멸'과 '인구절벽'

우리나라의 출산율은 세계 최하위권이다. 유례 없는 저출산으로 '인구 소멸 국가 1호'가 대한민국이 될 것이라는 분석이 나오기도 하며, 어떤 학자는 '인구절벽(핸리 덴트, The Demographic Cliff)'을 맞게 될 한국의 소비침체, 경기침체로 인한 위기를 경고하기도 한다. 일본, 프랑스 등 선진국의 경우는 우리와 비슷한 문제를 겪은 후 이를 극복하기 위한 정책적 노력을 지속하고 있다. 우리나라도 급격한 인구구조 변화가 가져 올 위험성을 인식하고 정부는 정책적인 노력을 펴고 있지만, 실질적인 효과가 나타나지 못하고 있다.

Tips! 저출산과 경제성장

경제성장의 동력은 ① 자본의 추가 투입, ② 기술혁신에 의한 생산성 증가, 그리고 ③ 인구 증가로 알려져 있다. 한국의 경우 자본투입의 효과가 낮고, 생산성의 증가가 한계에 부딪혀 인구증가가 성장의 중요한 요인으로 분석되고 있다. 따라서, 저출산 문제 해결은 한국 경제의 성장여부를 결정할 정도의 주요한 정책과제이다.

2 예상풀이

문제 ▶ **'인구절벽'에 관한 다음 글을 읽고, 우리나라 저출산 원인과 대책을 논하시오.**

> 전 세계 경제학자들은 역사상 가장 인구수가 많은 세대가 소비 정점에 도달했을 때 어떤 일이 벌어지고 그 대규모 인구 집단에 뒤이어 규모가 좀 더 작은 세대가 등장한다는 것이 어떤 의미인지 아직도 깊이 고민하려 하지 않는다. 우리는 일본은 물론 유럽 대부분의 국가와 북미 국가들, 심지어 중국까지 생산인구가 줄어들고 인구 증가세가 감소할 때 어떤 일이 벌어질지 심각하게 생각해봐야 한다. 생산인구에 편입되는 사람들보다 퇴직해서 생산인구에서 벗어나는 사람들이 더 많으면 어떤 일이 벌어질까? 이는 경제 성장세와 상업용 부동산시장에 어떤 영향을 미칠까? 집을 구매할 청장년층보다 사망자가 더 많아 시장에 매물로 나오는 집이 늘어나면 어떻게 될까? 이런 일은 현대 역사상 전무한 일인 만큼 경제에 미치는 영향도 엄청날 것이다.(『2018 인구 절벽이 온다』, 해리 덴트, 권성희 역)

(1) 문제 제기

인구절벽은 일본, 유럽 등 대부분 선진국에서 직면하고 있다. 우리도 베이비 부머의 은퇴가 본격화되는 가운데, 출산율은 세계 최하위 수준에서 벗어나지 못해 그 심각성이 대두되고 있다. 인구 구조의 변화는 한국의 정치, 경제, 사회 등 모든 면에서 큰 영향을 미칠 것으로 전망된다. 이와 관련하여 저출산의 원인, 문제점, 그리고 대책에 대하여 논하기로 한다.

(2) 저출산의 원인

베이비 부머의 은퇴, 고령화 현상의 심화와 맞물려 저출산은 우리 사회를 변화시킬 중요한 변수이다. 저출산의 원인은 다양하지만, 경제, 사회적 요인을 중심으로 정리하면 다음과 같다.

경제적 원인	① 미래의 불확실성 : 경기 불확실성이 높아져 결혼 기피 ② 출산, 양육비, 교육비 증가 ③ 결혼에 따른 비용 급증 : 주택, 전세 등 주거 문제 ④ 여성의 사회 진출 증가 ⇒ 육아의 어려움 증가로 출산 기피
문화적 원인	① 산업화, 서구화로 인한 결혼에 대한 전통적 가치관 변화(남아선호, 다자녀 선호 등), 개인주의적 영향 ② 만혼, 독신 증가 ⇒ 초혼 연령 상승 ⇒ 짧아진 가임 기간 ③ 부부 중심의 삶(DINK족 : Double Income No Kids) 중시
대중매체의 영향	① 1인 가족, 골드미스 등 매스컴의 상업주의 영향 ② 솔로 이코노미(Solo Economy)의 부각(1인 가구의 소비와 생활 부각)

(3) 출산율을 높이기 위한 노력

① **정부의 경기 회복** : 가장 시급한 것은 소득주도성장을 통한 질 높은 일자리 창출이다. 이를 통하여 청년 취업과 창업 여건이 개선되어야 한다.

② 일과 삶의 조화가 있는 기업문화–가정과 일의 조화가 가능한 기업문화(the Great Work Place)를 만들어 지나친 일 중심의 사회 문화를 생활(가족) 중심으로 변화시키는 것이 노동생산성을 높이는 데도 기여할 수 있다. 이러한 여가의 확대는 내수 소비를 촉진하기도 한다.

③ **청년 결혼 지원** : 기혼 여성의 출산도 중요하지만, 결혼과 출산 시기를 앞당기는 정책이 핵심이 되어야 한다. OECD 중 두 번째로 높은 초혼 연령을 떨어뜨리기 위해 2030세대 신혼부부 주거 지원 확대도 진행되고 있다(임대주택 특별공급, 전세자금 대출 등의 기준을 낮춤).

④ 청년층의 주거 여건 개선, 양육비 부담 경감

출산지원	결혼, 출산 비용 부담 줄이기 정책
육아보육	보육과 육아가 가계 부담이 되지 않도록 정부는 장기적으로 사회 부담 비중 제고
교육지원	사교육비 완화
홍보	인구 위기에 대한 국민적 인식 확산

⑤ **유연한 이민 제도** : 우리나라의 이민 수용도(전체인구 대비 유입 이민 비율)는 매우 낮은 편이다. 경기 침체와 일자리 부족으로 인한 사회적 저항, 편견 등으로 이민에 대하여 부정적이기 때문이다. 반면 전문인력의 유출이 우려된다. 이에 따라, 한국 경제 저성장을 완화하기 위한 이민정책도 유연해져야 할 것이다.

(4) 맺음말

저출산은 우리 사회가 직면한 위기이다. 또, 저출산은 개인만의 문제가 아니며 정부 · 기업 · 개인이 다 함께 해결해야 할 사회공동체의 과제이다. 미래에 대한 확신, 일자리 창출, 교육비와 주거비 부담 완화, 여성의 사회적 지위 개선 등 출산을 기피하는 사회경제적 문제 해결을 위한 실천이 필요한 때이다.

09

논술형 문제

부자 증세에 관한 논쟁

논술형 문제 ▶ 부자 증세에 관한 논쟁

문제 ▶ 사회양극화 해소와 일자리 창출을 위한 부유세[6]의 도입, 부자 증세의 필요성에 대한 찬반 입장이 맞서고 있다. 나의 생각을 논하시오.

1 문제 제기

소위 '금수저-흙수저'로 비유될 정도로 양극화, 저성장이 심화되고 있다는 보도와 함께, 빈부차 완화를 위한 증세의 필요성에 대한 논의가 제기되고 있다. 반면, 재분배를 위한 소득세율 인상에 대한 반대 논거인 증세가 성장을 둔화시킬 것이라는 입장도 설득력

6 부유세(富裕稅) : 재산규모가 일정액 이상인 자의 순자산액에 비례 또는 누진적인 세율을 적용하는 세제이다. 소득불균형, 빈부차 해소(사회복지, 교육, 의료 재원으로 활용)를 위해 도입이 주장되는 반면, 근로의욕 저하, 재산의 해외유출 등을 근거로 반대되고 있다. 북유럽 일부(스위스, 덴마크 등)에서만 도입되었다.

이 있다. 이하에서는 이러한 찬반 입장 중심으로 증세에 대한 찬반 입장과 대안에 대하여 논하고자 한다.

☞ J노믹스 정책 목적을 달성하기 위한 소위 부자 증세로 부르는 (거대기업)법인세율 인상 찬반도 유사한 주제이다.

2 필요하다는 입장[7]

주로 부자 증세, 법인세 인상, 고소득자 소득세율 인상 등 양극화 해소에 초점이 맞춰져 있다. 이러한 노력을 통하여 양극화 해소와 중산층 복원, 나아가 사회 통합과 지속 가능한 성장이 가능하다는 논지이다. 즉, 사회통합은 성장의 과실을 조세제도라는 틀로 나누어야 한다는 주장으로 다음과 같다.

① 청년실업, 저성장 극복을 위해 정부의 적극적 재정정책 필요	청년실업이 심화되고, 일자리를 만들기 위해 필요한 자금(마중물)으로 재정 수요가 지속적으로 늘어날 전망이다. 이러한 실업, 저성장, 양극화 완화를 위해 초고소득자의 최고 소득세율 인상이 필요하다. 국채 발행을 통한 재정적자의 확대는 미래의 성장 잠재력을 훼손하기 때문에 저성장 극복을 위한 필요 최소한이 되어야 한다. 초고소득자의 최고소득세율 인상, 초대기업 법인세율 인상 등으로 증세가 필요하다.
② 부자 증세-초고소득자에 대한 세율 인상	재정정책의 주요 목표 중 하나가 소득 불균형 완화에 있다. 따라서, 부가 집중되고 있는 최상위 소득층에 대한 누진과세를 통하여 가처분 소득을 조정하는 정책적 노력이 필요하다(부자 증세 필요).

7 '증세' 논거 : 양극화 해소를 위한 방안으로 '증세'는 공감하지만, 대부분 조세저항을 고려한 정치적 이해와 연결되어 결정된다. 특히, 부자 증세 등은 재정정책을 통하여 정부가 빈부차를 완화하고, 정부 정책에 필요한 재원(청년실업 해소 등)을 확보하기 위해 주장된다. 즉, 대기업, 부유층에 대한 세율 인상으로 빈부격차를 완화(사회통합에 기여한다는 점에서 사회통합세라고도 함)하고, 일자리를 만들어, 내수가 회복되어 소득 주도 경제 성장이 되도록 하겠다는 것이 주 내용이다.

③ 대기업에 대한 법인세 인상	그동안 대기업에 대한 법인세율을 낮춰도 낙수효과[8]는 발생하지 않았다(낙수효과의 한계). 또한 대기업의 고용 확대도 나타나지 않고 있다. 따라서, 법인세율을 인상시켜 그 재원을 양극화 해소 등 사회통합에 활용해야 한다(분수효과 기대).

3 반대하는 입장

증세는 투자 위축	래퍼 곡선에 의하면, 세율을 높이게 되면 처음에는 세수가 증가하지만, 적정 세율 이상 지나치게 높게 되면, 조세수입이 감소할 수 있다. 즉, 높은 세율은 경제 주체들의 경제 활동 의욕을 줄여 결국 국민소득이 감소해 소득이 줄어든다는 주장의 근거이다. ☞ 역설적으로 법인세율 인상은 고용을 더욱 악화
고소득층 해외이탈 (Brain Drain)	최고 세율을 도입할 경우, 우수 인력의 해외 이탈(Brain Drain) 현상을 가속화할 수 있다. ☞ 중국 등과 기술 경쟁하는 한국의 인력 유출은 경쟁력 약화
법인세율 인상은 경쟁력 약화	대기업은 수출 주도형으로 글로벌 기업과 경쟁해야 하며, 법인세 부담은 경쟁국가와 비교하여 정해져야 한다. ☞ 최저임금 인상과 비정규직 제로화, 근로시간 단축, 법인세율 인상 등은 대기업 부담 증가 → 국제 경쟁력 약화

4 나의 의견

(1) 증세는 필요

한국의 저성장, 양극화가 지속될 경우, 세원의 발굴과 확대가 매우 긴요하다. 또한 양극화 완화를 위한 적극적인 재정정책의 활용도 필요하다.

(2) 경제활성화 측면에서 신중한 결정

법인세의 인상은 래퍼 곡선에서 나타나듯이 신중한 결정이 필요하다. 수출 주도형의

8 낙수효과 vs 분수효과

우리 기업이 해외 경쟁력을 잃지 않도록 제한적이어야 한다(중소기업 등 확대는 신중해야 함).

(3) 보편적인 세부담 확대 필요(공평과세 의미 제인식) = “의무이자 권리”

재정적자 문제는 향후 한국경제의 큰 과제이다. 국민 각자가 납세의 의무를 진다는 의식과 세 부담에 대한 의식을 가질 필요가 있다. 공짜 점심은 없다는 말처럼, 복지 확대가 필요한 만큼 그 분담도 특정인만이 하는 것이 아니므로 짐을 나눠지는 노력이 필요하다.

(4) 교육, 중소 · 중견기업 세제 지원 지속 등 노력 병행

계층 이동이 가능하도록 저소득층 교육기회 · 일자리 제공, 중소 · 중견기업의 육성을 위한 제도 지원이 병행되어야 정책 효과가 더 커질 수 있다.

10

논술형 문제

일과 삶의 균형

논술형 문제 ▶ 일과 삶의 균형(WLB) – 삶의 질 이슈

- **빈도와 난이도** : 약술 / 면접 / 빈도 ★, 난이도 상 ★★★
- **출제유형**
  – 일과 가정의 양립을 어떻게 이해해야 하는지에 대해 나의 생각을 논하시오(기업은행 2016).

1 문제 제기

저출산 문제의 심각성이 높아지고 있는 가운데, 국민들의 삶에 대한 만족도가 낮아지고 있다. 이러한 이슈는 우리 사회의 미래를 위해서 적극적인 대응책을 마련하여 일과 가정의 균형의 중요성을 인식하고, 일과 삶이 양립될 수 있는 직장, 모성보호, 보육지원 등을 살펴보게 한다.

- 관련 이슈 : 저출산, 경력단절, 유리천장, QoL(Quality of Life), 직장문화 개선, 국민 행복

2 일과 삶의 균형(WLB)의 의미

WLB는 일(Work)과 생활(Life)이 균형을 유지하는 상태를 의미한다. 직장 여성의 일과 가정(Family)의 양립에 한정되어 사용되다가 최근 남녀, 기혼 · 미혼을 불문하고 모든 근로자로 확대된 개념으로 발전하였다.

☞ 글로벌 기업 WLB : 직원 만족도, 충성심, 사기 향상을 통한 우수 인재 확보의 수단이며, 탄력적 근로시간제도, 보육이나 간호에 대한 지원, 건강촉진, 교육지원, 장기휴가 제도 등이 포함됨

3 우리나라의 이슈

- 저출산 극복, 노동시간 단축을 통한 일자리 창출에 긍정적인 반면, 기업 고용 부담, 노동 생산성 하락 등을 이유로 실행이 어렵다.
- 근무시간 단축은 일에 대한 몰입, 효율적인 업무 처리 등 근로 윤리 변화와 병행되어야 한다(몰입, 직무역량 구비).
- 경영진과 상급자의 솔선수범이 필요하나, 인식 변화가 더디다.
- 4차 산업혁명의 시대는 시간 투입과 노동 생산성의 비례관계가 낮아지고 있어 근로시간 단축 가능성이 높다.
- 일과 삶의 균형의 양극화 : 공기업과 사기업, 중소기업과 대기업의 양극화, 상대적 박탈감 등이 있다.
- 가사 분담 : 맞벌이 비중 증가, 전업주부 역할에 대한 인식이 변화함에 따라 가사 노동의 성역할이 변화할 필요가 있지만 변화가 더디다.

4 방안(효과)

- 일자리 나누기 : 중소기업의 경우 생산성 하락이 발생하며, 현실적으로 부담이 증가한다는 조사 자료가 많다. 이에 대한 정부의 지원을 고려할 수 있다.
- 저출산으로 인한 노동력 부족 해소

OECD 최고 수준의 장시간 근로 관행, 한국을 비롯한 아시아 국가들 특유의 육아에 대한 여성 중심 접근 문화 등 육아 및 일 · 가정 양립에 반하는 사회, 직장문화로 인해 WLB 정착이 어렵다. 저출산 극복을 위해서는 일자리 만들기를 위한 근무시간 단축, 유연근무제와 함께 조직문화의 변화가 필요하다. 근로자의 근로의식 또한 변화되어야 한다.

11

논술형 문제

두 얼굴의 1인 가구, Solo Economy와 소외

논술형 문제 ▶ 두 얼굴의 1인 가구. Solo Economy와 소외

- **빈도와 난이도** : 논술 / 면접 / 빈도 ★★, 난이도 ★★
- **출제유형**
  - 1인가구 현상의 특징과 시사점(CJ 푸드빌, 2015)
  - 1인 가구 증가 원인과 특징을 3가지 이상 기술하고, 각 특징에 알맞은 금융상품과 서비스 제시(KB국민은행논술, 2013)
  - 솔로 이코노미(Solo Economy)의 영향과 금융기업에 던지는 시사점(KB국민은행글로벌전형, 2013)

1 논제해법

1인 가구란 1인이 독립적으로 취사, 취침 등 생계를 유지하고 있는 가구를 말한다. 1인 가구비중이 약 27%(2015년 기준)에 이를 정도로 확산되고 있다. 이러한 변화는 '가족'의 개념마저 새롭게 정의해야 할 정도로 우리 사회에 많은 영향을 미치고 있다.

1인 가구는 두 가지 관점에서 살펴 볼 수 있다. 기업 관점에서 1인 가구는 솔로이코노미(Solo Economy) 현상을 말하며, 마케팅 대상으로 1인 가구를 삼고 있다. Solo를 위한 상품과 서비스를 개발하고 있다는 점을 부각한다.

다른 한 편으로는 고령화의 어두운 면(빈곤, 무연고, 양극화 등), 전통적 가족의 해체, 사회적 소외 현상 등 우리 사회가 해결해야 할 과제이다.

2 예상풀이

Ⅰ. 개요

'나 혼자' 사는 가구가 증가하고 있다. 이는 주거 형태는 물론 사회 구성원 간의 관계를 변화시키면서, 가족에 대한 새로운 개념이 필요할 정도로 문화 충격으로 다가오고 있다. 1인 가구의 증가 원인은 복합적이다. ① 4인 가구의 분화, ② 저출산으로 인한 가족수의 감소, ③ 만혼과 결혼 기피, ④ 여성의 경제적 자립에 따른 독립가구 증가, ⑤ 고령화로 인한 1인 노인 가구 증가 등이다.

> 조사에 의하면, 가족 가치의 약화, 개인주의 심화, 결혼하지 않는 사람의 증가, 고용불안 및 경제여건 악화 등이 원인으로 나타나고 있다.

Ⅱ. 1인 Solo 가구의 특징

인구통계적 특징	① 고령화 – 고령층(60세 이상)의 비중이 절대적 ② 사회변화–미혼 및 이혼으로 증가, 취업과 학업으로 증가 ③ 여성 1인가구 비중도 매우 높음
경제적 특성	① 미래에 대한 불안으로 소비성향 낮음 ② 직장인인 젊은 싱글(Single)족의 소비 성향은 자기개발, 여행 여가, 반려동물(Pet) 등 개인가치 중심으로 증가함 ③ 소형, 포장, 배달, 안전 서비스 증가

일본의 무연사회(無緣社會)

혼자 살다 혼자 죽는 암울한 사회를 의미한다. 잃어버린 20년인 장기적인 경기침체로 인한 평생고용 붕괴, 1인 가구와 증가로 사회관계의 끈인 가족, 직장, 고향과의 인연이 끊어지면서 야기되는 사회 문제를 상징한다.

Ⅲ. 1인 가구의 영향

(1) 새로운 서비스의 출현

1인 가구의 증가에 따라 ① 상품의 소량화(주택, 냉장고, 세탁기, 식품 등 생필품), ② 포장과 배달, ③ 반려동물 산업[9]의 확산(Robot 산업), ④ 안전지킴이 서비스 등이 성장하고 있다.

금융회사도 1인 가구를 위한 자산 관리, 고소득 전문직 종사자 대상의 상품(예 적금, 보험, 제휴 카드)과 서비스를 개발해야 한다.

(2) 소비 증가 예상

1인 가구는 다(多)인 가구에 비해 1인당 소비 지출 규모가 크다. 여럿이 사용하면 비용이 절약되는 물건을 1인 가구에서는 개별적으로 구매해야 하기 때문이다. 이에 따라 기업의 마케팅과 영업 전략이 바뀌는 현상도 나타나고 있다. 이처럼, 1인 가구는 소비 행태를 바꾸게 되며 소비 증가에도 기여할 수 있다.

(3) 솔로 이코노미 현상에 주목

솔로 이코노미는 싱글(Single)족과 1인 가구가 소비의 주체로 등장하여 이들을 대상으로 상품과 서비스를 개발하고 판매하는 현상을 말한다. 우리나라의 1인 가구 비율이 급

---

9 1인 가구의 증가에 따라 반려동물을 키우는 가정이 지속적으로 증가하고 있다. 반려동물 케어, 반려동물 웰빙 서비스가 도입되는 반면에 반려동물 유기가 문제되는 양면성이 나타나고 있다.

속하게 증가함에 따라 솔로 이코노미가 저성장에 빠진 경제에 활력을 줄 수 있는 새로운 수익 창출의 기회로 여겨지고 있다.

1인 가구와 빈곤과 고독

소득 기준으로 볼 때, 多人 가구보다 1인 가구의 소득이 낮다. 특히, 노인 1인 가구와 농촌 1인 가구의 소득 수준이 낮게 나타난다. 노인 1인 가구의 경우 경기 침체가 지속됨에 따라 대체로 빈곤계층에 속하게 된다. 또한 인간 소외와 외로움 등 사회 문제를 야기한다.

Ⅳ. 시사점

1인 가구는 새로운 주거 형태로 발전하고 있다. 솔로(Solo) 가구 현상에 주목하여, 소비자 트랜드를 읽고 능동적으로 대응하는 것이 저성장에 직면한 기업과 경제 활성화에 기여하는 지름길이다.

'나 혼자 산다'의 어두운 면

상업주의에 의해 보여지는 '나 혼자 산다'의 다른 면은 어둡다. 1인 가구 증가는 고령화, 결혼의 기피, 무연고, 소외, 빈곤과 양극화 문제와 결부되어 있다. 1인 가구현상이 소외와 빈곤으로 연결되지 않기 위해서는 정부 역할과 사회 연대감의 회복이 매우 중요하다. 특히, ① 고령층 독거노인 돌봄 서비스, ② 젊은층 1인 가구를 위한 주거 개선 지원, ③ 여성 1인 가구를 위한 보안, 치안 등 서비스가 고려되어야 한다.

12

논술형 문제

삶의 질, 국민행복의 조건

논술형 문제 ▶ 삶의 질, 국민행복의 조건

- **빈도와 난이도** : 논술 / 면접 / 빈도 ★, 난이도 ★★★
- **출제유형**

  아래 제시문들은 '인간 본성(Human Nature)'과 관련된 두 가지 시각을 반영하고 있다. 두 가지 시각 가운데 하나를 선택하고, 선택된 시각에 입각하여 "광범위하게 나타나고 있는 우리 사회 성범죄 문제"의 원인을 진단하고 해결책을 제시하시오[논지를 전개할 때는 각기 다른 영역(예 문학, 역사, 철학, 영화, 정치, 경제, 과학, 종교, 기타 생각할 수 있는 모든 영역)에서 적절한 사례, 학설, 이론 등을 3가지 이상 인용하여 본인 주장을 뒷받침하시오(제시문을 활용할 수 있으나 반드시 3가시 이상의 새 인용을 추가해야 함)](한국은행 공통 논술, 2012).
- **연습문제**
  - "경제적으로 윤택해 질수록 국민은 행복하다"는 의견에 대하여 논하라.
  - 국민소득 4만불 시대 국민행복의 조건
  - GWP(Great Work Place)를 만들기 위한 제안(PT면접 주제)
  - 자살률이 높은 이유와 자살률을 낮추기 위한 대책

1 개요

행복은 인류가 보편적으로 추구해 온 가치로 동서고금을 막론하고 철학적인 관심사가 되어 왔다. 최근에는 국민행복기금, 행복주택, 국민행복지수 등 정부의 국정지표에 '국민행복'이 포함되면서 행복에 관한 관심이 더욱 높아지고 있다.

한국의 경우 한강의 기적으로 알려질 정도로 경제적으로 비약적인 발전을 해 왔음에도 불구하고 자살률이 높고 다른 선진국에 비해 행복감이 낮은 것으로 조사되고 있다. 이러한 현상이 나타나는 원인을 살펴보고 개인의 삶의 질을 높이는 방안을 정리해 둔다.

2 문제 풀이

문제 ▶ **다음을 읽고 경제적인 윤택과 행복의 관계를 참고하여 행복의 기준에 대한 나의 생각을 서술하시오.**

이스털린 역설(Easterlin Paradox)

▷ 이스털린 역설은 1974년 미국 경제학자 리처드 이스털린이 제시한 이론

– 지난 50년 동안 서양 사회의 실질임금 성장에도 불구하고 행복감은 상승하지 않았다는 사실을 들어, 소득이 어느 정도 높아지면 행복도가 높아지지만 일정 수준을 지나면 더 이상 증가하지 않는다고 주장

Ⅰ. 문제 제기

제시문에 나타난 Easterlin의 역설에 의하면 사회의 경제적인 성장이 사회 구성원의 행복을 보장하지 못한다는 점을 알 수 있다. 우리나라는 급속한 산업화 과정을 거치면서

경제적 측면에서는 비약적인 성장에도 불구하고, 삶의 질(QoL : Quality of Life)의 향상이란 면에서는 낮은 평가를 받고 있다. 이러한 역설적인 현상이 나타나는 원인과 행복한 사회를 향한 시사점을 찾아보기로 한다.

Ⅱ. 소득수준과 행복의 상관관계

(1) 행복의 의미

행복의 의미는 다양하게 나타난다. 행복의 현대적 의미는 경제적 수준(1인당 GDP, 재산)을 기준으로 한 측정의 한계로 인해 삶의 질(QoL ; Quality of Life)을 포함하는 종합적인 지표를 사용하여 측정한다.

GDP의 한계를 극복하기 위해 제시된 GNH(국민총행복)라는 국민행복지수는 삶의 만족도, 평균 수명, 주거 공간, 에너지 소비량 등 다양한 지표를 반영해 행복지수를 산출하기도 한다.

(2) 행복 지표로서 소득 기준의 한계

행복과 소득의 상관관계에 관한 정설은 없다. Eaterlin의 역설에서도 일정 수준까지는 행복과 소득수준의 상관관계가 높게 나타난다. 우리나라의 경우 2만불 이상으로 소득이 증가하였지만, 자살, 이혼, 반사회적 행동의 증가 등이 나타나면서 행복감이 낮다고 느끼는 것 또한 Easterlin의 역설이 적용되는 것으로 추정할 수 있다.

이 점에서 UN의 세계행복보고서가 반영하는 실질 GDP 수준 등 경제적 요소와 기대수명, 건강, 부패로부터 자유 등 비경제적 요소를 함께 고려하는 것이 행복 사회를 만드는 중요 과제가 될 것으로 본다.

Ⅲ. 행복한 사회가 되기 위한 조건

(1) 일자리와 소득의 향상

이스털린(Richard Easterlin)의 역설에서 보듯이, 일정한 수준의 소득을 유지하는 것은 행복한 사회를 만드는 가장 중요한 조건이다. 은퇴세대, 청년세대에 대한 일자리와 일정 수준 이상의 안정적인 소득이 가장 중요한 국민행복의 요건이다. 이러한 일자리를 만들기 위한 적정 성장이 정책의 최우선 목표가 되어야 한다.

(2) 사회계층의 통합– 빈부차의 해소

행복의 또 다른 기준 중 하나는 상대적 만족감이다. 그러나 한국 사회는 성장에도 불구 상대적 만족감보다는 상대적 박탈감이 커진 것으로 보인다. 2080법칙이 말해주듯 자본주의의 발달은 외형적으로 경제적 풍요를 가져다 줬으나 소득상위 20%가 부의 80%를 차지하는 부의 편중현상도 불러왔다. 한국도 이와 같아서 사회적 불평등을 알려주는 지니계수가 OECD 평균을 크게 웃도는 등 사회 계층 간 불평등이 지속적으로 확산되는 추세를 보이고 있으며, 이는 상대적 박탈감을 유발하여 국민행복을 저해하고 계층 간 갈등으로 이어질 수 있는 요인이다.

(3) 자유, 소속감, 자아의 성장 가능성

매슬로우(Maslow)의 욕구단계이론에 의하면 인간은 하위 단계의 욕구가 만족되면 상위 단계의 욕구를 갈망한다. 의식주 문제가 해소된 후, 인간이 추구하는 상위 단계의 욕구가 충족되지 못한다면 행복하지 않다고 느낄 수 있다. 비교적 보편적인 행복지수를 담은 UN기준 행복 지수는 경제적 윤택함(GDP)과 함께 비경제적인 요인인 자유(자기 표현의 자유, 종교와 사상의 자유 등)와 소속감(가족, 사회적 유대감, 사회에 기여할 수 있는 기회 여부), 청렴도를 포함하고 있다. 이처럼, 자기의 노력에 따라 성장할 수 있는 기대와 가능성이 높을수록 행복도가 높아지는 것이다.

(4) 국가와 기업, 개인의 역할

행복한 사회로 가기 위해서는 국가의 역할이 가장 중요하다. 계층이동의 통로를 만드는 일, 균형발전과 공정성을 높여 상대적 박탈감을 줄이는 일, 절대 빈곤 계층의 전반적 복지수준을 향상하는 일, 청렴하고 안전한 사회를 만드는 일 등이다. 기업은 중소기업과의 동반성장, 투명한 경영과 윤리의식, 일과 삶의 조화를 이룰 수 있는 기업문화를 만들어 나가야 한다.

행복은 개인적인 문제이기도 하다. 따라서, 개인적인 차원에서 삶을 긍정적으로 보는 노력, 행복한 삶을 적극적으로 찾는 노력도 병행되어야 한다. 국가의 제도, 사회 문화, 개인의 노력이 함께할 때 행복지수는 더욱 높아질 것으로 생각한다.

Ⅳ. 결어

행복한 사회가 건전한 사회이다. 이러한 건전한 사회는 경제적 성과가 더 이상 보장해주지 않는다는 것이 명확해졌다. 행복한 사회가 되기 위해서는 개인적 차원의 노력도 중요하지만, 정부의 정책적 지원을 통한 사회적 환경이 구축되는 것 또한 중요하다.

추가읽기 UN행복보고서, 부탄의 국민행복 지수

- UN행복보고서는 150여 국가의 행복지수를 발표하고 있다. 지수산정은 1인당 국내총생산(GDP), 건강수명, 사회적 지지(가족, 일과 삶의 균형), 청렴도, 자유 등을 계량화하여 산출하고 있다. 상위권은 북구 유럽국가이며, 한국, 일본, 대만은 40위권으로 아시아권에서는 높지만, 전체적으로 볼 때 경제 규모에 비하여 낮은 편이다.
- 불교국가인 부탄의 국민행복지수(GNH)는 성장 중심의 발전모델에서 벗어나, 국민의 삶의 질과 행복을 측정하는 새로운 후생지표의 하나로 관심을 받고 있다.
  부탄의 UN기준 행복보고서에 따른 지수는 하위권에 속한다. 이는 행복 지수는 매우 주관적이고 상대적임을 의미한다.
- 이처럼 행복은 상대적이고 계량화하기 어렵기 때문에, 행복지수는 행복 요소를 무엇으로 볼 것인지, 그 비중을 어떻게 할 것인지에 따라 차이가 난다. 분명한 것은 지속적인 성장과 함께 청렴한 정부와 기업, 자유의 신장, 건강한 수명, 상생의 공동체 정신 등이 국민 행복을 결정하는 요소인 것이다.

13

논술형 문제

유리천장지수

1 여성의 권리는 정치경제적으로 점진적으로 향상

여성의 경제 활동이 증가하면서 직장에서의 차별은 법률적으로 금지되어 있지만, 여성의 근로조건에 현실적으로 존재하는 차별이 이슈로 부각되고 있다.

2 유리천장은 직장 여성에게 '보이지 않는 한계'

여성이나 소수 민족에 속한 사람이 고위직(高位職)에 오르지 못하는 조직 내의 장벽을 말하며 성차별, 인종차별을 나타내는 용어이다. 산업구조가 노동에서 정보화와 지식 중심사회로 전환되어 여성의 사회 진출과 능력 발휘 기회가 높아지고 있다. 여성 대통령이 나오고 여성의 고위직 진출이 높아지고 있으나, 직무와 직급기준으로 여성의 비율을 보았을 때 여성에 대한 사회적 편견과 차별은 여전히 존재한다.

3 유리천장 지수(The glass-ceiling index)

한국이 OECD 국가 중에서 가장 낮은 점수를 받고 있다(☞유리천장 지수는 여성의 노동시장 참여율, 남녀 간 임금 차이, 기업의 고위직 여성비율, 여성의 의회 참여 비율 등으로 측정). 실질적으로 남녀 임금차이, 입사와 승진 시 불이익 등이 존재하는 것은 직무(職務)와 능력(能力)에 따른 차별이 아니라, 성에 의한 차별로 이것이 개선되어야 소속감, 직무 만족도는 물론 결과적으로 생산성이 높아질 것이다.

'세계 성 격차 보고서'(세계경제포럼)에도 한국은 조사국 중 하위권으로 낮게 나온다. 분야별로는 임금 평등도, 교육과 정치 권한 부분이 특히 낮다.

4 원인과 해결책

원인으로는 성에 대한 편견, 남성우위의 유교문화, 여성의 직장 내 비공식적인 의사소통 채널에서의 소외, 육아와 출산으로 인한 경력 단절 등 다양하다. 특히, 저출산 문제로 야기되는 사회문제를 해결하기 위해서도 유리천장을 없애는 노력이 필요하다. 해결책으로는 먼저 정부는 규범적 고용주로서 노력하여야 한다. 국회 등 대의기관에는 일정 비율의 여성을 할당하는 것이 중요하다. 여성의 경우 단순직무, 대민 상담과 업무처리 등 보조업무에 배치하는 관행을 없애고 능력에 따라 직무를 담당할 수 있어야 한다. 직장의 문화 또한 변화가 필요하다. 이러한 노력이 여성의 근로의욕을 높이고, 기업의 생산성을 높이는 데 기여할 것이다.

5 결론

사회의 발전은 다양성을 인정하는 것에서부터 시작한다. 우리 사회가 발전하기 위해서는 여성이 시민으로서 잠재 능력을 발휘할 수 있는 제도 도입과 인식 전환이 필요한 때이다.

14

논술형 문제

방탄소년단(BTS)의 성공 요인과 시사점

논술형 문제 ▶ 방탄소년단(BTS)의 성공 요인과 시사점

문제 ▶ PSY와 원더걸스의 성공 요인이 중소기업에 시사하는 점(기업은행, 2013)
▶ PSY의 B급 문화의 성공이 한국 사회에 시사하는 점(금융감독원, 2013)
▶ (방탄소년단(BTS)의 세계 공연과 YouTube 인기, 음악 부문 수상 소식-제시문) BTS의 성공 요인과 한국 사회에 시사하는 점

금공 논술 Tip 》》 **인물 관련 논술**

대중 연예인(PSY, BTS), 역사적 인물(정약용, 조조와 유비), 소설 속 인물의 성공/실패 요인, 특징을 활용하여 논지 전개가 필요한 경우 → 시사 이슈, 경제 주체와의 관련성, 기업의 성공 요인과 관련된 연관 Key word를 찾아 논지를 전개하는 것이 효과적이다.

1 문제 제기

Big Hit 그룹의 방탄소년단(BTS)은 짧은 역사에도 불구하고 한국 가수 중 세계적으로 가장 인기를 얻고 있으며 가장 큰 영향력을 가진 것으로 평가받고 있다.

저성장과 미래에 대한 불확실성이 화두인 가운데, 무명의 소년 아이돌 그룹의 성공 요인에 주목할 필요가 있다. 이들의 성공 요인과 한국 사회에 시사하는 점을 살펴보기로 한다.

2 성공 요인과 시사점

방탄소년단(BTS)은 소위 국내 메이저 기획사 소속이 아니다. BTS는 초기에는 재정적 지원이 충분하지 않았고 멤버들이 지방 출신이라는 한계에도 불구하고, 글로벌 팬덤(fandom)을 형성한 K-pop 그룹으로 성장해 왔다.

주요 성공 요인은 다음과 같다.

적극적인 디지털 채널 활용	• 소셜 네트워크 서비스(SNS), 영상 콘텐츠 등을 활용하여 고객(팬)과 적극적으로 소통함. 국경을 넘은 고객들과의 소통이 지지층(ARMY)을 형성하는 데 기여 • SNS를 통하여 팬들이 경험을 공유하고 확산하는 효과를 거둠.
팬들과 상호작용	• 타깃 고객층(ARMY)의 관점에서 동시대의 고민과 스토리를 작사 작곡을 통하여 공유하여 글로벌 팬덤 현상을 만들어 냄. • 이러한 스토리는 시리즈로 구성되어 계속적인 팬의 확대 재생산으로 연결됨. • 가능한 한 많은 실제 생활을 다양한 소셜 미디어를 이용하여 공유하며, 노래 가사와 활동 내용은 다양한 언어로 번역되어 다시 공유됨.
차별화된 콘텐츠 : 감성적 연대와 동일시	• 열정적으로 자신들의 꿈을 좇아 세계적인 뮤지션으로 성장하는 스토리는 또래 세대에게 감성적 연대와 동일시의 경험 제공 – 아동/청소년 폭력 근절 등 사회적 캠페인 참여 – 꿈을 가진 '촌놈 뮤지션'의 성장 스토리를 ARMY가 동일시하거나 지지 – BTS를 통하여 위로받는 다양한 Promotion

든든한 지원자(ARMY)의 존재	• BTS는 팬클럽(ARMY)과 소통을 매우 중시하며, 이들이 다시 BTS의 브랜드와 콘텐츠를 확산하는 데 크게 기여

• **한계를 극복하는 도전정신** : BTS는 중소 기획사 소속으로 대형사가 과점 체제를 구축하고 있는 시장 진입의 한계를 시공간의 제약 없이 커뮤니케이션이 가능한 SNS 등 뉴미디어의 적극적 활용을 통해 극복하고 있다.

• **글로벌 시장을 목표로 한 도전** : 강소기업의 특징의 하나는 상품의 기획에서부터 해외진출을 목표로 한다. BTS의 경우도 국내에 집착하지 않고 global 시장을 목표로 준비한 것이 성장의 비결이다. 강소기업이 되기 위한 국내 중소기업의 전략은 출발부터 해외시장을 목표로 하는 것이며, 이를 위한 기술 혁신과 차별화된 콘텐츠 개발이 절실하다.

• **고객과의 소통** : 글로벌 경쟁 시장에서 고객과의 소통 역량은 매우 중요하다. 타깃 고객을 명확히 하고, 니즈에 맞는 상품과 서비스를 제공할 수 있어야 한다. 고객과의 관계를 지속하기 위해서는 고객 특성에 맞는 다양한 커뮤니케이션 채널을 확보하고 소통하는 조직 역량을 개발해야 한다.

3 경제적인 효과

BTS가 유발하는 유무형의 경제적 효과를 측정하기 어렵다. 한 연구소에서 추정하였듯이 BTS가 미치는 경제적 효과는 외국인 관광객 유입으로 인하여 관광객의 국내 소비와 국내 소비재 수출액 증가로 이어진다.

BTS의 인지도가 상승할수록 BTS 공연 관람 등을 위해 방문하는 관광객이 유의미하게 증가하고 있는 것으로 나타나고 있다. 특히, BTS의 인기가 상승할수록 의복류, 화장품, 음식료 증가 효과가 발생하는 것으로 나타나고 있다.

한 연구소의 분석에 의하면, 방탄소년단으로 인한 외국인 증가와 소비재 수출 증가로 나타나는 경제적 효과는 ① 연평균 생산 유발 효과 기준으로 중견기업 평균 매출액 26배 수준이며, ② 연평균 부가가치 유발 효과 기준으로 중견기업 평균 매출액의 약 9배에 이르는 것으로 나타난다.[10]

---

10 현대경제연구소, BTS의 경제적 효과(2018.12)에서 인용

15

논술형 문제

현금 없는 사회와 가상화폐(비트코인)

논술형 주제 ▶ 현금 없는 사회와 가상화폐

- **빈도와 난이도** : 논술 / 면접 / 빈도 ★, 난이도 ★★★
- **출제유형**
  - 현금없는 사회(Cashless Society)가 가능한지에 대한 논란이 제기되고 있다. 자신의 생각을 논하시오 (IBK기업은행, 2015).

1 개요

금융이 빛의 속도로 변한다는 말이 있다. 인터넷과 모바일의 발전, 핀테크의 확산으로 간편 결제, 통장 없는 은행, 스마트 점포, 가상 화폐 등이 출현하고 있다. 한국은행은 동전 없는 사회(Coinless society)를 준비를 하고 있다. 이러한 금융의 디지털화는 고객의 금융서비스 이용행태에 큰 변화를 초래할 것이다. 이러한 변화 중 현금 없는 사회와 가상화폐(Digital Coin)인 비트코인에 대하여 알아본다.

2 현금 없는 사회(Cashless Society)

(1) 뜻과 배경

캐시리스 사회, 즉 현금 없는 사회는 인터넷의 발전, 그리고 금융회사 업무의 전산화로 인해 실제적인 현금(동전, 지폐)의 이동과 사용이 없이 경제활동이 이뤄지는 사회를 말한다. 현금 대신 물품과 서비스 구입에 사용되는 체크 카드, 신용 카드, 교통카드, 스마트 폰 간편결제, 비트 코인 등이 기여하고 있다.

(2) 시사점

1950~60년대 신용카드의 등장과 함께 나타난 개념으로, 그 이후 새로운 거래 형태인 카드 결제, 인터넷 쇼핑, 스마트 폰 간편 결제, 비트 코인 등으로 현금 없는 사회의 가능성이 높아지고 있다.

우리나라도 금융의 핀테크, 금융의 디지털 현상과 함께 비(非)현금 결제가 증가하고 있어 주목받고 있다. 한 조사에 의하면 한국은 아시아권에서 가장 높은 Cashless Society라고 알려져 있다. 전 세계적으로는 벨기에, 프랑스, 독일 등 유럽국가와 미국, 호주 등도 Cashless 현상이 높게 나타나는 국가이다. IT 발전이 가속화될수록 현금 없는 거래가 증가할 전망이다.

긍정적 효과는 현금을 사용하지 않을 경우 사회적 비용이 절감된다. 한국은행은 동전 없는 사회(Coinless society)를 만들어 동전제작 등 비용절감을 추진 중이다. 부정적 효과는 노인 등 금융 소외 계층이 증가하거나, Digital화된 정보가 유출될 경우 사회적으로 큰 손실이 발생할 수 있다.

3 가상화폐-비트코인(Bitcoin)

(1) 뜻과 배경

가상화폐는 중앙은행에서 발행하는 일반화폐가 아닌, 실물 없이 사이버상으로만 거래되는 전자화폐를 말한다. 이것은 특정 프로그램이 정한 규칙에 따라 가치가 매겨지고, 실제 화폐처럼 유통되기도 한다. 대표적인 것이 비트코인이다.

비트코인은 온라인으로 거래되는 가상화폐(Digital coin)이지만 물건이나 서비스 이용 대가로 결제하기도 한다. 컴퓨터 프로그래머가 개발하였으며, 미국 중앙은행이 화폐 발행을 독점하고 자의적으로 달러의 발행(양적 완화)을 통해 달러 가치를 하락시키는 것을 비판하면서 더욱 주목 받아 왔다.

(2) 주요 특징

① 금융기관을 통하지 않고 인터넷으로 거래되며, 사용하는 사람이 증가함에 따라 다른 가상화폐와 달리 사용 영역이 다양화되고 있다.

② 비트코인의 발행과 총량 제한 : 비트코인은 누구나 스스로 만들 수 있도록 프로그램화되어 있다. 이 가상 화폐의 발행은 중앙은행 등에서 통제하지 않는 대신, 난이도가 매우 높은 암호를 풀 경우에 보상으로 주어지게 프로그래밍 되어 있다. 비트코인을 만드는 사람을 '광부'(Bitcoin Miner), 암호를 푸는 행위를 마이닝(Mining)이라 하며, 모든 광부가 캘 수 있는 양은 최대 2,100만 비트코인으로 통화량 총량이 제한되어 있다.

③ 비트 코인 사용자를 위한 중개 서비스 회사가 등장하고 있다(블록 체인은 거래 내역을 기록하는 공공 장부를 말한다).

(3) 문제점

가상화폐는 사용자의 지갑(비트코인 계좌)을 만들 때 실명 정보나 절차가 없다. 이로 인해 과세의 어려움과 범죄, 사기 등 불법 거래에 사용될 수 있다는 비판을 받고 있다. 또, 금융회사 없이 비트코인 이용자끼리 거래 인증을 하게 되어 공신력이 약하다. 비트코인의 가격 변동성이 매우 큰 점도 문제이다.

중앙 은행의 관점에서는 가상화폐가 통화안정, 금융안정 문제를 야기할 수 있다는 점에서 문제로 제기된다.

(4) 시사점

비트 코인 지지자들은 거래량과 비트코인 가치가 상승하여 통화로서의 가치를 인정 받을 것이라고 주장한다. 그러나, 비트코인은 관리 주체와 결제의 최종 담보자가 없어 신뢰도가 낮다. 현재로는 일부 투자가들에게 변동성이 매우 큰 위험 자산의 하나 정도로 인식되고 있다.

금공 논술 Tip **중앙은행의 디지털 화폐(CBDC) 시대 도래 전망**

CBDC(Central Bank Digital Currency)는 중앙은행이 발행하는 디지털 화폐이며, 향후 실물 화폐를 보완하고 대체할 가능성이 매우 높다.

최근 일부 국가의 중앙은행이 CBDC 도입을 논의하고 있어 미래 화폐의 형태와 역할에 큰 변화가 예상된다. CBDC는 전자적 방식이기 때문에 익명성 제한, 보유 한도 설정, 이용 시간 조절 등 장점, 정책 목적에 따라 다양한 형태로 발행 가능성이 높다.

☞ 금융의 디지털화는 더욱 심화될 전망인데, 각 금융 공기업은 기술 혁신에 부응하여 업무 프로세스와 적용 기술 혁신, 직원 역량 개발, 고객 서비스 혁신 등이 필요하다.

16

논술형 문제

SNS(Social Network Service)와 1인 미디어

논술형 주제 ▶ SNS와 1인 미디어 규제찬반

- **빈도와 난이도** : 약술 / 면접 / 빈도 ★★★, 난이도 ★★
- **출제유형**
  - 인터넷 전염병이란 단어가 있다. 이것(인포데믹스)은 잘못된 정보가 급속도로 확산되는 현상을 말하는데, 이에 대한 설명과 기업에 미치는 영향과 대응방안을 논하시오(IBK기업은행 약술, 2013 하반기).
  - 네이버 등 Portal 업체에서 실시간 검색을 할 경우 정치 · 사회적으로 민감한 이슈를 제외하도록 Filtering 하는 것에 대한 찬반(NH농협은행 5급 토론면접 IT, 2013)
  - 정보기술 발전에 따른 소셜네트워크의 확대가 야기할 수 있는 문제점을 구체적으로 분석한 후, 이러한 문제점을 완화시킬 수 있는 대응방안을 제시하시오(금융감독원, 자료제시형).

1 논제풀이

(1) 문제 제기

IT기술과 정보통신의 발달로 SNS(Social Network Service)를 통해 타인과 교류할 수 있는 폭이 국경을 넘어 매우 넓어졌다. 인터넷과 SNS의 급격한 발달은 현대인의 정치 · 경제 생활은 물론 기업의 경영 활동에 매우 큰 영향을 미치고 있다. 최근에는 부정적인 효과가 부가되면서 인터넷과 SNS 사용에 대한 국가 개입의 필요성과 가능성이 대두되고 있다.

(2) 규제 반대

인터넷과 SNS에는 일종의 집단지성이 작동하기 때문에 거짓 정보를 정화할 수 있는 자기조절기능이 있다. 특히, SNS 공간에 대중매체와 같은 정도의 정보 완전성과 정확성을 요구하는 것은 지나친 이상주의적 생각이다. 인터넷과 SNS 사용자의 문화에 맡겨야 하는 영역이 있다.

① 자유에 대한 제한

우리나라는 IT발전과 정보화, 세계화가 동시에 진행되면서 인터넷과 SNS의 영향을 크게 받고 있다. 소통 방식을 결정하는 중요한 매체에 실명제 도입 등으로 국가가 개입하는 것은 바람직하지 않다. 이러한 정보의 교류, 개인의 의사 표시 방식 등은 개인의 자율과 책임하에서 이뤄지는 것이 바람직하다. 궁극적으로 실명제, 위치 정보 파악 등을 통한 직간접적인 SNS 활동에 대한 규제는 기술 발전을 이용한 새로운 Big Brother(독재자)의 출현이 가능할 수 있다.[11]

② 사이버 공간의 제한은 현실적인 한계

세계화와 더불어 정보화의 급격한 진전은, 사이버 공간이란 새로운 공간을 만들고 있다. 이러한 국경을 넘는 사이버 공간상의 소통과 지식정보의 흐름에 정부가 간여한다는

---

11 SNS는 빠른 전파력으로 정치 · 사회 여론의 형성에 매우 효과적이다. 튀니지 민주화사태의 경우에서 보듯이 시위하는 시민을 무력으로 진압한 튀니지 정부에 대해 시민들이 트위터에 실시간으로 정보를 올렸고, SNS로 모인 여론은 결국 튀니지 독재정권을 무너뜨렸다는 것은 SNS가 정치 민주화의 매우 중요한 기능을 담당한 예이다.

것은 현실적으로 어려운 점이 있다. 예를 들면, 한 국가에서 불법 정보라 하더라도 다른 국가에서는 용인되는 것도 있기 때문이다. 상업적 관점에서도 재화화 용역, 자본에 관한 정보와 서비스의 흐름을 방해한다는 것은 자유에 대한 매우 심각한 도전이 될 수 있다.

③ 인터넷과 SNS 등 과학 기술의 발전에 장애

정보 소통의 자유, 집단지성의 활용을 통한 사회 발전의 도구인 인터넷과 SNS의 제약은 궁극적으로 과학 기술을 퇴보시킬 수 있다.

(3) 규제 찬성

사회적 합의가 필요하지만, 최소한의 규제는 있어야 한다. 규제를 반대하는 사람들은 SNS를 사적 영역이라고 주장하는데 SNS를 통하여 공적 의사 결정에 영향을 미치거나, 피해자가 생긴다면 더 이상 사적인 영역이 아니다. 역사적으로도 대부분의 국가에서는 규제가 존재하고, 기술적으로도 가능하다.

① 자유의 남용

인터넷 발전이 전자상거래에서부터 SNS의 영향력을 잘못 이용하거나, 객관적 사실에 근거하지 않은 정보를 확산시키는 등 정치 · 경제 · 사회적으로 미치는 부정적 영향이 부각되고 있다. 예를 들면, 인터넷 도박, 사기와 인터넷 포털의 독과점화 현상, 사실에 근거하지 않은 비방과 왜곡된 정보의 생산과 확산 등이 그 예이다.

② 정보 신뢰성 하락과 사회적 비용 증대

정보가 정확성에 대한 판단을 할 수 없는 상태에서 전파되는 루머는 그 영향력이 매우 크다. 수많은 실시간 사용 소감과 Feedback은 제품과 서비스에 대한 인지도를 높이는 역할도 하지만, 평판(Reputation)을 단기간에 훼손시키는 문제도 있다. Black Consumer 등의 폐단이 발생할 수도 있다. 의도적으로 상품과 서비스에 대한 비방과 비판을 SNS를 통하여 통제 없이 전파하게 될 경우 전파 속도는 일반 대중매체보다 훨씬 빠르고 심각하다. 그리고, 대기업과 달리 중소기업의 경우 이에 대한 대비가 체계적이지 못하여 피해가 우려된다.

③ 규제(실명제)를 통한 정보 신뢰성 제고 효과

SNS는 신속성, 이동성을 동시에 갖추고, 1인 미디어의 기능을 통해 정보 공유의 효율성을 가지고 있다. 인터넷 실명제는 정보의 신뢰도를 높여 궁극적으로 신뢰할 수 있는 정보의 유통을 보장하는 것이며, 정보의 홍수(익명의 정보)에서 벗어나게 할 수 있다.

④ 표현의 자유 한계

인터넷과 SNS를 통하여 불법이 뚜렷하거나 사회적으로 유해성이 명백한 메시지가 유통되는 경우가 많다. 현행법상 불법성이 뚜렷한 경우는 규제해야 한다.

1인 미디어 시대!

인터넷 대중화와 스마트 기기의 확산으로 1인 미디어 시대가 도래했다. SNS를 통하여 수평적 · 개방적으로 빠르게 전달되는 특징으로 1인 미디어를 통한 정보 교류가 급증하고 있으며, 이러한 1인 미디어를 통한 정보의 생산, 유통, 소비는 새로운 문화 현상으로 이해되고 있다. 이와 함께 문제점 또한 부각되고 있다.

정보 신뢰성– 1인 미디어의 문제점

1인 미디어의 영향력이 증대되는 반면 정보의 신뢰성과 상업주의의 범람이 문제되고 있다. 특히, SNS를 통한 잘못된 정보가 급속하게 전파되는 인포데믹스(Info demics: 잘못된 정보가 전염병처럼 확산되는 현상) 현상으로 인한 사회 경제적 비용이 증가할 수 있다.

첨삭예시[12]

문제 ▶ SNS의 확산이 우리 사회에 미치는 영향과 역기능에 관하여 논하시오.

첨삭답안

Ⅰ. 문제 제기㉓

SNS는 실로 다양한 영향을 미치고 있다. Social Network Service의 약자로 사회적으로(Social) 의사소통의 관계(Network)를 맺는 웹 기반 서비스를 칭한다. SNS는 기술 혁신에 따른 새로운 의사소통 방식의 혁신으로 우리는 이를 언제, 어디서나 사용할 수 있다. SNS의 전파는 정보화와 세계화 추세에서 ICT의 발전에 따른 스마트 폰의 빠른 보급 속도와 궤를 같이 했다고 할 수 있다. 특히 ICT 강국인 우리나라에서 SNS의 영향력은 많은 시사점을 갖는다.

㉓ 잘 적힌 예시임
서론은 논제를 적극적으로 읽은 후, 관련된 정치 · 경제 · 사회 · 문화적 이슈를 제기하는 것이 핵심이다.

Ⅱ. SNS의 영향과 특징

(1) SNS의 영향

Twitter, Google, Facebook, Youtube로 대표되는 SNS는 전 세계적으로 많은 영향을 끼치고 있다. 정치적으로 중동, 아프리카 등의 민주화 바람을 불러일으켰으며, 경제적으로는 새로운 채널의 발굴로 기업들의 홍보, 상품, 서비스의 변화를 가져왔다. 또한, 최근 가수 싸이(PSY) 성공의 중요한 요인이라 해도 과언이 아닌 Youtube 등의 SNS는 문화의 세계화를 이끌며, 이에 수반되는 다양한 사업의 확장 가능을 시사하기도 하였다.

12 논술수강 후 작성한 글(서울소재 여대 졸업생. IBK기업은행 논술, NH 농협은행(5급)최종합격)

특히 금융회사는 이러한 변화에 대응하기 위해 스마트 뱅킹을 활용한 상품과 서비스로 새로운 고객의 서비스 이용패턴에 대응하고 있다. IBK도 스마트원, 흔들어 적금 등의 상품과 블로그 운영, 상담 서비스 등의 다양한 Service로 소비자의 니즈를 충족시키고 있다.

(2) SNS의 특징

SNS의 특징으로 대표되는 법칙은 '1:9:90'의 법칙이다. 이것은 한 사람이 정보를 생산하면, 9명이 Retwit하고 이를 90명이 본다는 것으로 '집단지성'㉔을 뜻한다. 여기에서 리서슈머의 중요성이 시사된다. 리서슈머[13]란 자신이 관심 있는 분야를 연구하는 소비자로 SNS의 전파속도에 따라 리서슈머의 영향력이 증가하고 있다.

III. SNS의 역기능

SNS가 가져다주는 이점만큼 SNS의 역기능도 부각되고 있다. 정보격차에㉕ 따른 불균형이 이에 해당하며, 개인 Privacy문제, 신뢰성의 문제도 제기가 되고 있다. 이에 따라 정부는 무분별하고 신뢰성 없는 정보의 생산과 유포에 대한 규제가 매우 어렵고 제한적이기 때문에 국민들에게 정보 생산과 공유에 있어 윤리성을 강조해야 한다.

㉔ SNS의 특징

1) 집단지성에 의한 공유와 협업

집단지성은 다수 컴퓨터 이용자 간의 상호 협동, 참여와 소통이 만들어 내는 결과물로 집합적 행위의 결과물로 나타난다.

2) 1인 영향력 증대

대중매체보다 1인의 영향력이 더 커지는 현상이 발생한다. 또한 수많은 사람이 자발적으로 참여하여, 의견을 공유하고, 더 나은 대안을 찾아내는 집단지성의 효과를 나타낼 수 있다.

3) 스마트 소비자의 등장과 영향력 증대

SNS를 통한 소비자의 영향력도 증가했다. 능동적인 소비자로 거듭나며 기업의 의사결정에 막강한 힘을 발휘하고 있다. 따라서, 많은 기업들이 SNS를 이용해 소비자들의 기호를 파악하고, 자신들의 브랜드와 평판 관리에 힘쓰고 있다.

㉕ 정보격차는 Digital divide를 야기하며, 이로 인해 사회적 불균형을 초래할 수도 있다.

13 리서처(Researcher)와 컨슈머(Consumer)가 합성된 신조어다. 합리적 소비를 위해 SNS 등을 통하여 상품 특징, 시장 등을 조사하고 그 정보를 다른 소비자 그룹과 공유하는 소비자 그룹을 말한다.

추가읽기 **정보 신뢰성 – 1인 미디어 문제점**

예에 나타나듯이, 재난 시의 혼란 초래, 소셜 커머스 사기 등으로 피해를 입을 수 있는 예나, black consumer의 폐해 등이 그것이다.

또한 정부는 사회구성원들의 책임 있는 참여를 유도해야 한다. 정부 또한 크라우드 펀딩으로 인한 사기 문제를 해결하는 등의 신뢰성 있는 모습으로 정책을 입안하여야 한다. 기업도 SNS를 새로운 채널로 이용함에 있어 생길 수 있는 개인정보 보안에 만전을 기해야 한다. IBK도 스마트 금융 및 SNS를 통한 홍보, 커뮤니케이션에 있어 신뢰성 있는 IBK만의 브랜드 구축을 위해 노력해야 한다.

Ⅳ. 맺음말

SNS 확산 속도가 스마트 폰 등의 ICT 발전과 함께 빨라짐에 따라 우리 사회에 많은 영향을 주고 있다. 따라서 개인, 기업, 정부 모두 이러한 변화에 유연하게 적응하는 자세와 함께 무분별한 정보 생산, 전파의 심각성을 고려하여야 한다.

17

논술형 문제

Fake News와의 전쟁 – 표현의 자유인가, 범죄인가?

1 문제 제기

트위터, 페이스북 등의 발전에 따라 소셜 네트워크 활동이 확대되고 있다. 이는 개인간 소통 및 집단지성을 비약적으로 발전시키고 있다는 긍정적인 견해가 많다.

반면, 엉터리 뉴스사이트나 SNS의 글을 포장하여 진짜와 같은 가짜 뉴스가 유포되면서 사회 경제적 비용을 초래하여 큰 사회이슈로 부각되고 있다. ☞ 금융시장의 경우도 정보왜곡으로 인한 시장왜곡현상이 있다. 특히, Fake News를 통한 시세조정행위 등 불공정 행위는 방지되어야 한다.

2 뜻과 유형

가짜 뉴스는 '정치 · 경제적 이익을 위해 의도적으로 언론보도의 형식을 하고 유포된 거짓 정보'라고 정의할 수 있다. 유형으로는 허위정보, 거짓정보가 Fake News의 대표적 범주에 포함된다.

① **허위정보(Disinformation)** : 의도적으로 만든 가짜 정보. 대상을 속이기 위해 정교하게 만들어진 정보

② **오인정보(Misinformation)** : 사실이 아님을 인지하지 못한 채 의도적 · 비의도적 전파

③ **거짓정보(Hoax)** : 진실을 가장해서 고의로 배포하는 조작(Manipulated)된 정보

④ **루머, 유언비어(근거 없이 퍼지는 소문–정보의 불확실성)**

3 가짜 뉴스의 주요 특징

가짜 뉴스는 SNS를 통하여 급속하게 전파되는 특징이 있다. 따라서 가짜 뉴스 차단에 IT 업계의 책임과 역할이 중요하다는 주장이 팽배하다. 또한, 뉴스 생산자는 정치, 경제적 이익을 목적으로 생산 · 유포하며, 피해를 확대하고 있다.

과거 뉴스의 경우 뉴스 생산자가 곧 뉴스의 유통자이기 때문에 그 내용의 진실을 책임지는 구조였지만, 가짜 뉴스의 경우 대부분 생산자와 유통자가 다르기 때문에 규제에 신중할 필요가 있다.

→ 최근 생산자(1인 미디어)가 유통자(SNS 매체)를 활용하여 유통시키며, 다른 매체와 결합하여 가짜 뉴스의 파급력이 더 확대되는 문제가 발생하고 있다.

4 규제의 필요성 논란

가짜 뉴스는 언론의 자유 선상에서 논의될 사안이 아닌 '범죄'로 규제가 필요하다는 주장이 대두되면서 벌금, 형벌 등을 통하여 규제를 추진하는 정책이 지지를 얻고 있다. 우리나라는 정보통신 서비스 제공자는 자신이 운영 · 관리하는 정보통신망에 거짓 또는 왜곡된 사실을 언론보도로 오인하게 하는 내용의 정보가 유통되지 않도록 노력을 기울이게 하고, 이러한 정보로 명백히 인정되는 경우 이를 삭제하도록 하는 등 규제를 법제화하는

노력이 진행되고 있다.

반면, 범죄 방지를 위한 사전 검열 등의 제도 도입이 바람직하지 않다는 입장도 있다. 1인 미디어 시대 언론과 표현의 자유의 영역과 충돌되며, 언론 소비자의 자유로운 뉴스 선택 행위를 규제할 위험성이 크기 때문에 규제에 부정적이다. 특히, SNS의 매체적 특성을 고려한다면 정부 주도 규제는 효율성에 한계가 있기 때문이다.

최근에는 대안으로 SNS 플랫폼 사업자의 자율 규제 강화가 설득력을 얻고 있다. 즉, Facebook 등은 가짜 뉴스 문제의 심각성을 인식하고 뉴스 퇴치 프로그램 도입, 뉴스 차단, 모니터링 강화를 도입하고 있다. 나아가, 가짜 뉴스를 찾는 인공지능(AI) 개발, SNS 사용자의 신고, 사용자 의식 등이 강조되고 있다.

5 결어

가짜 뉴스사이트나 SNS로 포장하여 가짜 뉴스가 유포되면서 사회적 비용이 급증하고 있다. 가짜 뉴스는 사회 구성원의 통합을 방해하고 극단주의를 초래할 수 있기 때문에 필요 최소한의 규제가 필요하다.

18

논술형 문제

혐오사회의 원인, 영향과 대책

논술형 문제 ▶ 혐오사회의 원인, 영향과 대책

- **빈도와 난이도** : 약술 / 면접 / 빈도 ★, 난이도 ★★
- **출제 유형**

표준에 부합하는 사람은 표준 같은 것은 존재하지 않는다고 착각할 수도 있다. 다수와 비슷한 속성을 지닌 사람은 표준을 규정하는 다수와 닮았다는 것이 별 의미가 없다고 착각할 수 있다. 표준에 부합하는 사람들은 흔히 자신이 다른 사람들을 어떻게 배제하거나 비하하는지 알아차리지 못한다. 그들은 자신이 용인되는 것을 당연한 일로 받아들이기 때문에 자신이 어떤 힘을 행사하는지 감도 잡지 못한다. 하지만 인권이란 모든 사람에게 적용되는 것이다. 자신과 유사한 사람들에게만 적용되는 것이 아니다. 그러므로 어떤 종류의 일탈과 어떤 형태의 다름이 소속이나 존중이나 인정과 관련해 유의미한 것으로 제시되는지 주의 깊게 살펴야 한다. 또한 표준에서 벗어나는 사람들이 일상적으로 배제되고 멸시당하는 것이 어떤 기분인지 이야기할 때는 반드시 귀기울여야 한다. (이하 생략) 카롤린 엠케, '혐오사회'

혐오사회에 관한 글의 일부이다. 우리나라에서 혐오 현상이 발생하는 원인과 이를 완화하기 위한 대응 방안에 대하여 나의 생각을 논하시오.

1 문제 제기

우리 사회에 혐오 현상이 확산되고 있다. 정치적 입장 차이에 대한 혐오, 성별, 경제적 격차에 대한 혐오뿐 아니라 개방화되면서 외국인 등 인종에 대한 혐오까지 그 양태도 다양해지고 있다. 이러한 혐오는 단순한 표현에서 나아가 폭력으로 이어지는 경향을 띠고 있어 사회적으로 문제가 되고 있다. 이 장에서는 혐오 현상의 발생 원인과 대책 등에 관하여 논하고자 한다.

2 주요 발생 원인

광범위한 사회의 혐오 현상은 전 세계적인 현상이며 SNS의 발달로 동조화 경향이 있다. 또한 혐오 현상은 어느 시대나 존재하는 것이다. 최근 난민, IS의 테러리즘, 젠더 갈등이나 과거 KKK단, 나치 등 집단 비이성적 집단 혐오와 폭력이 존재하였다. 우리나라의 혐오 현상의 주요 원인은 다음과 같다.

다양성의 부족에서 발생한다. 우리 사회는 개방화 과정을 겪고 있지만 그 역사가 짧다. 대부분의 구성원은 동일한 범주의 표준에 부합되는 편견을 가지고 있으며, 일정한 범주에 속하지 않는 외국인 등 이집단에 대한 수용성이 낮다.

누적된 사회적 불만과 계층 간 갈등 표출이다. 우리나라는 '한강의 기적'이라 불리는 압축 성장 시기를 누렸다. 그러나 이 시기는 '불균형 성장'을 통해 빠른 성장을 추구했으므로 사회적 불평등이 발생할 수밖에 없었다. 이러한 불평등에 대한 인식이 높아지면서 서로 다른 사회계층 간 혐오 표현과 갈등이 표출되는 것이다. 특히, 경제적 성장에 비해 시민의식의 성숙 간 격차로 인한 혐오 현상이 확대되며, SNS, 1인 media 등을 통하여 확산되는 것이 원인이라고 생각된다.

다음으로 내집단 편향(in-group bias)의 결과이다. 대상의 공통된 속성을 묶어 구분하는 행위를 '범주화'라고 한다. 이러한 범주화 자체가 Bias는 아니지만, 편견의 토대가 되곤 한다. 그 결과 자신과 유사한 집단에게는 우호적이나, 자신과 상이한 집단에 대해서는 공격적인 내집단 편향이 발생하고, 이것이 혐오 표현을 유발하게 된다.

3 대응책

SNS 발달과 전 세계적 동조화를 나타내는 혐오사회 현상을 없애는 완벽한 솔루션은 없다. 먼저, 사회 구성원의 각성이 필요하다. 다양성을 인정하는 시민의식과 각성이다. 다양성은 차이로 생기며, 다양한 표준을 만들고 정치적 성향, 성별, 인종, 종교 등의 차이를 인정하는 계기가 될 것이다.

중장기적 관점에서 사회를 건전하게 만들어야 할 것이다. 에리히 프롬은 ≪건전한 사회(The Sane Society)≫에서 사회가 건전하기 위해서는 구성원들이 정신적으로 건강해야 함을 역설했다. 따라서 교육과 공익 캠페인을 통해 사회적으로는 인권 감수성을 향상시켜야 하며, 사회적 불만 · 불안을 감소시키기 위해 계층 사다리를 복구하고 공정한 경쟁이 이루어지는 환경을 조성해야 할 것이다.

또한 외국 사례와 같이 혐오 표현 및 증오 선동에 대해 형사 처벌을 강화하는 등 혐오 표현에 대한 부정적 인센티브를 고려할 필요가 있다. 다음으로 사회 통합을 위해서는 경제적 격차를 완화하기 위한 정책적인 지원과 함께 사회적 약자에 대한 부자의 기부 등이 활성화되어야 한다. 우리 사회가 성숙하기 위해서는 노블레스 오블리주(noblesse oblige)인 존경받는 리더십이 회복되어야 할 것이다.

4 결어

현재 한국 사회에 만연한 혐오 현상은 사회 통합을 위해서는 극복되어야 할 사회적 이슈이다. 다양성을 인정하고 경제적 취약 계층에 대한 배려 또한 확대되어야 한다. 이를 극복하고 건전한 사회를 만들기 위해서는 시민의식 회복을 위한 교육, 사회 계층 이동을 확대하는 계층 사다리를 복구해야 한다.

PART

05

부록

금융논술 약술과 면접상식

이 부분은 여러 목적으로 활용할 수 있다. 금융시사상식에 대한 심화 준비, 논술 작성 시 풍부한 소재로 사용하거나 PT면접과 토론면접에도 유용하게 활용할 수 있다.

1 환경, 고객, 미래

CBDC(Central Bank Digital Currency)

중앙은행이 발행하는 디지털 화폐를 의미한다. CBDC는 향후 실물화폐를 보완하고 대체할 가능성이 매우 높은 디지털 화폐이다.

챗봇(Chatter Robot의 합성어)**

대화형 메신저다. 기업에서 제공하는 메신저 서비스에 음성(채팅)으로 질문할 경우 인공지능(AI)이 빅 데이터 분석을 바탕으로 대화로 해답을 제공하는 서비스다.

일정 관리, 간단한 조회와 응답 서비스에서 더 나아가 구체적 질문과 문제를 해결할 수 있는 챗봇 도입이 추진되고 있다.

생산적 금융***

중소기업 등 기업에 대한 자금 배분을 강조하는 금융 활동이다. J노믹스의 정책 목적을 달성하기 위해 강조되는 금융 활동의 하나이다. 비생산적 금융 자원 배분으로 판단되는 가계대출 등을 축소하고, 중소 · 중견기업의 자금을 지원하여 4차 산업혁명 시대에 대비하고 일자리를 확충하는 금융 활동으로 정부에서 강조하고 있다. 주로 정책 금융 기구(산업은행, 기업은행, 기보, 신보 등)의 역할이 중요해지고 있지만, 도덕적 해이, 개념의 모호성, 창조금융(기술금융)과의 차별성, 관치금융, 리스크 관리 등이 해결되어야 할 과제이다.

기술금융***

(농협 2015, 기업은행 2014, 기술보증기금 2013)

기업 재무제표 위주로 대출하는 관행에서 벗어나, 기업이 보유한 기술성과 사업성 위주로 필요한 자금을 지원하는 금융활동이다. 중소 중견기업 대출에 있어 은행이 기업이 보유한 기술의 가치를 평가하고 이를 바탕으로 자금을 융통하는 것이 강조되고 있다. 한국 경제의 신성장 동력인 중소기업의 경우 기술 금융지원이 매우 중요하지만, 금융회사로부터 금융지원을 받기 위해서는 부동산 또는 동산 담보가 요구되는 것이 현실이다.

기술금융 확대로 인한 영향(효과)은 (1) 기술기업의 금융 접근성 제고 (2) 담보력 부족 중소 중견기업에 자금 융통 (3) 한국경제 신성장 동력 확보 (4) 금융 회사의 리스크 증가 우려 등이 있다.

금융 소외, 포용적 금융**

금융 소외(financial exclusion)	• 경제 주체가 제도권 금융회사의 금융 서비스(예금, 대출, 결제 등)로부터 배제된 상태 • 금융 포용의 여집합
금융 포용(financial inclusion)	• 경제 주체가 제도권 금융회사의 금융 서비스(예금, 대출, 결제 등)에 효과적으로 접근할 수 있는 상태 • 금융 소외의 여집합

불완전판매**

금융상품 판매 시에 고객에게 상품 정보와 위험성 등을 충분히 안내하지 않고 판매 · 영업하는 행위다. 통상 캠페인, 인센티브 등 수익 극대화를 추구하는 영업으로 인해 발생한다.

불완전판매는 보험, 펀드, 구조화된 상품(ELD, ELS등)의 경우 상품의 구조, 자금 운용, 원금 손실 여부, 중도해지 수수료 등 주요 내용에 대해 금융회사(직원 포함)가 고객에게 충분히 설명하지 않고 판매한 경우를 말한다. 불완전판매로 인한 투자자보호를 위해 '적합성원칙'과 '금융상품 설명의무'를 도입하고 있다. 또한 내부통제(컴플라이언스), 미스터리 쇼핑 등을 통하여 모니터링을 하고 있다. 개인종합자산관리계좌(ISA) 등 고객 유치 영업 경쟁으로 불완전판매 우려가 제기된다.

로보어드바이저(Robo-Advisor)**

로봇의 '로보(Robo)'와 '어드바이저(Advisor)'의 합성어

투자자의 재무상태, 투자 성향 등을 바탕으로 자산을 관리해 주는 자동화된 자산관리서비스를 말한다. 시장 변화를 반영하여 정기적으로 자산을 점검하여 포트폴리오를 자동적으로 변경해 준다. 우리나라에서는 핀테크의 일환으로 소개되고 있다. Robo-Advisor는 수수료가 매우 낮은 장점이 있으며, 국내은행도 자산관리서비스 상품으로 소개되고 있다.

중금리 대출*

일반적으로 신용등급 4~7등급의 중신용자를 대상으로 하는 연 10% 전후(7~15%) 금리의 개인 신용대출을 말한다. 대부분의 은행 고객은 고신용자이며 낮은 대출 이자율의 적용을 받고 있지만, 중간 정도의 신용자는 은행권 대출에서 소외되어 높은 대출 이자를 지불하고 있다. 인터넷 전문은행에 따라 금융사들이 중금리 대출상품을 속속 출시하고는 있지만 리스크가 높아 시장이 확대되는 데 한계가 있다. ☞ 보증보험 연계 상품이 출시되고 있음.

P2P 금융(Peer to Peer 개인 간 금융)*

(신한은행 2018)

인터넷을 통해 개인과 개인 간 자금을 융통해주는 금융활동이다.

인터넷을 통한 불특정 다수로부터 투자자금을 받아 자금 수요자에게 대출하는 개인 간의 직접적인 금융거래를 의미한다. 핀테크의 영향을 받아 빠르게 확산되고 있다. 대체로 제도권에서 금융서비스를 받지 못하는 개인 등이 이용하는 경우가 많아 대출 금리가 비교적 높으며, 반면 투자자에게는 상대적으로 높은 수익을 제공한다.

테슬라(Tesla) 요건 상장**

성장성이 있는 중소기업의 육성을 위해 적자 기업이라도 성장성이 있다면 코스닥 시장 상장을 허용하는 특례상장 제도이다. 미국 전기차 기업인 테슬라가 적자였음에도 기술력을 인정받아 NASDAQ에 상장한 후, 세계적 기업으로 성장한 것을 벤치마크하여 기업의 성장성 기준으로만 자본시장에서 자금 조달이 가능하게 상장을 허용하는 제도이다.

> 테슬라 요건 상장 제도와 기술 평가 제도
>
> **기술 평가 제도는 기술 평가를 바탕으로 상장을 결정하지만, 테슬라 요건은 기술 평가 대신 주관사인 증권회사의 시장 평가를 받아 성장성을 판단한다는 점에서 두 제도는 보완적인 관계에 있음.**

간편결제**

(기업은행 약술 2015)

공인인증서 없이도 스마트폰으로 어디서나 결제할 수 있는 서비스이다. 온라인 쇼핑 거래 증가, 스마트 기기 보급, 모바일 결제 증가, 핀테크 활성화를 위해 규제를 완화한 결과 간편결제가 활성화되고 있다. 대표적으로 PayPal, Samsung-pay 서비스이다. 핀테크로 간편 결제가 크게 확산되고 있다.

은산분리**

산업자본(금융을 주력으로 하지 않는 자)은 은행 지분을 10%까지 보유할 수 있으나, 의결권 있는 지분은 4%까지 보유할 수 있는 규제(은행법)로 인터넷은행의 자본금 증자로 한도 확대가 쟁점이 되고 있다.

허브앤스포크(Hub & Spoke)전략**

지점을 효율적으로 운영하기 위한 방법이다. 허브는 바퀴, 스포크는 바퀴살이다. 다수 지점이 각각 독자적으로 움직이기보다 바퀴처럼 서로 유기적으로 움직이면서 보다 효율적인 인력 활용, 비용효율화를 가능하게 한다. 핀테크 현상으로 비대면 채널 이용 증가, 은행의 수익성 악화에 대응하기 위해 도입하고 있다.

집단대출**

(수협은행 면접 2015, 주택금융공사 2014)

아파트 분양을 받을 경우, 개별적인 심사 없이 일괄 승인을 통하여 이뤄지는 대출을 말한다. 가계부채 증가의 원인으로 주목된다. 대출자 입장에서는 대출 심사가 간편하고, 소득기준대출(DTI : Debt To Income) 규제에서 벗어나 소득과 관계없이 대출을 받을 수 있다.

DTI(Debt To Income ; 총부채 상환 비율), LTV(Loan to Value ; 주택담보대출비율)**

(기업은행 2018)

DTI(총부채상환비율)는 총소득에서 연간 부채 상환액이 차지하는 비율을 말한다. 대출자의 소득에 따라 대출 규모를 제한하는 규제이며, 상환 능력을 따지지 않고 무리하게 대출받는 것을 방지하기 위한 규제이다. LTV(주택담보대출비율)는 대출액을 담보가의 일정 비율 이하로 규제하는 대표적인 부동산 대출 규제 수단이다.

DSR(Deb Service Ratio ; 총부채원리금상환비율)***

(신한은행 2018)

부채상환능력을 측정하는 지표이다.

대출규모를 정할 때, 연간 소득 중 전체 대출금(대출금은 가계대출, 신용대출, 할부 등 포함)의 연간 원금과 이자(원리금) 상환액이 차지하는 비율이다.

- DSR은 대출자의 모든 빚에 대해 원금과 이자 상환액을 동시에 따진다는 점에서 기존 DTI보다 강화된 규제이다.

서민금융**

(금융감독원 논술 2014)

주로 서민(사회적 취약계층 포함)을 대상으로 한 소액금융을 제공하는 금융활동이다.

일반적으로 서민금융기관은 신협, 저축은행 등을 의미한다. 그러나 사회적 약자, 신용이 부족한 취약계층을 위한 서민금융지원 업무는 '서민의 금융생활 지원에 관한 법률'에 따라 설립된 신용회복위원회(개인워크아웃과 프리워크아웃)와 서민금융진흥원[서민금융상품(햇살론, 미소금융, 바꿔드림론) 정보 제공과 지원]에서 주로 취급하게 된다.

D-SIB와 G-SIB***

(금융감독원 논술 2014)

국내 시스템적 중요은행(D-SIB ; Domestic Systemically Important Bank)이란 은행의 규모, 상호연계성, 대체가능성, 복잡성, 국내 특수요인 등 기준에 의하여 선정된 은행을 말한다. 이들 은행이 도산 또는 부실화될 경우 국내 금융 시스템은 물론 실물 경제에 미치는 영향이 크기 때문에 그 충격을 완화하기 위해 도입된 바젤 Ⅲ에 의한 규제이다. D-SIB 도입 시 국내 대형 은행의 대마불사(Too-big-to-fail)식 영업행태로 인한 시스템 리스크를 줄이는 효과가 있는 반면, 해당되는 은행은 부실에 대비한 대손충당금을 추가로 적립해야 하거나, 자본을 추가로 확충해야 하는 부담이 발생하게 된다.

- G-SIB(Global Systemically Important Bank, 글로벌 시스템적 중요 은행)에 대한 규제는 이미 도입되었으며, 우리나라에는 G-SIB에 해당되는 은행이 없다.
- SIFI(Systemically Important Financial Institution, 시스템적으로 중요한 금융기관)는 금융위기 시에 '대마불사(too big to fail)'라는 인식으로 인해 부실화되었을 때 공적 자금을 받을 만큼 비중이 큰 금융회사를 지칭한다. 글로벌 금융위기 이후 금융안정위원회(Financial Stability Board; FSB)는 대마불사를 종식시키고 금융위기의 재발을 방지하기 위하여 SIFI에 관한 국제 규준을

수립하여 회원국들의 국내 법령에 반영되도록 하고 있다. 시스템상 중요 은행 및 지주사로 선정되면 추가 자본을 적립해야 한다.

가계부채 안정화 방안***

(서민금융진흥원 2018, 금융감독원(특성화고) 2014, 한국거래소 2014, 주택금융공사 2015, KB은행 논술 2015, 수협면접 2015, 우리은행 면접 2015)

가계부채 질적 개선	• 고정 금리 · 분할 상환 · 장기 대출 비율 지속 확대 • 차주의 상환 능력 대비 원리금 상환 부담을 정확히 반하여 산정(총체적 상환 능력 비율(DSR) 도입) • 가계대출 중심의 자금 흐름을 생산적 금융으로 전환 유도
가계부채 취약 계층 관리	• 서민 대출, 제2금융권의 대출을 장기고정 · 분할 상환 대출로 전환 확대(정책 모기지 확대) • 금융기관의 자영업자의 대출 증가 관리 • 상환 능력 없는 차주 : 개인회생 · 파산 절차 • 소액 · 장기 연체 채권 정리 : 상환 능력 심사 후 지원(도덕적 해이 방지)
가계소득 제고	• 일자리 창출 지원, 사회 안전망 확충 • 청년 · 여성 등 일자리 취약 계층 지원 강화 • 서민 소득 지원, 자산 지원 강화
인구구조 변화 대응	• 고령층 소득 기반 확충, 공임주택 공급 활성화 등 구조적 대응을 통해 가계부채 증가의 원인 해소

자금조달비용지수(COFIX ; Cost of Funds Index)***

은행의 자금조달비용을 반영한 주택담보대출 등 변동금리의 기준금리이다. 은행연합회는 국내 8개 은행(국민, 우리, 신한, 농협, 기업, KEB하나, 한국씨티, SC제일)이 제공한 자금조달 관련 정보를 바탕으로 공시한다. COFIX는 원화예금, 금융채, CD 등 은행자금조달 상품의 가중평균금리를 주로 반영한다. 정부는 COFIX 산정 체제 개편(2019년 하반기)을 통하여 가계부채로 인한 이자 부담 절감을 추진하고 있다.

안심전환대출*, 커버드본드*, 코코본드**

(기업은행 2014, 2018)

안심전환대출	단기 · 변동금리 · 일시 상환 방식의 주택담보대출을 유동화(MBS)하여, 장기 · 고정금리 · 분할 상환 방식의 대출로 바꿔주는 상품 • 예대마진 하락, 은행의 건전성 상승 효과 • 전환 시, 이자와 원금을 동시 상환하는 부담이 늘어나기 때문에 중상층 소득 계층이 주로 이용함. • 주택금융공사에서 MBS로 발행
커버드본드	은행 등 금융기관이 보유한 대출채권, 국고채 등 우량 자산을 담보로 발행하는 만기 5년 이상의 담보부 장기채권 • 발행사(은행)가 파산해도 해당 담보자산으로 우선 변제 + 발행사(은행)가 상환 재원이 부족할 경우 발행사(은행)의 다른 자산으로 추가 변제를 받음. • 안전성이 높은 채권으로 금리는 은행채보다 낮지만, 장기간 자금 조달이 장점
코코본드 Contingent Convertible bond	• 조건부 자본증권 • 은행이 바젤 III에 대응하여 장기 자본조달 수단으로 활용 • 일정조건 시(부실금융기관 지정 시) 채권이 강제로 주식으로 변환되거나 상각됨. • 전환사채(CB)와 발행요건, 전환요건, 이자율, 위험 등이 다름.

적격대출(Confirming Loan)**

(기업은행 2018)

금융회사가 대출한 자산을 '현금으로 유동화'할 수 있도록 '적격하게 규격화'한 '장기 고정 대출' 주택금융공사는 적격대출을 금융회사로부터 매입하여 MBS 또는 MBB를 발행하고, 연기금, 은행 등 금융기업에 판매하여 주택저당 채권을 유동화하고 있다.

대손충당금***

금융기관이 대출해 준 금액 중 상환을 하지 않을 경우를 대비하여 금액을 추정하고 적립해 둔 금액이다. 대손충당금은 금융감독원이 정한 자산건전성 분류기준 및 대손충당금 적립기준에 따라

쌓아 두어야 하며, 은행의 재무 건전성을 판단하는 중요한 요소이다. 금융권은 대출을 연체기간에 따라 정상 · 요주의 · 고정 · 회수의문 · 추정손실로 분류하여 각각 일정 비율의 대손충당금을 쌓아야 한다. 실제 기업의 부도 등으로 채권에 대한 대손이 발생하면 해당 채권과 적립해 둔 대손충당금을 상계하고, 대손 충당금이 부족한 경우에는 그 부족액을 대손 상각으로 처리한다.

- 기업 구조조정(한계기업, 좀비기업 증가)시기와 가계부채 상환 능력이 저하되는 경우 은행의 대손충담금 적립이 증가하게 되며, 이는 금융회사 재무건전성 악화 원인이 된다.

순이자마진(NIM : Net Interest Margin)**

금융기관의 수익성을 나타내는 지표이다. 은행 등 금융회사가 자산의 운용에서 낸 수익에서 조달비용을 차감한 후 이를 운용자산 총액으로 나누어 계산한다. 예대마진(예금과 대출의 금리차이)에서 발생한 수익과 채권 등에서 발생한 이자를 포함한다(다만, 평가이익과 매매이익은 제외).

NIM 하락 원인과 수익성 결정요인***

(국민은행 논술 2015, 기업은행논술 2014, 우리은행 면접 2015)

국내은행은 총이익 중 순이자마진(NIM)이 차지하는 비율이 절대적이다. 은행 수익에 영향을 미치는 NIM이 하락하는 주요 요인은 다음과 같다. (1) 저금리 기조가 지속됨에 따라 이자수익이 하락 (2) 은행산업의 성장 정체와 은행 간 경쟁의 심화, 인터넷 전문은행 등 새로운 경쟁자의 진입 (3) 정부의 규제 등이다. 또한 은행수익성을 결정하는 요인은 주로 NIM, 대손상각률, 판매관리비 등이다. 특히, 저성장, 저금리 기조로 인한 NIM회복이 어려운 점, (4) 반면 금리 상승 시 대손상각률이 높아지며, (5) 인건비와 지점운영비 등 고정비용이 높아 앞으로 수익성을 개선하기 위한 노력이 필요하다.

컴플라이언스(준법감시)

(농협은행 면접 2013)

금융회사 임직원이 직무를 수행함에 있어 법규를 준수해 나가도록 하는 준법감시체제

(Compliance System)를 마련하고, 이를 운영 · 점검하는 활동(은행 준법감시인 제도 운영 모범 규준)이다. 준법감시인(Compliance Officer)이란 이러한 해당 업무에 종사하는 사람을 말한다.

도드 프랭크법(Dodd-Frank Rule)***

글로벌 금융위기의 재발을 막기 위한 오바마 정부의 금융규제법안이다.

글로벌 금융위기를 극복하면서 트럼프 정부는 금융 규제 완화를 주장하고 있다. 도드 프랭크법의 경우 규제 대상과 범위를 완화하였다. 특히 '시스템적으로 중요한 금융회사(SIFI)'요건을 넓혀 소규모 은행은 재무건전성 심사(스트레스 테스트) 대상에서 제외하고 있다.

2 경제 · 경영 · 정책

장단기 금리역전과 'R의 공포'

미국의 장단기(국채 만기 2년물과 10년물) 금리 역전 현상이 나타나면서 향후 R(Recession : 경기 후퇴)이 올 것이라는 우려가 확산되었다. 이에 따라 한국도 글로벌 무역 분쟁과 한일 무역 갈등으로 경기 후퇴 가능성이 대두되면서 'R의 공포' '일본화 현상' 'D의 공포(지속적인 경기 침체)' 등이 제기되고 경기 논쟁이 일어나게 되었다.

환율전쟁

글로벌 금융 위기 이후 경기 부진을 회복시키기 위해 각국이 환율을 인위적으로 조정하는 정책이다. 자국의 화폐가치를 시장 수급에 맡겨 두지 않고, 정책적으로 낮게 유지(자국 화폐가치의 평가절하, 환율 상승)함으로써, 수출 증대를 통한 실업 해소, 자국 투자 증대와 소비 촉진을 통한 경기 회복을 꾀하는 인위적이고 비전통적인 통화 정책 수단으로 알려져 있다.

주요 국가의 중앙은행이 글로벌 금융 위기 이후 취한 공격적인 양적 완화(QE), 마이너스 기준 금리 등을 통한 자국 화폐가치의 평가절하가 그 예이다.

☞ 미국이 중국을 환율조작국으로 지정

미국의 대중 수출품에 대한 무역관세 부과가 있자, 2019년 8월 5일 위안화 가치는 달러당 7위안 아래로 떨어지는 포치(破七)를 기록했다. 이에 대하여 미국은 중국을 환율조작국으로 지정했다. 미국은 중국이(불공정 무역 행위로 부과된 관세로 수출품 경쟁력이 하락하는 것을 막기 위하여) 위안화 가치를 떨어뜨리기 위한 시장 개입이 있었다고 판단하였다.

NEET

Not in Education, Employment or Training을 의미하는 합성어이다. 학업도, 일도 하지 않으면서 취업을 위한 훈련도 받지 않는 젊은층을 의미한다.

일본의 예에서 보듯이 경기 침체가 지속되어 한국 NEET가 증가하면서 사회적 이슈로 부각되고 있으며, 동시에 이를 해소하기 위한 정책적인 노력이 부각되고 있다.

J노믹스***

'사람 중심 경제 성장'을 표방하며, '양극화 해소 · 지속 성장'을 위해 '소득주도 성장론' 전개가 필요하다는 주장이다. 이를 위해 '일자리 창출'이 정책의 최우선 과제이며, 이를 통해 분수효과(Trickle-up effect)를 추구한다. ① 일자리 정책 ② 공정분배 ③ 복지강화를 표방한 것이 J노믹스의 핵심이다.

테이퍼 탠트럼(Taper Tantrum)***

(기업은행 2018)

양적완화축소(테이퍼링)와 탠트럼(발작)의 합성어이다.

선진국의 양적 완화 중단(테이퍼링, 금리 인상) 정책의 영향으로 신흥국 ① 통화 가치 급락, ② 금리 급등, ③ 주가 급락 등 경제적 충격(발작) 현상을 의미한다.

중국제조 2025**

G2 무역분쟁의 원인의 하나가 된 중국의 글로벌 제조업 성장 전략을 말한다.

세계의 공장인 중국이 양적 성장에서 질적 성장으로 전환하기 위하여 국가 주도로 추진 중인 미래 기술 개발 전략이다. 10대 핵심 육성 산업은 우주항공, AI, 로봇 등 정보 기술, 바이오 의약 등이 포함된다. 2025년까지 초강대국이 되기 위해 국가 주도로 각종 보조금과 세제 혜택을 주고 있다.

긱 이코노미(Gig Economy, 긱 경제)***

(신한은행 2018)

긱 이코노미(Gig Economy)는 기업들이 필요에 따라 단기 계약직이나 임시직으로 인력을 충원하고 대가를 지불하는 경제 형태를 통칭한다[긱(Gig)이란 재즈 등 음악 공연에서 임시대역을 지칭].

단기 임시 계약직 고용형태에 대하여, 고용 창출효과가 있다는 의견과 비정규직 양산을 통하여 고용의 질과 안정성, 삶의 질을 하락시키기 때문에 최소화해야 한다는 견해가 대립되고 있다. 미국의 경우 일자리가 늘고 실업률이 하락하고 있음에도 불구하고 임금 상승이 높지 않은 원인에 대하여 논쟁이 있는데, 그 원인 중 하나로 긱 이코노미현상이 지목되고 있다.

트럼프노믹스(Trumpnomics)*

(기업은행 논술 2017)

트럼프 행정부의 주요 경제 정책이다. 트럼프 행정부의 주요 경제 정책의 목적은 '위대한 미국의 재건'으로 알려져 있다. 정책 판단의 최우선을 'America First'(미국이익 최우선주의)에 두고 있다.

슈퍼301조*

미국의 종합무역법 301조로 교역대상국에 대한 차별적 무역보복이 가능하도록 한 특별법 조항이다. 미국 정부는 상대 무역국의 불공정한 관행을 시정하기 위한 협상을 거치게 되며, 협상으로 해결되지 못할 경우, 해당 국가 특정 상품에 대한 100% 보복관세를 부과하고 수입 쿼터제 도입, 무역제한 등 조치를 취할 수 있다. 그러나 이 법은 미국의 상대국에 대한 일방적인 무역보복 조치로 WTO 규정에도 어긋난다고 비판받고 있다. 트럼프 정부에서 대중국 보복관세로 거론되고 있다.

골디락스 경제(Goldilocks economy)*

경기 과열에 따른 인플레이션과 경기 침체에 따른 실업을 염려할 필요가 없는 최적 상태에 있는 경제 상태를 의미한다.

좀비기업(한계기업), 이자보상배율**

(금융감독원 2018, 기업은행 2015)

영업활동을 통해 벌어들인 영업이익으로 이자(대출이자+채권이자)도 갚지 못하는 부실기업을 일컫는다. 좀비기업은 경영활동을 통하여 빚을 갚을 능력이 없지만, 정부와 은행 등 금융회사의 지원으로 연명하는 기업을 상징적으로 말한다. 지원을 중단하면 파산할 가능성이 매우 높고, 채권자인 은행의 재무 건전성이 하락하게 된다. 이자보상배율은 좀비기업(한계기업)여부를 판단하는 기준 중 하나이다.

이자보상배율(= 영업이익/이자비용)은 기업의 영업이익이 이자에 비해 얼마나 많은지를 판단하는 기준이다. 즉, 기업의 부채 상환 능력을 나타낸다. 이자보상배율이 1이란 의미는 영업을 통해 얻은 이익이 10억 원, 이자(채권이자 + 대출이자)로 지급한 비용 또한 10억 원이란 뜻이다. 즉, 1미만인 경우, 이익으로 금융비용조차 지불할 수 없는 경영상태로 잠재적 부실기업으로 볼 수 있다. 이러한 상태가 3년간 연속되면 좀비기업(한계기업)으로 분류된다.

신용부도스왑(CDS : Credit Default Swap)*

(신한은행 2018)

금융기관이 대출을 해준 기업의 채무불이행 등의 신용위험에 대해 일정한 수수료(프리미엄)를 지급하는 대가로, 기업의 신용위험 발생 시 손실을 보장받는 일종의 파생보험상품을 말한다.

국가신용등급과 금리**

(기업은행 논술 2012)

국가신용등급은 한 국가가 국제 금융시장에서 자금을 조달할 때 적용하는 신용도를 말하며, 정부의 채무상환능력에 영향을 미칠 수 있는 다양한 변수를 고려하여 결정된다. 국가 신용등급은 국채의 신용등급을 의미하기 때문에 해외에서 자금을 조달할 때 금리 수준을 정하거나, 투자 대상 여부를 판단하는 기준이 된다. IMF 외환위기 같이 국가 신용등급이 투기등급(BB) 이하로 하락하게 되면 조달 금리가 높아지고, 조달하는 데 어려움을 겪게 된다.

양적완화(QE : Quantitative Easing), 출구전략(Exit Strategy), 아베노믹스(Abenomics)***

(기업은행 2018, 우리은행 2018)

양적완화(QE)	출구전략(Exit Strategy)	아베노믹스
선진국이 자국(自國)의 경기 회복을 위해 시행한 비전통적인 금융정책 중앙은행이 국채 또는 MBS 등 자산 매입을 통하여, 유동성을 공급하여 저금리 정책을 유지함으로써 경기 부양을 목표로 함.	비전통적 통화정책의 정상화 과정을 말함. 글로벌 위기 후 경기침체 극복 위한 양적 완화 정책이 경제에 미칠 부작용을 최소화하기 위해 풀렸던 유동성을 회수(축소)하는 정책 테이퍼링(Tapering) – 금리인상 – 자산 매각의 순으로 진행	아베 정부가 추진 중인 일본의 경기 부양 정책 ① 확장적 재정정책 ② 금융완화 = 양적완화 = 엔화평가절하 ③ 기업 투자 활성화를 담고 있음. 엔저효과로 인해 주변국과 환율 전쟁을 야기

마이너스 기준금리**

유럽중앙은행에 이어 일본 중앙은행이 결정한 정책 금리이다.

일반은행이 중앙은행에 자금을 예치할 경우 이자를 받는 대신 보관료를 내야 한다는 의미이다. 이러한 비정상적인 통화정책은 은행 금리를 낮추어 은행이 더 많은 자금을 대출할 수 있도록 유동성을 공급하기 위해서이다.

유동성 함정(liquidity trap)**

(신용보증기금 논술 2019)

통화정책 수단인 금리를 아무리 낮추어도 기업의 투자나 가계 소비 등의 실물경제에 아무런 영향을 미치지 못하는 상태를 의미한다(낮은 금리 정책만으로 경기회복을 하기 어렵다). Keynesian들은 1930년대의 대공황 같은 경우 발생하는 유동성 함정은 금리 인하, 통화량 확대(유동성 공급 확대)로는 경기가 부양되지 않는 상태를 두고, 통화정책이 함정(한계)에 빠진 것과 같다는 의미로 사용한다(즉, 확정적 재정정책이 필요).

- 참고 : 유동성 함정인 경우 총수요가 감소하여 경기가 침체되고 물가가 하락한다. 만약 경기가 계속 침체하여 디플레이션(물가가 계속해서 하락하는 현상)이 발생하면 명목이자율이 일정

할 경우 실질이자율이 상승한다. 예를 들어 명목이자율이 0%이고 물가상승률이 –3%라고 한다면 실질이자율은 3%가 된다. 즉, 유동성 함정하에서 명목이자율이 0%에 가까운 매우 낮은 상황이라 하더라도 가계와 기업이 직면하는 실질이자율은 오히려 높은 수준이 유지되어 투자와 소비가 감소한다. 또한 총수요 감소는 또다시 물가 하락에 따른 실질이자율의 상승으로 이어져 경제를 더욱 악화시킬 수 있다.

경상수지 불황형 흑자 원인**

(수협은행 면접 2015)

수출 감소 원인	수입 감소 원인
Global 경기부진. 일본과의 경합. 중국저성장	국제유가하락. 원자재 가격 하락. 내수부진

- 불황형 흑자는 원화 강세 원인이 된다. 이는 수출 감소(원자재가격 하락으로), 수입 감소로 불황형 흑자가 지속될 수 있다. 이러한 흑자는 미국 등 주요 교역국과의 환율분쟁을 초래할 수 있다. 이를 극복하기 위해서는 경상수지 관리 위한 해외투자 확대, 수출 기업경쟁력 확대, 내수 회복 등이 필요하다.

뉴노멀과 신창타이*

뉴노멀(New Normal)	중국의 신창타이(新常態)
글로벌 금융위기 이후의 세계 경제의 특징을 나타내는 신조어. 뉴노멀은 디레버리지의 결과로 나타나는 저성장, 저수익, 그리고 높은 실업률을 의미	신창타이(뉴 노멀)는 고도 성장기를 지나 새로운 상태인 안정 성장 시대를 의미. 양 위주 성장에서 질적 성장을 도모한다는 정책을 담고 있음.

차이나 인사이드(China Inside)현상**

(기업은행논술 2014)

중국 국산화를 통해 완제품 제조 과정에서 중국산 중간재 비중이 증가하는 현상이다.

최근 중국의 중간재 제조 역량 강화로 China Inside 현상이 가속화되고 있어 국내 대중국 수출이 부진해지고 있다. 즉, 중국은 적자였던 소재부품 무역수지가 흑자로 전환되는 등 중간재 제조업 경쟁력이 크게 향상되었다. 또한 한국과의 기술격차가 줄어들고 있다.

차이나 리스크(China Risk)***

(기업은행 논술, 국민은행 면접 2015)

중국의 성장 둔화로 인해 중국에 대한 수출의존도가 높은 기업이나 국가가 겪을 위험을 말한다.

G2인 중국의 경제 규모가 커지면서, 중국의 성장 둔화 이외에도 위안화 가치의 급변, 금융시장 변동성 증가, 그림자 금융, 기업 도산, 부동산 시장 침체 등 중국의 실물과 금융부분의 위험요인이 세계경제에 위험요인으로 전이되는 현상을 의미하기도 한다.

그림자 금융(Shadow banking)**

은행과 유사한 금융중개기능을 수행하는 기관과 금융상품을 지칭하며, 투자은행, 헤지펀드, 구조화투자회사(SIV; Structured Investment Vehicle), MMF(Money Market Fund), 환매조건부채권(RP, Repurchase agreements), 자산담보부 기업어음(ABCP, Asset-backed Commercial Paper) 등을 말한다.

그림자금융의 역할은 경기가 확장되는 기간에는 고수익을 목적으로 하는 구조화 증권을 통한 금융자본의 효율적 운용에 기여할 수 있으며, 은행의 자금 중개 기능을 보완하는 역할을 할 수 있다. 그러나, 그림자 금융은 대부분 부채(레버리지 효과)를 활용하거나 유동성이 부족한 자산을 편입하는 특성으로 인해 경기가 위축될 경우 부실화되면서, 금융 시스템의 위기로 전이되기도 한다.

삼위일체 불가능(Impossible trinity) 이론**

한 국가가 ① 자유로운 자본이동, ② 독자적 통화정책, ③ 환율 안정 등 세 가지를 모두 추구할 수 없다는 이론이다.

미국의 금리 인상에 따라 신흥국(중국)이 자국의 경제상황을 고려하여 기준금리를 낮은 상태로 유지하고, 환율을 안정적으로 유지하면서, 자본 이동을 자유화하는 것 등을 동시에 이룰 수는 없으며 그중 하나는 포기해야 한다는 주장의 논리적 근거로도 인용되고 있다.

거시건전성 3종 세트*

글로벌 금융위기 직후 우리나라에서 Hot Money가 유출하여 원/달러 환율이 급상승하고 주가가 급락하는 등 실물부분에도 영향을 크게 미쳤으며, 이에 대응하기 위해 정부는 '거시건전성 3종 세트'를 내놓게 되었다.

IMF 이후 자본 · 외환시장의 개방이 확대된 이후 외국의 투자 자본의 대규모 유입과 유출이 발생할 수 있는 개연성이 높아져 있기 때문에 이 정책 수단을 활용하여 규제를 강화하면 외국인 자본유입이 억제되고, 완화하면 자본유출을 막는 효과가 있다.

- 미국의 금리 인상, 무역수지 흑자, 외환보유고, 국가신용등급 상승 등 이전과 다른 상황으로 인해 거시건전성 3종 세트에 대한 정비가 논의되고 있다.

■ 거시건전성 3종 세트

거시건전성부담금 (은행세)	– 은행의 비예금성 외화부채에 대한 부담금 부과 – 단기 외화 차입을 억제하며, 장기차입으로 전환시켜 글로벌 신용 위기 시 충격 완화
선물환포지션 규제	– 은행의 자기자본 대비 선물환 보유액 비율을 규제하여, 선물환 매입을 제한 – 환변동 위험 회피
외국인 채권투자 과세	– 과도한 외국인의 채권투자로 외환 시장의 변동성 확대를 방지 – 외국 자본의 급격한 유입 시 원 달러 환율 급락 및 채권 금리 하락

넛 크래크, 新 넛 크래크 현상***

넛 크래커(Nut cracker) 현상과 한국경제	한국 경제가 일본 등 선진국에 비해서는 기술경쟁과 품질 경쟁에서 뒤지고, 중국 등 후발 개발도상국에 비해서는 가격 경쟁에 뒤지는 현상. IMF 외환 위기의 원인을 '일본과 중국 사이에 낀 한국 경제'로 본다. '저가의 중국제품과 고효율(높은 기술)의 일본제품의 협공을 받아 마치 넛 크래커 속에 끼인 호두같다'는 뜻이다. 변하지 않으면 깨질 수밖에 없다는 의미를 담고 있다.
新넛 크래크 현상과 한국경제	한국 경제를 일본과 비교할 때, 기술력이 부족한 가운데 가격 경쟁력에서 격차가 좁아지고 있으며, 중국에 비하여 가격 경쟁력은 열위에 있으면서 기술경쟁력에서 한국을 추격당하는 현상.

크라우드 펀딩(Crowd funding)법***

모험자본(벤처 캐피털), 신생 창업기업 등이 투자자를 모집할 수 있는 방안으로, 투자 위험성이 크다. 벤처기업의 자본조달의 다양화와 투자자 보호의 균형을 위해 1인당 투자액, 1기업당 투자한도, 대주주의 주식 전매금지 등이 규정되어 있다.

메자닌(메자닌 투자)**

메자닌은 1층과 2층 사이에 있는 중간층이라는 의미이다.

메자닌 투자는 채권과 주식의 중간적인 성격을 지닌 채권인 전환사채(CB), 신주인수권부사채(BW) 등 option부 채권에 투자하는 것을 주로 의미한다. 신용이나 담보가 부족한 기업이 자금 조달 방법으로 주로 활용하며, 지나친 발행으로 인한 기존 주주의 보유 주식 가치 희석이 이슈가 되고 있다.

행동주의 (헤지)펀드*

단순 투자 목적보다는 일정 의결권 확보 후 기업 구조조정, 배당 확대, 지배 구조 개선 등을 요구하여 단기간에 수익을 내는 투자 전략을 추구하는 (헤지)펀드를 말한다. 주로 사모펀드이며, 우리나라는 강성부펀드로 주목받은 바 있다.

규제 샌드박스(Sandbox)**

새로운 제품이나 서비스가 출시될 때 일정 기간 동안 기존 규제를 면제해 주거나 유예해 주는 제도를 말한다. 정부는 ① 신기술이나 신산업 관련 규제 여부를 신속하게 확인하고('규제신속확인'), 일정 기간 내 회신이 없을 경우 규제가 없는 것으로 간주하며, ② 일정 조건하에서는 기존 규제의 적용을 받지 않는 '실증 테스트'가 가능하며, ③ 관련 규정이 모호하거나 불합리해 시장 출시가 어려울 경우 '임시 허가'를 통해 출시를 앞당길 수 있다. J노믹스의 혁신 성장에 필요한 규제 완화의 예이다.

피터팬 증후군(Peter Pan syndrome)**

중소기업이 중견기업으로 성장하면, 중소기업으로서 누리는 세액 공제 및 감면, 정책금융지원, 인력 공급 지원 등의 혜택이 사라지고, 새로운 세금을 납부해야 하기 때문에 중견기업이 되기를 의도적으로 회피하는 현상을 말한다. 이들 기업이 성장할 수 있도록 중견기업법 등 성장사다리를 통하여 지원을 하고 있다.

원샷법

인수 · 합병(M&A) 등 사업재편 관련 규제를 한 번에 해결할 수 있도록 한 특별법이다. 산업 경쟁력을 높이고 구조조정을 촉진하는 긍정적인 면과 소수주주의 권리를 침해한다는 부정적인 면이 있다.

농업의 6차 산업화**

1차 산업(농 · 임 · 수산업), 2차 산업(제조업), 그리고 3차 산업(서비스업)이 융합된 산업을 말한다.

산업 간의 융합+아이디어+혁신을 통하여 새로운 부가가치를 만들어 내는 것이 목표이다. 농촌 발전을 위하여 농산물의 생산, 가공, 유통, 서비스를 결합하여 일자리와 소득을 증대시켜 지역을 활성화시키기 위한 전략으로 정부에서 지원하고 있다.

3 사회 · 문화 · IT

한국 – 노벨 과학상이 없는 이유*

(농협6급 면접)

과학기술 분야에서 미래성장 동력을 찾는 우리에게 노벨 과학상 수상자가 왜 없을까? 일본과 비교할 때, 기초과학 분야에 대한 빈약한 투자 규모, 과학기술 분야 전문 인력의 얇은 저변, 기초 분야 과학자에 대한 체계적인 지원 부족, 단기 성과 위주의 정부 지원정책이 원인으로 제시되고 있다. 문화 환경적 요인에서도 찾을 수 있다. 과학 기술을 경시하는 가치관, 능력보다 학벌을 중시하는 문화와 암기 위주의 교육 환경도 노벨 과학상을 받기 어렵게 하는 것으로 알려져 있다.

그러나, 희망은 있다. 국제학술지의 논문 인용 건수가 증가하고 있으며, 과학 분야로 우수 인재가 유입되고 있으며 한국 과학자의 글로벌 지명도가 높아지고 있어 그 가능성은 이전보다 높아지고 있기 때문이다.

인간과 경쟁하는 로봇(AI)**

인공지능(A.I ; Artificial Intelligence)기술의 발달로 인간과 경쟁하는 로봇으로 대부분의 일자리를 로봇으로 대체할 수 있다는 로봇 재앙론이 나오고 있다.

마틴 포드의 '로봇의 부상(The Rise of Robot)'에 따르면, 로봇공학의 발달은 사람의 일자리를 줄이고, 제조업과 전문직에 이르기까지 실업위기를 맞을 수 있으며, 이는 곧 사회 불평등의 심화로 이어진다. 그 외에도 미래 로봇 사회의 도래를 비관적으로 보는 견해는 많다. 예를 들면, 로봇산업의 혁명으로 2025년까지 전체 직업 가운데 3분의 1이 사라지고, 미국에서 순 일자리 손실은 910만 개에 이르며, 로봇의 발전으로 향후 20년 동안 미국은 일자리의 47%, 영국은 35%가 사라지게 될 것이라는 비관적인 예상이다.

반면, 로봇의 등장이 새로운 혁명이 될 것이며, 결국 기술 발전으로 인류 사회가 더욱 '평등해지며 자유와 풍요를 누릴 수 있다'는 낙관적인 견해도 있다. 로봇이 인간의 육체노동을 대신하고, 노령화 사회에 노동생산성을 높이는 수단이며, 오히려 로봇 산업이 새로운 일자리를 만드는 성장 동력이라는 것이다. 그리고 로봇이 일자리를 대체한다는 것은, 생산성과 소득 증가, 그리고 숙련노동 수요를 유발하는 '보완효과'를 간과했다는 주장이 대립되고 있다. 산업혁명이 일어났을 때도 우려와 달리 새로운 일자리가 더 많이 창출되어 생산성이 비약적으로 높아졌다는 예에서도 볼 수 있듯이 로봇의 등장이 비관적이지 않다는 것이다.

• AI의 진화는 종교와 윤리문제 등으로 논쟁이 확산될 수 있다.

공유경제*

(NH농협 논술 2017)

공유경제는 재화를 공유, 교환, 임대, 활용하는 협력적 소비로 정의하고 있다. 하나의 제품을 여럿이 공유해서 사용하는, 협력적으로 소비하는 경제를 의미한다. 사용하지 않는 차, 의류, 빈방, 책 등 다양한 재화와 서비스를 소유하지 않고 여럿이 나눠 쓰는 경제활동 양식으로, '소유' 대신 남들과 나눠 쓰는 '협력적 소비'를 지향하며 인터넷과 SNS를 기반으로 비즈니스 모델로 발전하고 있다.

숙박 공유사이트를 통해 해외 여행 중 사용할 방을 예약하는 것, 불법 논란이 되었지만 늦은 밤 '우버'로 귀가하는 서비스는 공유경제(Sharing Economy)를 활용한 전형적인 비즈니스 모델이다.

공유경제가 확산되기 위해서는 기존 서비스업자와의 이해 충돌, 서비스 개선, 사생활 보호, 법규 위반 문제의 해소 등 보완될 점이 많다. 법규와 제도의 정비가 이뤄질 경우, 공유경제의 긍정적인 측면-IT인프라의 활용, 유휴자원 활용, 비용절감, 자원의 적정소비 기여로 인해 성장 가능성이 높다.

빅 데이터(Big Data)**

(기업은행논술(IT) 2015, 2014, 산업은행논술 2014, 농협은행(IT)논술, 면접 2014, 2013, 신용보증기금논술 2014)

빠르게 변화하고, 용량이 매우 큰 다양한 정보를 의미한다. 빅 데이터를 활용하여 새로운 비즈니스 모델을 찾는 노력이 활발한 가운데, 빅 데이터 활용을 위해서 해결해야 하는 문제들이 있다. 방대한 빅 데이터의 수집, 정확한 분석 및 적절한 활용을 위해서는 전문 인력과 전담 조직, 전문적인 시스템이 수반되어야만 한다. 또한 개인 정보 활용 및 보안문제가 발생하지 않도록 기준을 마련해야 하는 것이다.

■ 비정형데이터 기반 빅 데이터 분석의 한계

(1) 기술적 한계	텍스트 단어를 데이터로 변환하는 기술 측면에서, 한글의 경우 SNS에서 사용하는 반어법, 줄임말, 신조어 등의 단어가 많아 분석하기 어려운 점이 있다.
(2) 제도적 한계	정보접근 및 활용 측면에서도 한계가 있다. 특히, 개인정보 보호 문제의 법률적인 제한이 해소되어야 한다.
비용, 전문인력 등	기술개발을 위한 투자, 투자대비 효과 불확실, 전문인력의 확보가 필요하다.

글로벌 부유세 - 피케티(Thomas Piketty)*

(금융감독원논술 2015, 산업은행 2014, aT논술 2014)

많은 국가들에서 소득과 부의 분배가 악화되고 있는데, 이러한 불평등 해소를 위해서는 최고 소득세율 인상과 글로벌 부유세 도입이 필요하다는 주장이다(피케티, '21세기 자본').

이 주장의 핵심은 '자본에 대한 실질 수익률'이 '경제성장률'보다 높기 때문에 '전체 소득에서 자본에 분배되는 몫'이 계속 높아지고 있다는 것이다. 이를 개선하기 위해 소득세나 상속세의 누진율 강화나 부유세 도입을 통해 복지정책 강화가 필요하다는 것이다.

- 비판하는 입장 : 소득 불평등의 원인은 기업가의 혁신에 대한 보상, 신기술 발명에 대한 대가, 세계화 현상 등으로 다양하게 찾아야 한다. 따라서, 과격한 누진 소득세율이나 상속세 강화

정책은 이러한 성장 동력을 없앨 뿐이며, 오히려 기술혁신과 생산성 증대를 위한 정책지원이 더 필요하다.

국민행복지수***

경제발전에도 불구하고 국민의 삶의 질(QoL : Quality of Life)을 제대로 나타내지 못하는 GDP(국내총생산) 대신 국민의 행복을 계량화한 국민행복지수가 발표되고 있다. 그 중 GNH(국민총행복)가 국민행복지수로 제시되고, 삶의 만족도, 평균수명, 주거 공간, 에너지 소비량 등 다양한 지표를 반영해 산출한 지수이다.

그러나, 국민의 행복과 소득의 상관관계에 대하여는 정설이 없다. 대체로 1인당 국민소득수준이 일정 수준(2만 달러)에 도달할 때까지 소득과 행복이 비례한다고 믿어지며, 그 이상은 소득과 행복과의 상관관계는 낮다고 한다. 즉, 행복을 결정하는 요소는 소득 외에 자유, 공정, 평등, 복지, 삶의 여유 등 다양한 가치가 존재하기 때문이다. 이러한 다양한 가치를 바탕으로 행복지수를 산정한 것이 UN 행복지수이다.

디지털 디바이드(Digital divide)*

(KB국민은행 논술 2017, 기업은행 2018)

경제적, 사회적 여건 차에 의해 발생하는 정보격차를 의미한다. 이는 계층 간 불균형의 원인이 된다. 최근 정보기술의 발전에 따라 기술 · 정보의 독점이 부와 영향력의 독점으로 이어지면서 사회적 지위격차, 경제적 빈부차를 확대하는 원인으로 지목되고 있다.

즉, 스마트화되는 정보를 활용하는 계층은 정보와 지식이 늘어나고 소득도 증가하는 반면에, 그렇지 못한 그룹은 더욱 사회적 약자 계층에서 벗어나기 어렵게 되며 이 정보격차는 소득, 교육, 지역에 따라 점점 심화되고 있다. 이러한 정보격차로 인한 사회적 문제를 해결하기 위한 노력이 필요하다.

인포데믹스(Infodemics)*

정보(Information)와 전염병(Epidemics)의 합성어이다. 부정확한 혹은 거짓 정보 등이 인터넷의 특성상 빠른 시간 내에 전염병처럼 널리 퍼져 정치경제적으로 큰 혼란을 일으키는 현상을 말한다.

인포데믹스의 폐해가 인터넷이란 가상의 공간을 넘어 실제 현실 생활에 미치는 영향이 점점 커지고 있어 기업활동과 개인의 사생활에 치명적인 위험이 되기도 한다.

또한 거짓 정보를 밝히기 위한 인터넷 규제의 한계, 기술적인 문제, 정보의 거짓이 밝혀졌을 경우에도 정상적인 수습에는 오랜 시간과 후유증이 남을 수 있다. 따라서, 인터넷 사용자에 대한 규제에 앞서 책임의식과 윤리의식이 강조되는 이유이기도 하다.

기본소득제(Basic Income Guarantee)

국민 개개인이 일정 수준의 생계를 유지할 수 있도록 보장하는 제도이며, 내수활성화에도 도움이 된다는 주장이다. 반면, 재정 부담 증가, 근로의욕 하락, 정부 역할이 비대해질 수 있다는 비판이 있다.

MEMO

MEMO

금융논술면접

발 행 일 2019년 4월 10일 개정5판 1쇄 발행
2020년 1월 10일 개정5판 2쇄 발행

저　　자 서울커리어아카데미SCA 취달청 진현수

발 행 처 크라운출판사
http://www.crownbook.com

저자협의 인지생략

발 행 인 이상원
신고번호 제 300-2007-143호
주　　소 서울시 종로구 율곡로13길 21
대표전화 02) 745-0311~3
팩　　스 02) 766-3000
홈페이지 www.crownbook.com
I S B N 978-89-406-3627-5 / 13320

특별판매정가 18,000원

이 도서의 문의를 편집부(02-744-4959)로 연락주시면
친절하게 응답해 드립니다.

금융권 취업 합격 대비 필독서

금융 논술 면접

취업의 합격신화 에듀크라운